명품 투자기법으로

매월 월급만들기 노하우 33

명품 투자기법으로 매월 월급만들기 노하우 33

초판 1쇄 발행 2015년 02월 13일
4쇄 발행 2021년 12월 6일

지은이 김종철
펴낸이 이기봉
펴낸곳 도서출판 좋은땅

주소 서울특별시 마포구 양화로12길 26 지월드빌딩 (서교동 395-7)
전화 02)374-8616~7
팩스 02)374-8614
이메일 so20s@naver.com
홈페이지 www.g-world.co.kr

ISBN 979-11-5766-601-0 (03320)

이 도서의 국립중앙도서관 출판예정도서목록(CIP)은 서지정보유통지원시스템 홈페이지(http://seoji.nl.go.kr)와 국가자료공동목록시스템(http://www.nl.go.kr/kolisnet)에서 이용하실 수 있습니다. (CIP제어번호 : CIP2015004218)

명품 투자기법으로

매월 월급만들기 노하우 33

김종철 소장 지음

좋은땅

김종철 소장의 명품투자기법

나도 33가지 노하우만 알면, 평생 직장을 마련할 수 있다!

누군가 이런 말을 한 것이 기억난다. 강의는 유익하거나 재미있어야 한다고…

그럼 정말 좋은 강의는 유익하면서 재미난 강의일 것이다. 본 저자는 주식시장에 거의 30년 가까이 몸담고 있으면서 많은 강의를 해왔기 때문에 어떡하면 투자자들이 쉽게 이해하고 재미나게 공부할 수 있을까를 항시 고민해왔다.

최근 한국경제TV 매주 금요일 11시 "김종철의 명품투자기법"을 강의 중에 있다. 매주 강의할 때마다 가장 중점을 두는 것은 단순히 외우는 이론적인 강의가 아니라 지금 당장이라도 실전에서 사용할 수 있는 강의를 중심으로 하는 것이다. 그래서 강의는 항상 창의적으로 찾아낸 기법을 중심으로 한다. 바로 유익한 강의를 위해서 노력하는 것이다. 다른 또 하나는 투자자들이 지루하지 않도록 쉽게 예를 들어 설명하려 한다.

초창기 한국경제TV에 첫 출연했을 때 유명한 고○○ 변호사와 간판 앵커였던 유○○ 앵커가 사회를 맡았다. 그 때 유 앵커가 한 말이 지금도 생생하다. 많은 분들이 강의하였지만 소장님처럼 웃으면서 재미나게 하는 분은 처음이라고… 아무리 머리가 좋아도 열심히 하는 사람 당할 수 없고 아무리 열심히 해도 재미있어서 하는 사람을 당할 수 없다고 했다. 바로 이 책은 그러한 것에 비중을 두고 30년 노하우를 담았다.

일단 매월 돈을 벌 수 있는 실전기법 33가지를 엄선하였고 그 공부를 재미나게 하게 하려고 국내 최초 연상법을 사용하여 설명하였다. 예를 들어 일… 일봉만 보면 봉된다. 일봉은 일반을 봉으로 만드는 챠트다. 월봉을 같이 봐라! 이… 20일선 위 대박이 있고 20일선 아래 쪽박이 있다. 20일선을 중심으로 타이밍을 잡아라! 삼… 삼박자 매매법을 익혀라… 등등 이런 식으로 꼭 필요한 실전기법을 연상법 속에 묻어 두었다. 재미나게 공부할 수 있을 것이다.

이미 여의도에 있는 한경와우파에서(한경경제TV WowFa(증권교육기관) 에서) 8년간 검증을 한 기법이기 때문에 유익한 공부가 될 것이다. 8년간 강의하면서 한 번도 결강 없이 수강생수 1위를 기록한 내용과 공부법이라 충분히 투자자 여러분의 실력을 업그레이드 시킬 것이다.

여기에 국내 최초로 주식투자 적성검사표를 넣었다. 주식투자에 성공하기 위해서는 3가지 조건이 필요하다. 하나는 기법이고 하나는 심법 그리고 자금관리가 그것이다. 기법은 이 책을 통해 배우면 되고 문제는 심법인데 본인이 주식투자에 얼마나 적합한지 스스로 체크하여 6가지 체계적인 분석을 할 수 있도록 하였다. 결단력, 인내력, 선견지명, 유연성, 정서안정성, 신중성이 그것이다. 본인의 장점을 살린 매매와 단점을 보완하기 위한 내용도 Http://www.kjcstock.co.kr 홈피에 녹화해 두었기 때문에 적성검사 후 이용하면 된다.

주식투자에 성공하기 위해서는 언제 주식을 매수하고 언제 매도타이밍을 잡아야하는지 알아야 하는 것이 기본이다. 그 다음 더 중요한 것은 이기는 싸움만 하는 자리를 찾아야 하는 것이다. 다시 말해 처음에는 알고 그 다음은 그 중에서 나에게 맞는 스타일을 선택하여 그것만 집중으로 체화시키는 것이다. 이것이 소위 선택과 집중이다.

최근 KJCSTOCK 회원분들이 좋아하는 것 중에 10분 종가매매법이 있다. 이것은 주가의 성질을 이용하여 시세를 맞추면 당연히 이익이고 설령 오차가 발생해도 손실이 거의 없이 빠져나오도록 더블업 베팅법을 체계화시킨 노하우다. 이러한 매매법은 특히 장중 시세를 보기 어려운 직장인들이나 자영업하는 분들 그리고 주부님들에게 강추하는 기법이다.

금리가 1%대로 진입하고 심지어 선진국 중에는 마이너스 금리가 나오는 이 시대에 재테크는 선택이 아닌 필수다. 그러나 그에 따른 리스크도 다르므로 반드시 공부하고 난 다음 하는 것이 중요하다. 9988234(99세까지 88하게 살다가 2, 3일만 앓다가 죽는 것) 시대에 주식투자의 동반자로서 이 책과 함께 하는 투자자 여러분의 성공투자를 기원한다.

김 종 철

연상법 투자십계명

주식투자시 반드시 지켜야 할 핵심 10가지 투자기법을
연상법을 사용하여 쉽게 자동으로 익히도록 정리하였다

일… 일봉만 보면 봉된다
월봉 보고 기조 파악하라

이… 이십일(20)선 위에서 대박이 시작되고
이십일(20)일선 아래서 쪽박이 시작된다

삼… 삼박자 매매법은 종목발굴법이고
120일선 20일선 월봉캔들 3가지다

사… 사(4)대 급등주패턴은 중장기매집형으로
추세선 아래여도 60TT20TT 선공략한다

오… 오(5)파동은 마지막 파동으로
큰 것 하나를 돌리는 파동이다

육… 육각형매매법은 6단계 매도법으로
자신의 보유종목 매도시점을 체크한다

칠… 주식투자에서 7번방의 선물은
7자의 꺾임부분같은 변곡점진입이다

팔… 팔팔한 종목은 핑크고래가 있고
팔팔하지 못한 종목은 거래량이 없다

구… 구좌관리의 기본은 월간매매법이고
월간매매법의 기본은 상대강도이다

십… 이익금의 10%는 헤지하고
10%의 손실은 손절매한다

목차

Contents

머리말 4
연상법 투자십계명 7

1캔들 법칙 14
본격상승은 1처럼 생긴 장대양봉에서 시작하고
본격하락은 1처럼 생긴 장대음봉에서 시작된다

2캔들 법칙 20
캔들이 위력적일 때는 이동평균선에 영향을 줄 때다
그 이동평균선을 돌리거나 지속시킬 때 2번째 캔들(투캔들)기법이 사용된다

3캔들 법칙 26
3개 캔들로 시세의 상승반전과 하락반전을 찾을 수 있다
또한 샛별형은 상승반전 신호이고 석별형은 하락반전 신호다

4캔들 법칙 32
캔들이 음봉이어도 이동평균선이 상승하면 반전 가능성이 높지만
음봉에 이동평균선도 하락하면 추가 하락 가능성이 높은 죽음의 4번 캔들이다

5캔들 법칙 38
5파동 캔들은 5일선 시세전환을 알리는 캔들이고
5일선일 때 5번째 변곡에서 나오는 것이 5파동 캔들이다

6캔들 법칙 45
6캔들은 가두리를 횡보하다가 고점돌파하는 캔들로서
고점돌파 시 갭을 동반한 상승일 때 그 위력이 강하다

7캔들 법칙 52
7캔들은 7자처럼 주가가 횡보하다가
박스권 하단의 저점을 이탈하는 캔들이다

8캔들 법칙 59
8캔들은 속임수 캔들이라는 의미로 팔공산에 달이 뜨면
어디서나 보이듯이 초보도 알아보는 주가상승 캔들은 속임수 캔들이다

9캔들 법칙 66

9라는 숫자가 한 자리 숫자인 0~9까지 중 마지막 숫자이듯이
9캔들은 상승과 하락의 마지막 꼭지캔들과 바닥캔들을 의미한다

0캔들 법칙 72

0캔들은 주식투자 시 매수와 매도를 결정하는 수급분석 캔들로서
매수세가 강한 월양캔들과 매도세가 강한 월음캔들이 0캔들이다

1평선 법칙 80

1은 무엇이든 시작할 때 처음 세는 숫자이고
상승과 하락을 처음 시작하는 파동 이평선이 1평선이다

2평선 법칙 87

2평선은 2개의 이동평균선이라는 뜻으로
정배열과 역배열의 배열 이평선을 의미한다

3평선 법칙 94

3평선은 3개 이상의 이동평균선이 한 점에 수렴하는 패턴으로
발산할 때 주가의 급등과 급락을 동반하는 블랙홀 이평선이다

4평선 법칙 101

4평선이란 하락기조 종목이 상승기조로 전환될 때
중장기이평선을 4개 돌파하는데 이것이 빅4이평선이다

5평선 법칙 108

5평선은 이동평균선의 파동이 5파동 째라는 뜻으로
5파동 이후 시세 방향을 바꾸는 마지막 파동 이평선이다

6평선 법칙 115

6평선은 6자의 상단과 하단 곡선의 모양처럼
방향을 바꾸기 전 손바닥형, 손등형 이평선이다

7평선 법칙 122

7평선은 주식고수가 되기 위해 필요한 이평선으로
72개월선을 포함한 7개 이평선이 고수 이평선이다

8평선 법칙 129

8평선에서 8은 팔팔하고 힘이 강한 이평선이라는 의미로
주가가 이평선을 따라 움직이는 것이 팔팔 이평선이다

9캔들 법칙 136

9캔들이 시세의 마지막인 바닥캔들과 꼭지캔들이듯이
9평선은 바닥에서 꼭지까지 이평선을 모은 종합 이평선이다

0캔들 법칙 143

0평선은 이동평균선 중 가장 기본이 되는 것으로
이동평균선의 탄생 배경인 추세 이평선을 의미한다

연상법 일 152

일봉만 보면 봉된다
월봉 보고 기조 파악하라

연상법 이 159

이십일(20)선 위에서 대박이 시작되고
이십일(20)선 아래에서 쪽박이 시작된다

연상법 삼 166

삼박자 매매법은 종목발굴법이고
'120일선', '20일선', '월봉캔들' 3가지다

연상법 사 173

사(4)대 급등주 패턴은 중징기 매집형으로
60일선 쌍바닥에 20일선 쌍바닥 패턴이다

연상법 오 180

오(5)파동은 마지막 파동으로
큰 파동의 주가방향을 반대로 바꾼다

연상법 육 187

육각형 매매법은 6단계 매도법으로
자신의 보유종목 매도시점을 체크하는 것이다

연상법 칠 194

주식투자에서 7번방의 선물은
7자의 꺾임 부분 같은 변곡점 진입이다

연상법 팔 201

팔팔한 종목은 핑크고래가 있고
꺾이는 종목은 블루고래가 있다

연상법 구 208

구좌관리는 월간단위로 하고
월 단위베팅은 상대강도로 한다

연상법 십 215

이익금의 10%는 헤지하고
10%의 손실은 손절매한다

베스트 1 종가매매법 224

직장인 등 시세 보기가 어려운 투자자를 위한
최고의 베팅법으로 종가 전 "10분 투자법"이다

베스트 2 지수 & 패턴공략법 231

일명 I & P 공략법인 이 방법은
역사적 바닥과 상승초기형 공략법이다

베스트 3 레버리지와 인버스로 월급 만들기 238

레버리지는 주가가 오를 때 사고
인버스는 주가가 하락할 때 산다

1캔들 법칙
본격상승은 1처럼 생긴 장대양봉에서 시작하고
본격하락은 1처럼 생긴 장대음봉에서 시작된다

2캔들 법칙
캔들이 위력적일 때는 이동평균선에 영향을 줄 때다
그 이동평균선을 돌리거나 지속시킬 때 2번째 캔들(투캔들)기법이 사용된다

3캔들 법칙
3개 캔들로 시세의 상승반전과 하락반전을 찾을 수 있다
또한 샛별형은 상승반전 신호이고 석별형은 하락반전 신호다

4캔들 법칙
캔들이 음봉이어도 이동평균선이 상승하면 반전 가능성이 높지만
음봉에 이동평균선도 하락하면 추가 하락 가능성이 높은 죽음의 4번 캔들이다

5캔들 법칙
5파동 캔들은 5일선 시세전환을 알리는 캔들이고
5일선일 때 5번째 변곡에서 나오는 것이 5파동 캔들이다

6캔들 법칙
6캔들은 가두리를 횡보하다가 고점돌파하는 캔들로서
고점돌파 시 갭을 동반한 상승일 때 그 위력이 강하다

7캔들 법칙
7캔들은 7자처럼 주가가 횡보하다가
박스권 하단이 저점을 이탈하는 캔들이다

8캔들 법칙
8캔들은 속임수 캔들이라는 의미로 팔공산에 달이 뜨면
어디서나 보이듯이 초보도 알아보는 주가상승 캔들은 속임수 캔들이다

9캔들 법칙
9라는 숫자가 한 자리 숫자인 0~9까지 중 마지막 숫자이듯이
9캔들은 상승과 하락의 마지막 꼭지캔들과 바닥캔들을 의미한다

0캔들 법칙
0캔들은 주식투자 시 매수와 매도를 결정하는 수급분석 캔들로서
매수세가 강한 월양캔들과 매도세가 강한 월음캔들이 0캔들이다

1 PART

캔들 법칙

본격상승은 ▌처럼 생긴 장대양봉에서 시작하고 본격하락은 ▌처럼 생긴 장대음봉에서 시작된다

1캔들은 숫자 1처럼 긴 장대를 연상하면 된다. 작은캔들은 세력이 없어도 가능하지만 숫자 1처럼 긴 장대캔들은 반드시 기관이나 외국인 기타 큰손세력의 개입이 있어야만 가능하다.

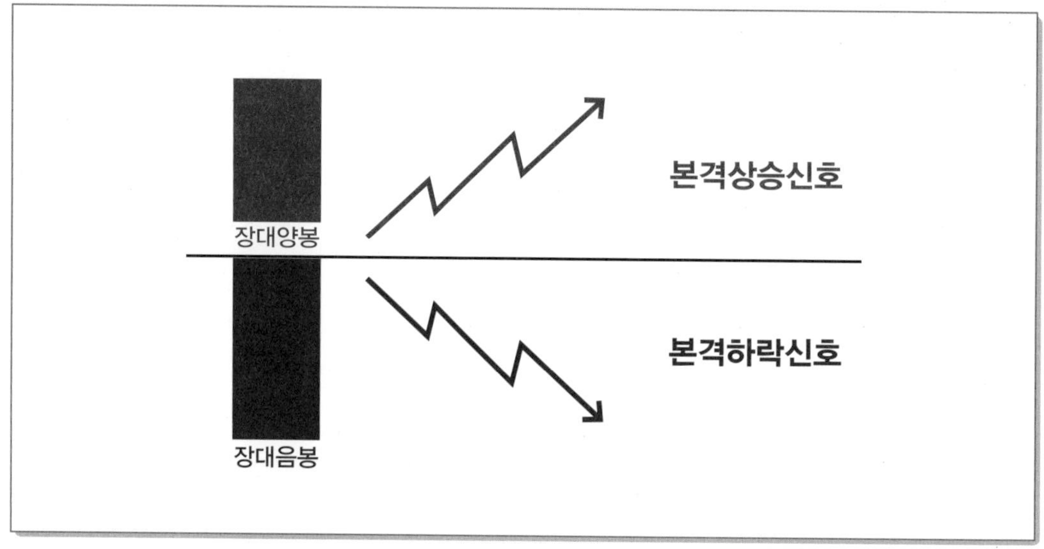

양봉현상과 캔들

주식을 매수한 이후 이익이 발생하려면 당연히 주가는 매수단가보다 위로 상승하여야 한다. 이렇게 주가가 어떤 기준점보다 위에 있는 현상이 일종의 양봉 현상이다. 양봉이란 거래가 시작되었을 때, 처음 거래된 첫 시세보다 위로 올라간 것을 캔들로 표시한 것이다. 캔들은 거래가 시작된 이후부터 마감될 때까지 시세가 어떻게 형성

차트 1-1 웹젠

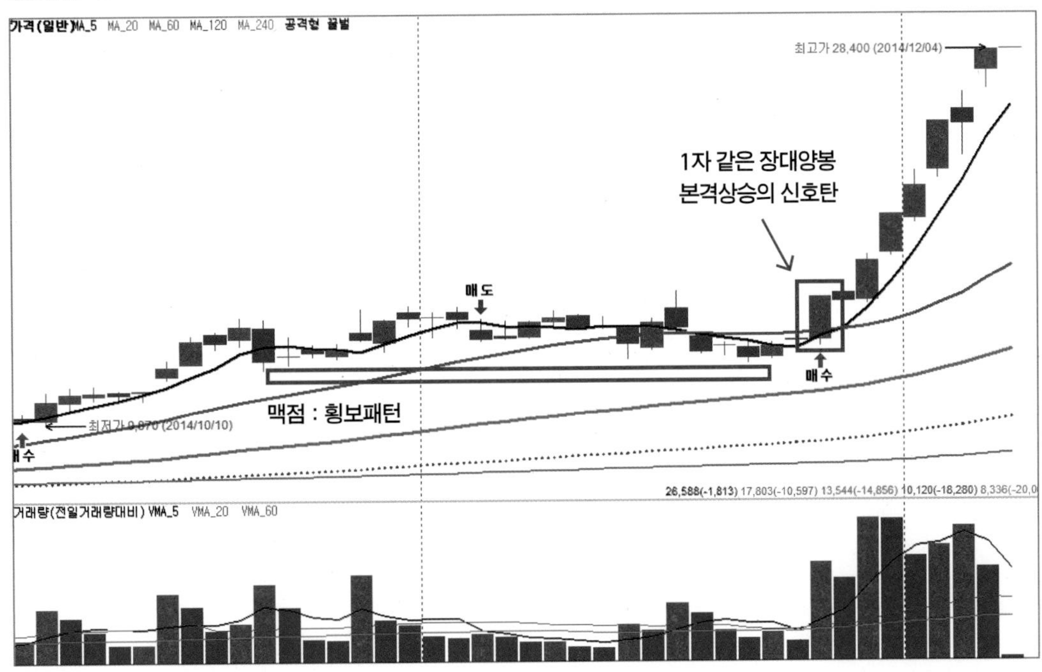

되었는가를 알기 쉽게 표시한 것이다. 캔들을 구성하는 요소는 시가와 장중고가, 장중저가 그리고 마감할 때의 종가로 이뤄지기 때문이다. 이때 시가보다 마감 종가가 높게 끝나는 것을 양봉이라 하고 반대로 시가보다 종가가 아래로 끝나는 것을 음봉이라 한다. 매월 투자해서 월급 만들기를 하려면 일단 매수를 잘해야 한다.

매수의 타깃이 되는 종목

그럼 매수의 타깃이 되는 종목은 어떤 종목이어야 하는가? 당연히 수익을 크게 내는 회사의 주식이어야 한다. 이러한 주식은 일반투자자들은 잘 알 수가 없지만 기관이나 외국인들 같은 세력들은 당연히 미리 준비하고 매입을 시작한다. 이때 세력들이 들어오는 주식은 시가보다 종가가 상당히 높게 마감한다. 그러니까 당연히 시가부터 종가까지를 연결한 양초 모양의 캔들이 작은 것이 아니라 상당히 크게 형성되는 것이다. 이것을 장대양봉이라 하고 그 모양이 1자와 같아 연상법으로 1자와 연결시켜 외우면 쉽게 기억할 수 있다. 이 때 중요한 것은 그 장대양봉이 상승시세의 초기국면이어야 한다는 것이다.

> **TIP 체크포인트**
>
> **양선과 음선**
> 많은 투자자분들이 착각하는 것중에 하나가 바로 이것입니다. 오늘 주가가 (+)면 양선이라고 대답하는 투자자가 정말 많습니다. 전일대비를 얘기하는 것이 아니라 아침 첫출발주가...소위 시초가대비 위면 양선이고 아래면 음선입니다.
>
> 전일대비 주가가 하락세여도 시가대비 위면 오늘 시장은 저점의 매수세가 유입되고 있다는 것이고 이것을 양선이라고 하는 것입니다.
>
> 주로 매수의 타이밍을 잡을 때 사용하는 것입니다. 예를들어 오늘 주가가 +500원이라하더라도 아침에 시초가가 +900원으로 시작했으면 그것은 음선이지 양선이 아닙니다. 왜냐하면 시가기준으로 보면 주가가 내린 것이기 때문입니다. 반면에 주가가 −500원이라하더라도 아침에 시초가가 −900원으로 시작했으면 시가대비 주가가 올라간 것이므로 양선인 것입니다.

장대양봉을 잡는 시기

화무십일홍이라 했던가? 아무리 아름다운 꽃도 사시사철 아름다울 수 없고 아무리 강한 화살도 결국 땅에 떨어지기 마련이다. 즉, 실적이 좋은 주식도 이미 상당폭 올라서 상승의 마지막 국면에 진입하면 이익을 낼 수 없는 것이다. 따라서 상승초기에 나오는 1자와 같은 장대양봉을 잡아야 한다. 상승초기란 주가가 조정을 받아 이제 막 상승으로 턴할 때를 의미한다. 이때 주가는 견조한 조정을 받아야 하는데 그런 주식은 대다수 '이동평균선'이 옆으로 횡보를 하게 된다. 대표적인 패턴이 20일선이 옆으로 눕는 경우이며 그 외 5일선, 60일선 등 다양하다. 결국, 주가가 횡보하듯이 조정을 받다가 상방으로 움직일 때 장대양봉을 단 종목이 매수의 주요표적이 되는 것이다. 이때 거래량을 대량으로 동반하면 그 종목의 상승 가능성은 그만큼 높아지게 된다. 마찬가지 원리로 상승하는 주가가 고점에서 장대음봉을 주게 되면 주가는 하락할 확률이 높다.

시세의 방향을 전환시키는 것

그럼 왜 장대양봉과 장대음봉은 시세의 방향을 전환시키는 것일까? 그것은 조그만 캔들은 쉽게 나오지만 주가가 시초가 대비 종가

차트 1-2 **종근당바이오**

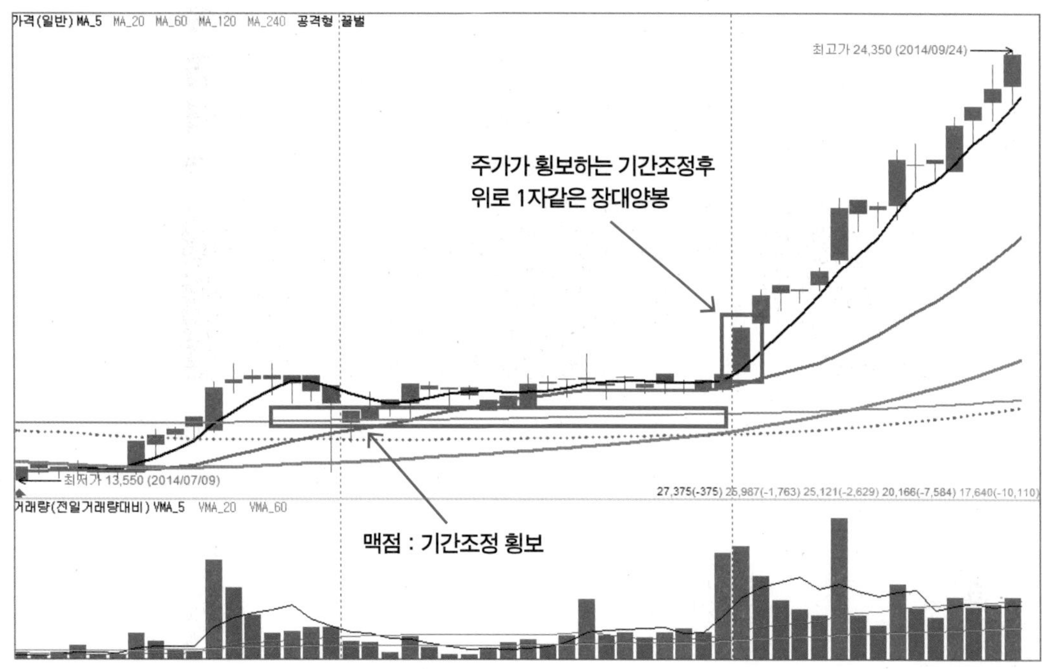

까지 뻗어 가는 시세는 기관이나 외국인 그 외 거액투자가가 들어오지 않고는 나올 수 없기 때문이다. 이들을 통틀어 세력이라 하는데 결국 장대캔들은 바로 세력캔들인 것이다. 이러한 장대캔들은 분석상 각도라는 단어를 들고 나오게 된다. 주가가 상승 기조에 있는 종목이라 해서 매일같이 상승할 수는 없고 상승과 하락을 반복하는데 올라갈 때는 강하게 많이 올라가고 조정은 작게 받는다. 즉, 상승 각도가 가파른 것이고 반대로 하락 기조일 때는 매일같이 내리는 것이 아니라 크게 빠지고 조금 들어주는 것을 반복한다. 이때 제일 강한 각도는 바로 1자와 같은 장대캔들이고 결국 매수와 매도를 잘하기 위해서는 장대캔들 포착이 필수인 것이다.

주식격언

주식을 사기 보다는 때를 사라
주식투자의 가장 큰 목적은 투자 차익에 있다. 최대의 투자 차익을 남기기 위해서는 사는 시점과 파는 시점의 선택이 가장 중요하다.

베팅 타이밍의 결정

그럼 베팅 타이밍은 어떻게 잡아야 하는 것일까? 여기에는 2가지 방법이 있다. 일단 먼저 전업투자자처럼 장중 시세를 계속 지켜볼 수 있는 투자자는 30분 단위법이 좋다. 즉, 30분 단위로 장대양봉패턴을 만들고 거래량도 전일 같은 시간 대비 많으면 일단 일정부분 먼저 선 공략을 하는 것이 도움이 된다. 만약 30분 단위가 장대양봉이 아닐 때는 30분봉 3개를 더해서 장대양봉패턴이면 진입하는 것이 정석이고 캔들은 더하거나 뺄 수 있다. 즉, 단독장대양봉이 아니어도 합이 장대양봉의 성격을 가지고 있으면 세력캔들의 성격을 지니고 있는 것이다. 반면 전업투자자가 아닌 경우는 시세를 계속 지켜볼 수가 없다. 직장에 다니거나 여타 다른 이유로 시세를 계속 볼 수 없을 때에는 그날 주식시장이 마감할 때 한꺼번에 주문을 받아서 단일가에 처리하는 종가 베팅법을 쓰거나 전날 장대양봉을 보인 종목을 다음 날 아침에 미리 주문을 내는 방법을 사용하면 된다.

장대양봉 종목을 찾아내는 검색법

이번에는 이러한 장대양봉 종목을 찾아내는 검색법에 대해 알아보기로 하자. 일단 장대양봉 종목의 특징은 다른 종목대비 상승률이 높다는 공통점이 있다. 예를 들어 아침 시초가에 하한가로 갔다가 보합근처에 가는 종목은 패턴은 장대양봉이지만 전일대비 상승한 것이 아니므로 신뢰성이 떨어진다. 따라서 장대양봉 종목을 찾을 때 가장 먼저 할 일은 상승률 상위종목을 찾아 그 종목을 차례로 그래프로 띄워서 보는 방법을 택하는 것이 좋다. 즉, 상승률 상위종목으로 일단 예비 관심주를 뽑아놓고 그들 종목의 그래프를 보면서 눈

차트 1-3 두산중공업

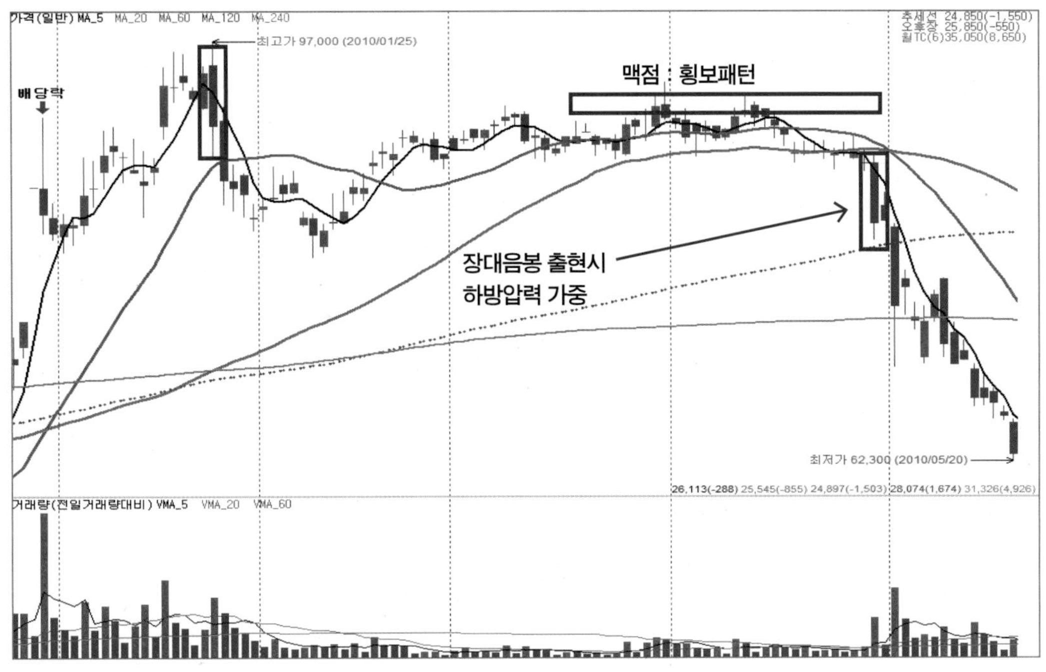

으로 장대양봉여부와 그 장대양봉이 나온 위치가 이제 막 새로이 상승을 시작하는 횡보 패턴에서 나왔는가를 검색하는 것이다.

장대양봉 종목이 나오는 위치

장대양봉 종목이 나오는 위치는 크게 3가지가 있다. 하나는 이평선의 기울기가 가파른 하락을 하는 가운데 장대양봉이 나오는 경우인데 이때는 주가가 반등하다가 이평선에 부딪치며 떨어지는 경우가 많다. 두 번째는 이미 상승 폭이 큰 상황에서 상승 말기에 나오는 경우인데 이때는 상승 말기라는 점에서 유의하여야 한다. 세 번째는 앞서 강조한 대로 조정의 마무리 국면에서 주가가 하락 각도가 완만해지는 횡보 국면에서 장대양봉이 솟아오를 때 그 종목이 바로 세력의 장대양봉인 것이다.

캔들이 위력적일 때는 이동평균선에 영향을 줄 때다 그 이동평균선을 돌리거나 지속시킬 때 2번째 캔들(투캔들)기법이 사용된다

멧돼지 1마리를 상대할 때 진돗개 2마리가 덤벼드는 것을 연상하면 된다. 큰 것 1개를 돌파할 때 작은 것 2개가 필요하고 5일선을 전환할 때도 캔들 2개가 필요한데 이것이 2캔들이다.

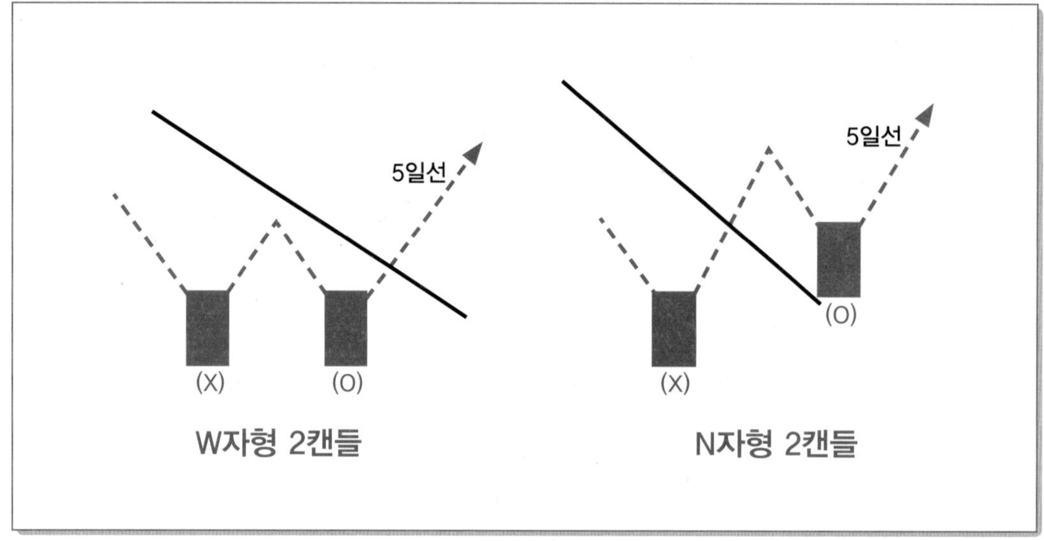

캔들의 개념

주식에 대해 공부를 시작하면 가장 먼저 알아야 할 것이 캔들의 원리를 파악하는 것이다. 왜냐하면 캔들은 지금 바로 일어나는 주가의 상승과 하락을 가장 빠르게 표시하기 때문에 투자자가 지금 주식을 팔아야 하는지 사야 하는지를 결정하는 중요한 판단의 도구가 되기 때문이다. 이 때 중요한 것은 지금 상승하면서 만드는 이 캔들이 위에

차트 2-1 **한국사이버결제**

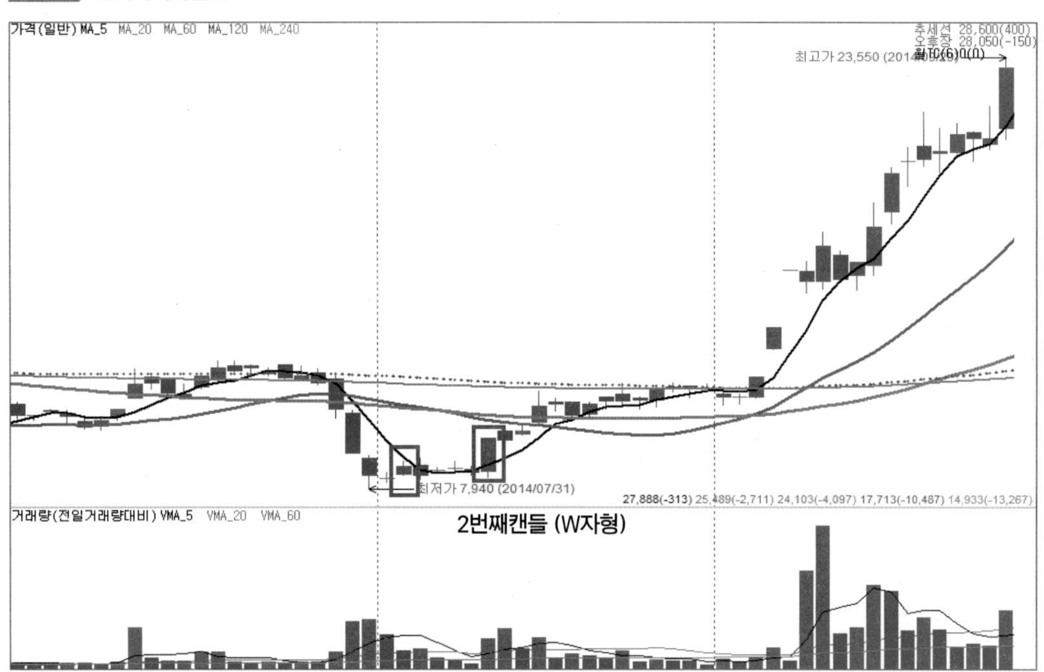

서 매물저항을 받는지 아니면 어느 정도 위로 상승할 힘이 있는지를 알아내는 것이다. 그리고 이 시점에서 바로 투캔들의 원리를 이용한다.

투캔들이란

투캔들이란 하락하던 주가가 상승 할 때 저점이 낮은 상태에서 올라가는 것이 아니라 저점이 비슷하거나 높아진 상황에서 상승하는 캔들을 의미한다. 주가가 상승을 할 때 투캔들에서 상승을 하게 되면 캔들 바로 위에서 저항의 역할을 하던 이동평균선을 상승으로 반전시키거나 반전된 이동평균선이 지속성을 가지고 좀 더 위로 올라갈 수 있다는 것을 입증하는 것이다.

TIP 체크포인트

이동평균선

이것은 쉽게 평균단가로 생각하시면 됩니다. 즉 5일 평균선값은 누군가가 5일동안 월요일부터 금요일까지 5일간 종가에 매수를 했다면 이 사람의 매입평균단가는 다 더해서 5로 나눈 값 즉 5일평균선값이 되는 것이고 한 달간 즉 20일간 종가상 매수를 했다면 20일 평균선값이 되는 것입니다.

마찬가지로 3달 즉 한분기 주가의 평균을 60일선이라고 생각하면 됩니다. 배열을 따질 때 이동평균선 위치를 가지고 얘기하는데 단기선이 위에 있고 장기선이 아래있을때를 정배열 반대일 경우를 역배열이라고 합니다. 정배열이라는 얘기는 단기상승세의 힘이 강하다는 것을 의미합니다.

캔들의 종류

이때 이동평균선을 반전시키는 것은 주로 저점이 같거나 혹은 낮아도 소폭 낮은 상태에서 올라가는 W자형 투캔들이고 이미 상승 전환한 이동평균선을 지속 상승하게 하는 것은 저점이 완전히 높은 상황에서 올라가는 N자형 투캔들이다. 같은 2번째 캔들인 투캔들이어도 W자형보다 N자형 투캔들이 더 위력적인 것이다. 일단 캔들이 의미가 있기 위해서는 이동평균선을 돌릴 때 그 위력이 강한데 이것을 일명 꺾기캔들이라고 한다. 꺾기캔들이란 캔들이 이동평균선을 돌리는 캔들인데 대표적인 세력캔들 중 하나인 것이다. 세력캔들이란 지금 움직이는 그 주가의 방향이 일반 개인투자자가 만드는 것이 아니라 기관이나 외국인 같은 시세를 만드는 힘 있는 집단들이 만드는 시세라는 의미다. 주가가 상승이나 하락을 할 때 이동평균선을 돌리지 못하면 지금 움직이는 주가가 만들어내는 캔들은 속임수 캔들이 된다. 예를 들어 주가가 시초가 대비 상승하면서 양봉의 캔들을 만들어낸다고 할 때 항상 투자자는 상승할 때 팔아야 하는지 아니면 사야하는지 고민하게 된다. 바로 이 부분이 매매수익의 최대 문제인 것이다. 이 때 이 상승하는 캔들이 이동평균선의 저항을 받을 것 같으면 반등 시 매도를 해야 하고 반대로 캔들이 이동평균선을 상승으로 반전시키고 있으면 매수해야 한다.

주식의 3대 주요지표

주식을 살 것인가, 팔 것인가를 결정할 때 많은 보조지표들이 사용되지만 가장 먼저 우선적으로 마스터해야 하는 것은 바로 캔들과 이동평균선 그리고 거래량으로 일컬어지는 3대 주요지표인 것이다.

차트 2-2 코콤

캔들과 이동평균선과의 상관관계

주가흐름을 나타내는 그래프를 보고 캔들은 현재 상태로 해석하고 이동평균선은 미래라고 해석하면 매수매도의 의사결정을 내리기가 쉬워진다. 예를 들어 캔들이 양봉을 보이며 올라갈 때 이동평균선이 위에서 아래로 하락하고 있으면 지금은 좋은데(양봉 상승), 미래(이평선 하락)는 나쁘다는 결론이 나오게 된다. 그럼 자동적으로 지금 주가가 상승할 때 매도하는 투자전략이 생성되는 것이다. 반면 지금 캔들이 상승하는데 투캔들이 나와서 이동평균선이 상승으로 전환하면 지금도 좋은데(양봉상승) 앞으로도(이평선 상승반전) 좋다고 해석된다. 지금도 좋은데 앞으로도 좋으면 주가가 상승할 때 매도가 아니라 오히려 주식을 더 사야 한다는 전략이 역시 자동으로

> **주식격언**
>
> **차트는 시세의 길잡이다**
>
> 차트를 보지 않고 매매를 하는 것은 맹인이 지팡이를 잡지 않고 길을 걷는 것과 같다. 차트를 노련하게 해석할 수 있으면 70~80% 이상 주식 성공이 보장된다.

나오게 되는 것이다. 주가가 하락할 때도 이 법칙을 적용하면 된다. 주가가 하락하면서 음봉을 만들 때 이동평균선이 꺾이지 않으면 지금은 나쁘지만 앞으로 다시 올라갈 가능성이 높기 때문에 주식을 그대로 보유하고 있어야 하고 수량이 부족하면 오히려 눌림목을 이용하여 추가 매수를 고려해야 한다. 대신 주가가 조정을 받으면서 음봉을 주고 있는데 이것이 이동평균선을 하향으로 꺾어 돌리면 지금도 좋지 않는데 앞으로도 좋지 않다는 해석이 나오므로 하락 시 주가가 흘러가는 방향으로 매도를 해야 하는 것이다.

캔들의 중요성

이렇듯 캔들은 주식을 사느냐 파느냐의 의사결정에 가장 빠른 접근을 하게 하는 것이므로 그 원리를 파악하는 것이 중요하다. 이때 이동평균선의 기울기 변화와 그 변한 기울기의 지속성에 관여하는 것이 바로 2번째 캔들 즉, 투캔들인 것이다. 여기서 중요한 것은 그 투캔들이 일봉보다는 월봉에서 나타날 때 그 위력이 크다는 것이다. 투캔들이 일봉에서는 5일선을 변화시키지만 월봉에서는 6개월선을 변화시키기 때문이다. 일봉의 5일선은 단기선으로 심리선이라 일컬어지며 단타성 매매에 활용되고 월봉의 6개월선은 중장기 매매에 활용되는데 일봉으로는 120일선에 해당된다. 일주일에 5일간 거래가 되므로 1개월이 20일선이고 6개월선은 120일선과 동급이다. 그런데 120일선이 바로 경기선 즉, 기업의 펀더멘탈 변화를 의미하는 것이기 때문에 당연히 투캔들이 일봉에서 나왔을 때보다 월봉에서 나왔을 때 그 위력은 훨씬 강한 것이 되는 것이다. 이때도 마찬가지로 월봉상 W자형 캔들보다 N자형 투캔들이 위력적이다. 매월 고정적인 수익을 내기

차트 2-3 한국전력

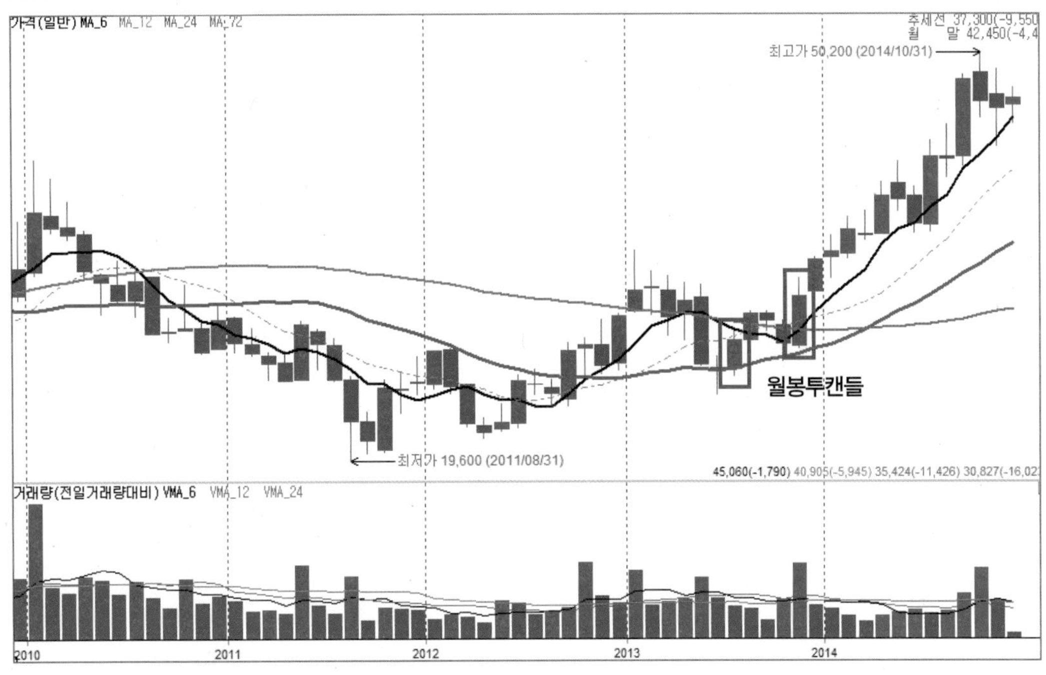

위해서는 바로 이 월봉상의 투캔들을 놓치지 말아야 한다.

최고의 수익내기 전략

30년 가까이 주식시장에 몸담고 있으면서 알아낸 최고의 수익내기 전략은 아무 때나 매매하는 것이 아니라 가장 확률이 높을 때만 매매해야 한다는 것이다. 이순신 장군의 23전 23전승 신화의 비밀은 이길 수 있을 때만 싸웠다는 것이다. 주식매매도 시장이 나쁠 때는 물론이고 애매할 때도 함부로 나서지 말아야 하는 것이다. 그런 면에서 매수는 저점이 낮은 원캔들이 아니라 최소한 비슷하거나 높아지는 투캔들에서 시작하는 것이 주식투자에서 성공하기 위한 첫 번째 조건인 것이다.

3개 캔들로 시세의 상승반전과 하락반전을 찾을 수 있다 또한 샛별형은 상승반전 신호이고 석별형은 하락반전 신호다

하늘에 던진 공이 땅으로 떨어질 때까지 상승, 정점, 하락의 3단계를 연상하면 된다. 시세가 상승하다가 하락으로 반전될 때 포물선의 원리처럼 시세가 변화는 과정이 3캔들이다.

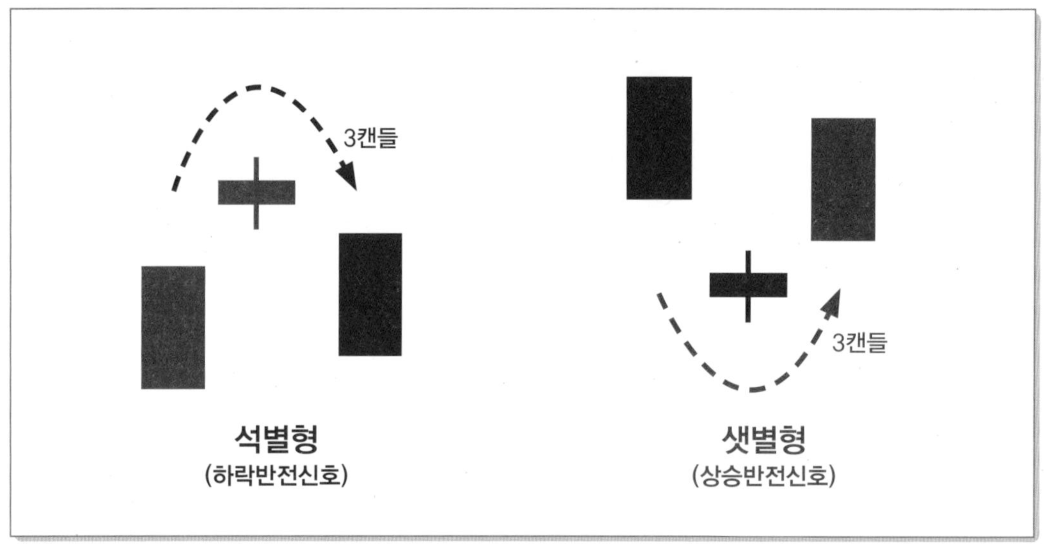

주가의 상승반전 신호와 하락반전 신호

주가가 계속 하락하고 있으면 어디서 주기기 상승반전 하는가를 찾아내는 것이 중요하고 반대로 계속 상승하고 있으면 어디서 하락반전 하는가를 알아내는 것이 중요하다. 이러한 주가의 상승반전과 하락반전을 찾아낼 때 사용하는 기법 중 하나가 3개의 캔들로 찾아내는 샛별형과 석별형이다.

차트 3-1 삼성전자

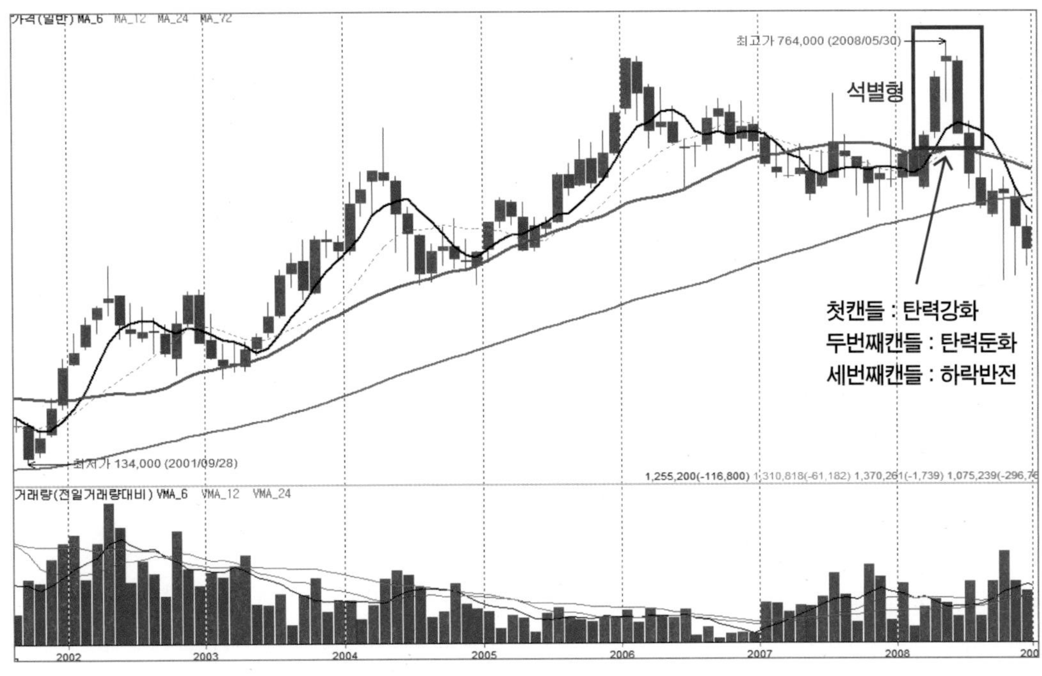

샛별형

먼저 주가의 바닥탈출을 포착하는 샛별형은 3가지 단계로 나눠서 볼 수 있는데 첫 번째 단계는 하락각도가 심하게 내려가는 장대음봉의 과정이고 두 번째가 급하게 하락하던 주가가 점차 하락 속도가 둔화되어 시가와 종가가 같은 도지형이거나 몸통의 길이가 작은 별형이 나타나고 그 다음 마지막 3단계에서는 오히려 주가가 윗 방향으로 가파른 상승을 주는 장대양봉으로 요약할 수 있다. 간단하게 샛별형이 나타나는 원리를 설명하면 언덕에서 브레이크가 고장 난 차를 멈추게 하는 방법으로 이해하면 된다. 언덕에서 브레이크가 고장 났으니 차는 언덕 아래로 가파르게 하락하는데 이때 이 차를 멈추려면 어딘가 자꾸 부딪쳐서 하락속도를 늦추면 차가 멈추게 되는 원리다. 따라서 챠트에서는 장대음봉 이후 캔들의 길이가 작아지는 도지형이나 별형이 나오면 방향을 전환하는가에 주목해야 한다.

석별형

반대로 석별형은 포물선의 원리를 이해하면 된다. 공을 멀리 던지면 하늘위로 올라가는데 점차 올라가는 속도가 둔해지고 정점에 이른 다음 반대로 하강하게 된다. 마찬가지로 처음 올라갈 때는 장대양봉을 보이지만 점차 상승속도가 둔화되면 도지형이나 별형이 나오게 되고 반대로 하강하면서 장대음봉을 보이게 되는 것이다. 이러한 샛별형이나 석별형이 나왔을 때 적중할 확률이 높으려면 샛별형은 주가가 많이 하락한 다음 나와야하고 반대로 석별형은 주가가 위로 많이 상승한 상황에서 나오면 속임수의 가능성이 적다.

별형

샛별형이나 석별형 시 방향을 바꾸기 전에 나오는 별형은 몸통의 길이가 작은 캔들을 의미하는데 이때 캔들의 색깔은 중요하지 않다. 다만 그 길이가 작아서 이제는 매수매도가 서로 팽팽한 상태를 나타내는 것이 중요한 것이다. 이론상으로는 별형이나 그 이후 방향을 전환할 때 나타나는 장대캔들은 갭을 동반하지만 실전에는 별형이나 방향 전환하는 장대캔들이 나타날 때 갭을 동빈하지 않는 경우도 많다. 중요한 것은 그 흐름을 정확히 이해하는 것이다. 다시 말해 주가가 하락하다가 반전되려면 당연히 하락속도가 둔화되어야 하고 그 다음 상승 시는 강한 각도로 올라가야 한다. 만약 하락속도는 가파른 장대음봉을 주었는데 반등이 약한 작은 양봉을 주면 주가는 다시 하락하

TIP 체크포인트

분봉

일봉이란 하루의 주가흐름을 하나의 봉으로 표시한 것이고 분봉은 예를 들어 30분봉은 30분마다 5분봉은 5분마다 주가의 흐름을 하나의 봉으로 표시한 것입니다.

일봉으로 보면 안보이는 것도 분봉으로 보면 보이는 경우가 많습니다. 그 이유는 일봉으로는 외봉이어서 매도신호가 없었던 것같은데 주가가 크게 내려서 분봉을 보면 아~ 분봉의 쌍봉 이라는 것을 느끼게 됩니다.

대다수의 투자자분들이 많이 겪는 애로점이 매도타이밍입니다. 매도타이밍을 잘 잡는 기법중의 하나가 분봉을 항상 같이 보는 습관입니다. 추세는 일봉으로 보고 판단하지만 장중 매도타이밍을 잡아나갈때 분봉을 많이 보게됩니다.

차트 3-2 LG디스플레이

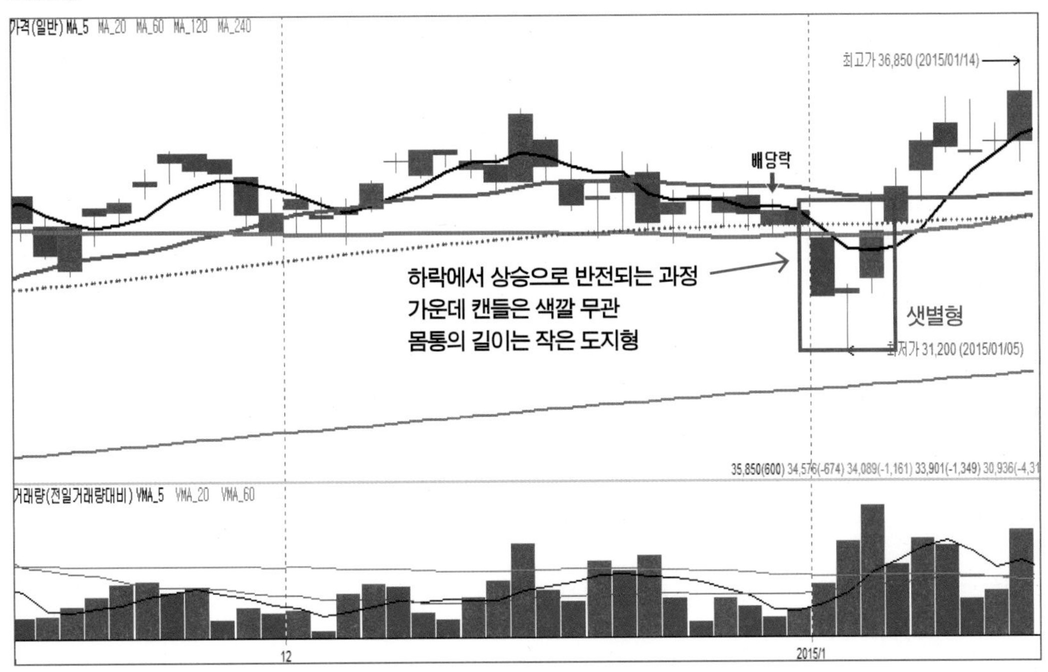

면서 저점을 이탈하는 경우가 많다. 즉, 급락하던 주가가 바닥을 찍으려면 하락각도만큼 상승을 시도할 때 상승각도 또한 가팔라야 한다. 이 때 이 바닥점을 V자형 바닥이라고 한다. 반대로 상승할 때 강한 탄력을 가지고 올라갔으면 하락으로 반전될 때에도 가파른 하락을 주어야 시세가 하락반전하게 된다. 강하게 상승했는데 조정이 완만하면 그것은 조정이후 다시 상승하겠다는 신호가 되기 때문이다.

3캔들 원리

이러한 3캔들 원리는 일봉에서 단기 바닥과 고점을 찾기 위해 중요하지만 특히 월봉상 3캔들이 나타날 때 놓치지 말아야 한다. 왜냐하면 방향을 바꾸는 샛별형이나 석별형이 일봉이 아닌 월봉에서 나타나는 것은 최소한 한 달 간의 주가흐름을 의미하는 것이므로 주식으로 수익을 쌓기 위해서는 시세반전의 월봉 타이밍은 놓치면 안 되기 때문이다. 또 하나 중요한 것은 캔들의 성질이 더하거나 뺄 수 있다는 것이다. 즉, 샛별형 이후 시세가 반전할 때 단독으로 장대양봉이 나올 수도 있지만 조그마한 양봉이 여러 개 차례로 나오는 경우도 있으므로 합해서 장대양봉으로 해석되면 의미 있게 받아들여야 한다. 이 때 이 장대양봉의 크기는 통상 그 앞에 하락할 때 나타났던 장대음봉의 반 이상을 돌파해야 그 각도가 가파르다는 것이 인정된다. 반대로 석별형일 때도 하락반전시 단독으로 긴 장대음봉은 물론이고 여러 개의 캔들을 합쳐서 장대음봉이고 그 크기가 올라갔던 장대음봉의 반 이상을 깨고 내려갈 때 그 의미가 크다고 보면 된다.

> **주식격언**
>
> **숲을 먼저 보고 나무를 보아라**
> 주가의 일일 변동이나 단기적인 파동만 보고 투자를 하면 시세의 큰 흐름을 보지 못한다. 강물의 잔 파도만 보고 배를 노저어 가면 자기도 모르는 사이에 엉뚱한 곳으로 흘러내려 가고 만다. 먼저 시세의 큰 흐름과 그 배경을 이해하고 그러한 바탕위에서 눈앞의 시세를 해석해야 한다. 증권시장은 흔히 자본주의의 성감대라고 할 정도로 정치·사회·경제 모든 부문의 각종 요인이 작용하므로 이를 종합적으로 해석 할 수 있는 안목을 기르는 것이 중요하다.

샛별형과 석별형의 인지

그렇다면 언제 샛별형이나 석별형을 인지하고 베팅을 들어갈 것인가? 먼저 중요한 것은 도지형이나 별형의 출현이다. 이것이 나타나야 가파른 하락이나 상승이 점차 둔화된다는 신호이기 때문이다. 예를 들어 샛별형일 때 주가가 급락하다가 도지형(별형)이 나오면 다음 캔들을 주목한다. 이 때 이것이 일봉이면 캔들이 완성되는 종가 무렵에 진입하는 것이 속임수가 적다. 중간에 샛별형이라고 진입했다가 주가가 밀려버리면 속임수가 되기 때문이다. 석별형도 마찬가지 타이밍 구간에서 진입하면 된다.

시장 진입 방법

다만 시장의 주변여건이 3캔들이 나올 수 없는 여건에 있으면 30분

차트 3-3 KOSPI

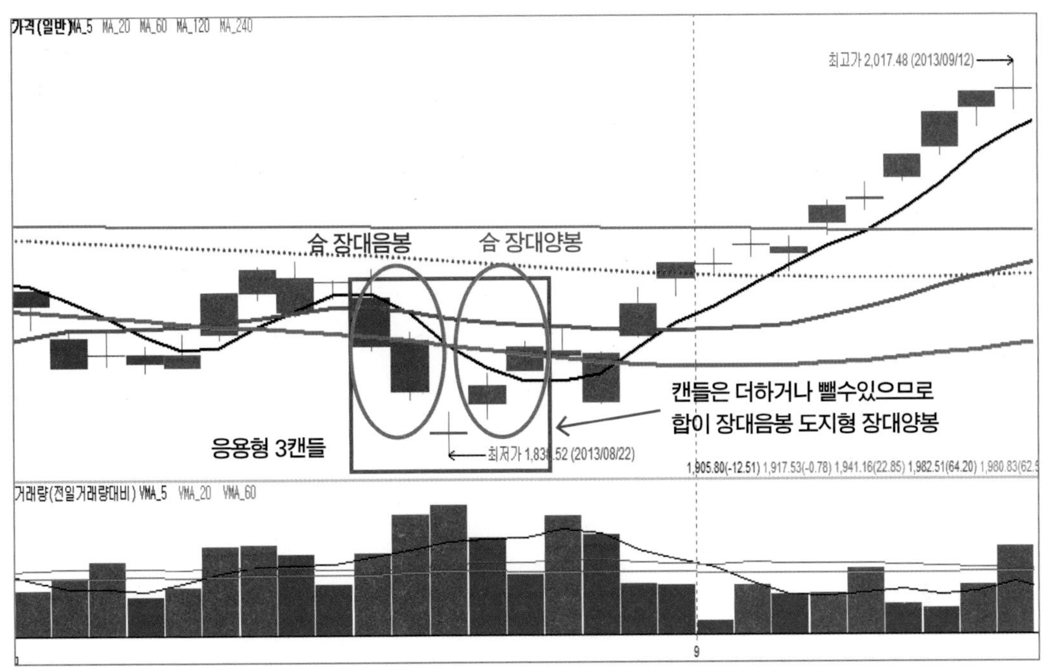

단위로 진입하는 방법을 사용할 수 있는데 이것은 어느 정도 경력이 쌓인 다음에 활용하는 것이 좋다. 중요한 것은 3캔들이 월봉에서 나타날 때이다. 일단 전달에 월봉상 도지형(별형)이 나오면 다음 달 초 주가흐름을 면밀히 보아야 한다. 이때 샛별형의 경우 주가가 전달 종가보다 상승하면서 월초 시가 위 양봉을 보이고 5일선 위로 올라가면 일부 베팅이 가능하다. 특히 적중률이 높을 때는 20일선 위로 캔들의 몸통이 올라타고 상승할 때이다. 원래 캔들의 신호는 캔들이 완전히 완성될 때이다. 즉, 일봉은 그 날 종가에 들어가야 하고 월봉은 월말에 진입하는 것이 맞다. 일봉의 경우에는 가격의 차이가 작으니까 30분 단위가 아닌 종가에 진입할 수도 있지만 월봉의 경우는 가격차이가 크므로 실전에서는 월말이 아닌 일간 단위로 끊어서 진입하는 방법이 사용된다.

캔들이 음봉이어도 이동평균선이 상승하면 반전 가능성이 높지만 음봉에 이동평균선도 하락하면 추가 하락 가능성이 높은 죽음의 4번 캔들이다

글자"4"를 한자 사(死)자와 같이 연상하면 된다. 지금의 주가의 캔들이 음봉인데 이동평균선도 위에서 하락하는 기울기면 주가는 지속하락 가능성이 높은데 이것이 4캔들이다.

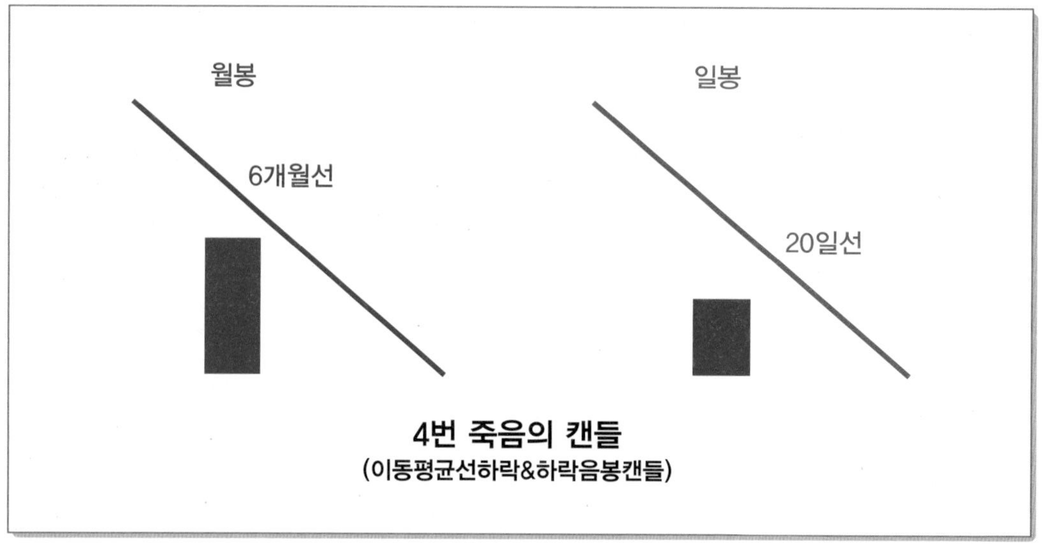

4번 죽음의 캔들
(이동평균선하락&하락음봉캔들)

캔들과 이동평균선의 개념

캔들은 현재의 주가 상태를 나타내고 이동평균선이 향후 미래의 주가 흐름 즉, 추세(트렌드)를 보여주기 때문에 주가가 어떤 방향으로 갈 것인지를 말해준다. 내가 사고자 하는 주식 그리고 내가 팔고자 하는 주식에 대해 어떤 전략을 세워야 성공적인 투자가 될 것인가를 고민할 때 바로 이 원리를 이용하면 기본적인 접근이 가능하게 된다.

차트 4-1 KOSPI

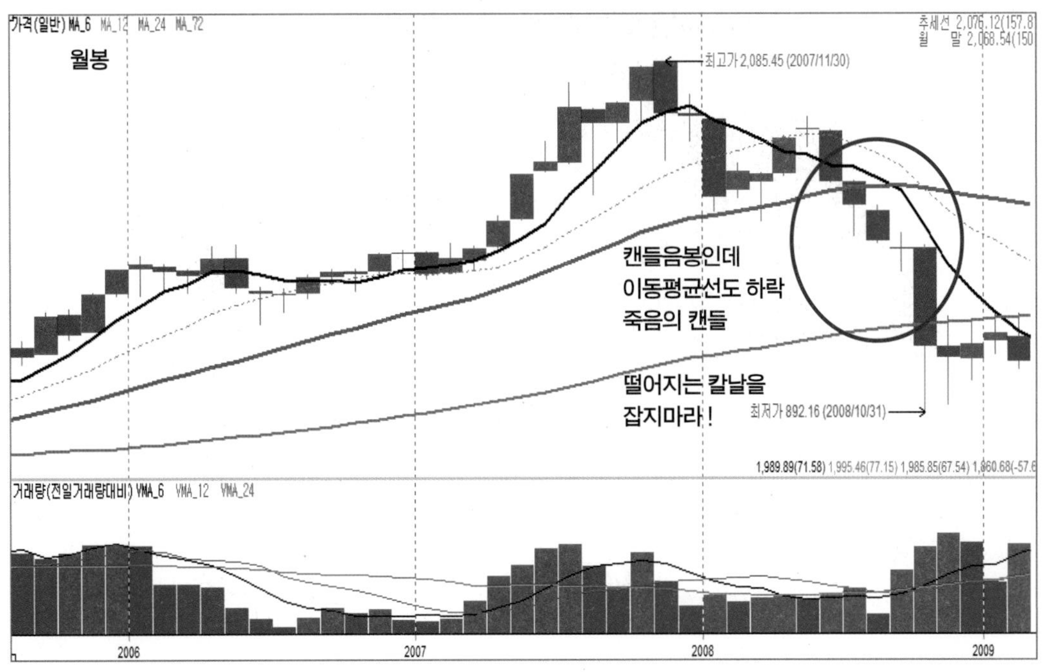

캔들과 이동평균선의 추이

예를 들어 어떤 주식을 매수하고자 할 때는 그 주가의 현재 위치와 향후 추세를 알아야 하는데 이때 캔들의 모양과 이동평균선의 기울기를 점검하는 것이 성공투자의 첫 단추인 것이다. 통상 주가가 상승하면 일반적으로 사고자 하는 마음이 생긴다. 이때 만약 이동평균선이 하락하고 있는 것을 매수하면 실패할 가능성이 높은데 그 이유는 캔들이 양봉이면 지금 눈앞에 보이는 것은 시작점 대비 주가가 상승하고 있지만 이동평균선이 하락하고 있으면 추세는 하향추세이므로 상승을 이용하여 매도를 고려할 주식이지 매수를 할 주식은 아닌 것이다. 그 주식이 매수의 관점에 들어올 때는 캔들만 양봉이 아니라 이동평균선까지 상승해야 하는 것이다. 보유하고 있는 종

> **TIP 체크포인트**
>
> **외봉과 쌍봉**
> 외봉이란 주가가 꺾였을 때 앞의 고점을 돌파한 상태에서 꺾이는 것을 의미하고 쌍봉이란 두개의 봉우리로 마치 알파벳 M과 같은 패턴으로 꺾이는 것을 의미합니다.
>
> 외봉은 마지막파동이 아니면 그대로 꺾이지 않으므로 단기 조정인 경우가 많으나 쌍봉의 경우에는 조심해야 합니다. 특히 일봉에서는 5일선의 쌍봉이면 위험하고 30분봉에서는 20평균선 즉 30-20쌍봉이면 매도신호입니다.

목의 매도여부도 마찬가지 원리로 전략을 세울 수 있다. 주가가 하락할 때 쫓아서 매도할 것인가 조금 기다려야 할 것인가를 결정할 때 그 캔들이 음봉으로 조정을 받을 때 이동평균선이 상승하는 기울기이면 주가는 조정 받다가 올라가는 경우가 많다. 반면 주가가 하락하는 것 같아서 매도했다가 다시 주가가 올라가는 바람에 아쉬워했던 경험이 있는 투자자는 주가가 하락할 때 꾹 참고 버텼더니 주가가 폭락하여 큰 손실을 보았던 경우가 있었을 것이다. 이는 앞의 경우와는 달리 주가가 하락할 때 캔들만 음봉인 것이 아니라 이동평균선까지도 하락하는 이른바 죽음의 4번 캔들 원리를 파악하지 못했기 때문이다. 즉, 4번 캔들은 현재 상태만 주가가 하락하는 것이 아니라 이동평균선이 하락하여 추세까지도 하락하는 것이다. 현재도 하락하는데 미래도 주가가 하락하는 패턴이 4번 죽음의 캔들인 것이다.

이동평균선으로 삼는 기준 1(월봉의 6개월선)

그렇다면 이동평균선은 어떤 것을 기준으로 하는 것이 좋은가? 실전에서는 2가지를 필수적으로 점검해야 한다. 하나는 월봉의 6개월선이고 다른 또 하나는 일봉의 20일선이다. 먼저 월봉의 6개월선은 가장 기본이 되는 이동평균선이다. 이것이 하락 기울기일 때는 주가의 경기 선행성이 있지만 통상 종합지수의 경우 경기 사이클이 수축기에 있다는 것이고 종목의 경우 EPS가 감소추세에 있어서 주가가 아무리 하락하여도 PER이 낮아지지 않기 때문에 저평가 구간에 들어가지 못하게 된다. 국내의 경우 주가 약세 기간이 경기 사이클 길이만큼 오면 18개월, 대략 1년 6개월이 된다. 다시 말해 고점에서 주가가 펀더멘탈상 문제가 있어서 하락하게 되면 무려 1년 6개월이

차트 4-2 현대차

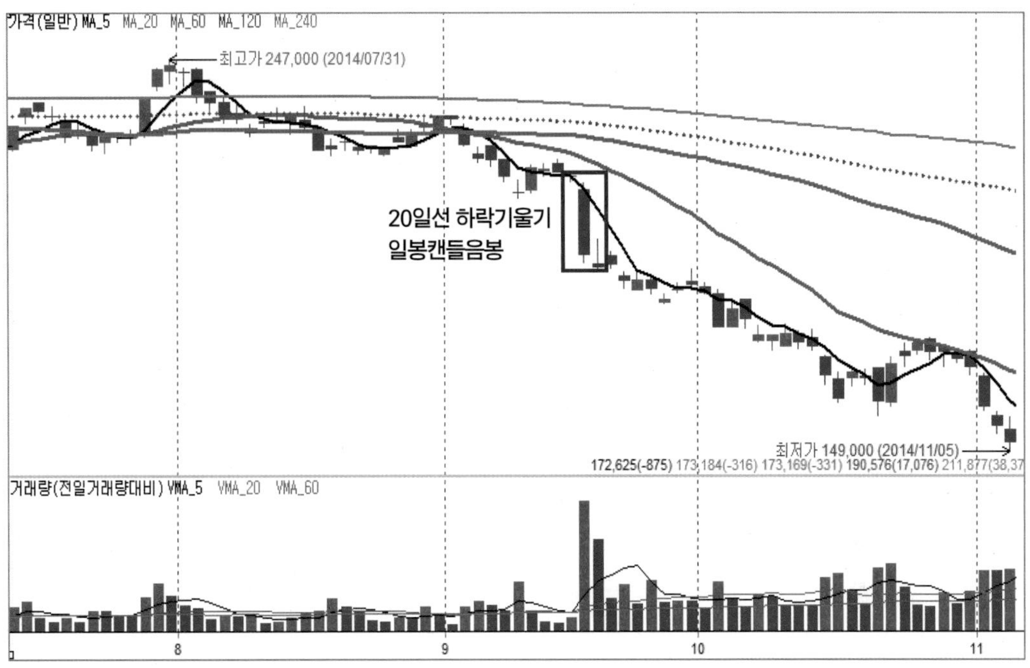

나 하락 추세에 놓일 수 있다는 것이 된다. 따라서 다른 이동평균선은 안보더라도 월봉의 6개월선은 필수적으로 봐야하는 것이다.

4번 죽음의 캔들

즉, 월봉상 주가가 월초 시초가 아래이면서 월봉의 6개월선이 하락하면 주가는 어디까지 내릴지 예측하기 어려운 긴 약세기조에 접어들게 되는 것이다. 그래서 이것을 4번 죽음의 캔들이라고 한다. 대부분의 투자자들은 손해를 볼 때 여러 종목에서 골고루 분할해 같은 비율로 손해를 보는 것이 아니다. 통계적으로 봤을 때 잘못 잡은 20%의 주식이 전체 손실금액의 80%를 차지하게 되는 것이다. 이러한 종목은 바로 월봉 6개월선 하락에 월봉 음봉의 4번 캔들의 경우인 것이다.

> **주식격언**
>
> **사는 것 보다 파는 것이 더 중요하다**
>
> 주식투자는 이익이 나고 있을 때에는 파는 시점이 중요하다. 불안해서 너무 일찍 팔아도 안 되고 욕심 때문에 너무 끝까지 이익을 추구해서도 안된다. 손해보고 있을 때도 적은 손해로 투자로 마무리할 줄 알아야 한다. 대부분의 투자자들은 파는 마무리를 잘 하지 못해서 실패한다.

이동평균선으로 삼는 기준 2(일봉의 20일선)

다른 또 하나는 일봉의 20일선이다. 이것은 단기매매를 중심으로 하는 투자자에게 필요한 매매기준선이다. 예를 들어 만약 월봉의 6개월선이 하락하고 있어도 월봉상 양봉이고 20일선이 상승 기울기면 주가는 상승의 가능성이 높다. 다만 6개월선이 하락하고 있을 때 그 상승은 추세적 상승이 아니라 물량공백을 이용한 반등이며 추세선과의 이격이 크게 벌어진 상태에서 회귀성의 성질로 인해 올라가는 것이다.

가장 좋은 주식의 패턴

그렇다면 어떤 주식이 가장 좋은 패턴일까? 첫째는 월봉의 6개월선이 상승하면서 추세적으로 주가는 상승기조에 있는 주식이어야 한다. 그래야 설령 주가가 조정을 받는다 해도 가지고 있으면 주가는 다시 매수세가 들어오면서 재상승할 수 있기 때문이다.

둘째는 20일선의 상승이다. 이는 단기적으로 주가가 힘을 내며 상승하는 데 효과적이다. 이것은 일반투자자들이 월간단위로 매매할 때 가장 편리하게 사용할 수 있다는 점에서 20일선이 하락하는 종목은 단기적으로 수익을 내기 어려우므로 20일선 상승하는 종목 중심으로 진입을 하는 것이 좋다.

그리고 마지막 세 번째가 현재의 매수세가 강해야 하므로 캔들이 양봉이어야 한다는 것이다. 이 때 이 캔들은 월봉상 시초가 위인 월봉 양봉캔들을 의미한다.

가장 피해야 하는 주식의 패턴

반대로 제일 피해야 하는 종목은 6개월선이 하락하는데 여기에

차트 4-3 롯데케미칼

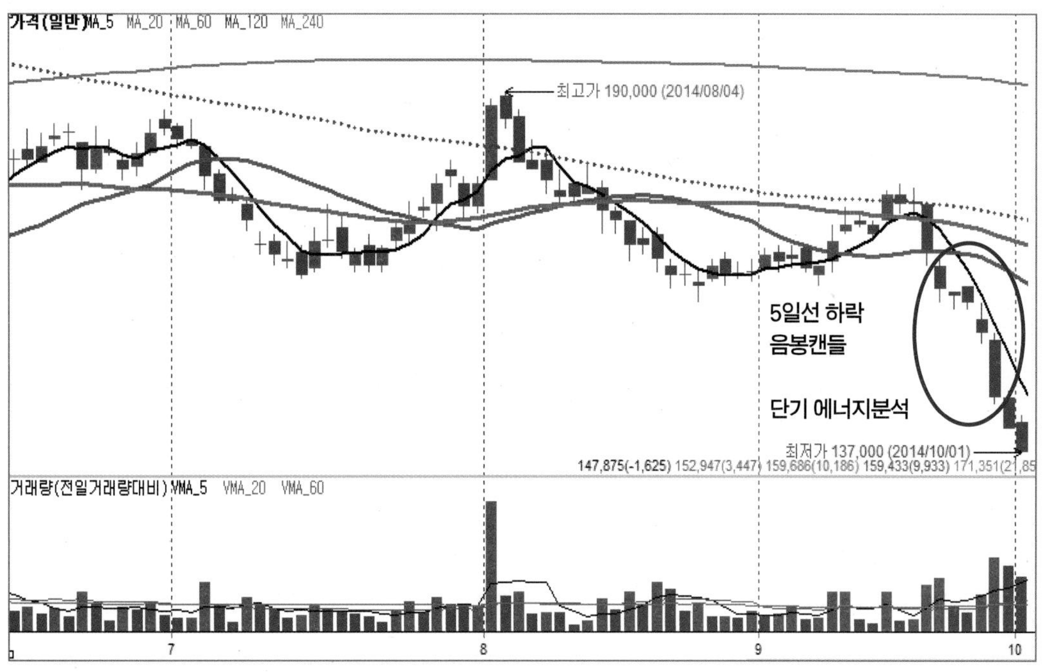

20일선도 같이 하락으로 내려가고 있고 월간단위의 캔들도 음봉인 종목이다. 이들 종목은 펀더멘탈도 나빠지는 종목이고 수급도 깨진 상황이라서 추락하는 종목군이 대다수 이 패턴을 가지고 있다. 결국 수익을 내기 위해서는 기본적으로 실적이 좋은 주식을 골라야 한다. 그런데 아무리 실적이 좋아도 이미 주가에 반영된 후라면 주가는 내려가기 시작한다. 그 때 하락으로 변곡할 때 월봉 6개월선과 20일선이 하향하고 캔들도 음봉을 보이게 된다. 그러니 아예 실적이 안 좋고 수급도 안 좋은 종목은 얘기할 필요도 없이 캔들과 이동평균선이 하락하는 4번 캔들의 패턴을 만들게 된다. 이들 종목은 매월 월급을 만들기 위한 종목의 포트폴리오에서 반드시 제외시켜야 하는 종목임을 잊지 말아야 한다.

> **참고자료**
>
> **EPS**
> 주당순이익(EPS)은 기업이 벌어들인 순이익(당기순이익)을 그 기업이 발행한 총 주식수로 나눈 값.
>
> - EPS= 당기순이익/주식 수
>
> **PER**
> PER은 주가가 그 회사 1주당 수익의 몇 배가 되는가를 나타내는 지표로 주가를 1주당 순이익(EPS: 당기순이익을 주식수로 나눈 값)으로 나눈 것이다.
>
> PER(Price Earning Ratio) = 주가/1주당 당기순이익(납세 후) = 주가/ EPS

5

5파동 캔들은 5일선 시세전환을 알리는 캔들이고 5일선일 때 5번째 변곡에서 나오는 것이 5파동 캔들이다

5캔들은 머리, 양쪽 팔, 양쪽 다리 5가지가 모여 몸통 하나를 이루는 것을 연상하면 된다. 5파동 째 나오는 캔들은 5일선이 지금까지 움직였던 주가 방향을 바꾸는데 이것이 5캔들이다.

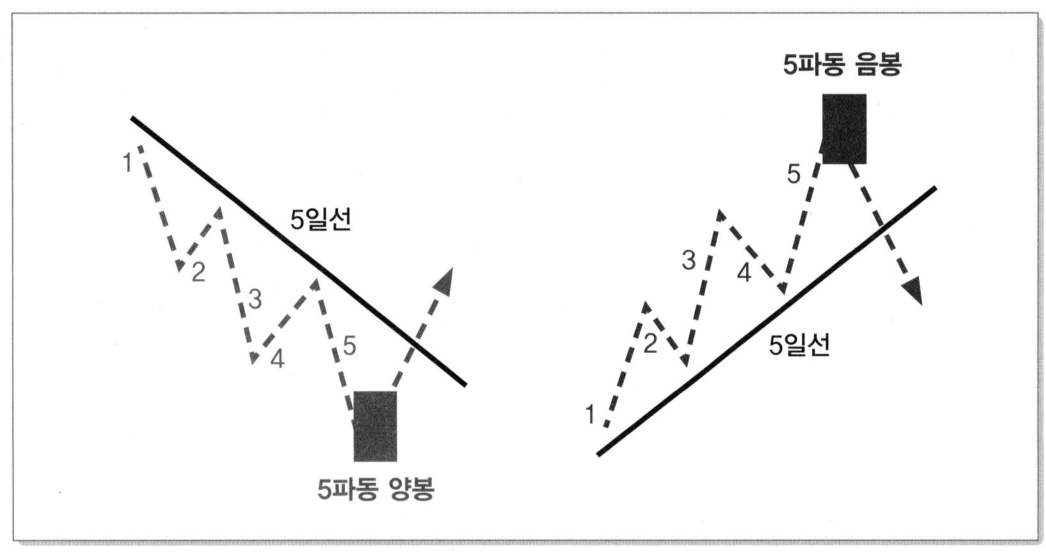

시세 전환 알아내기

투자자들에게 가장 어려운 것은 역시 시세가 전환하는 것을 알아내는 일이다. 시세전환을 알아내는 일이야말로 투자수익과 직결되는 것이기 때문에 주식투자에서 성공하기 위한 대부분의 공부가 여기와 직결되어있고 수많은 보조차트도 결국은 시세전환을 찾아내기 위해 개발된 것이다. 투자자들에게는 주가가 하락하고 있다가 반

차트 5-1 삼성중공업

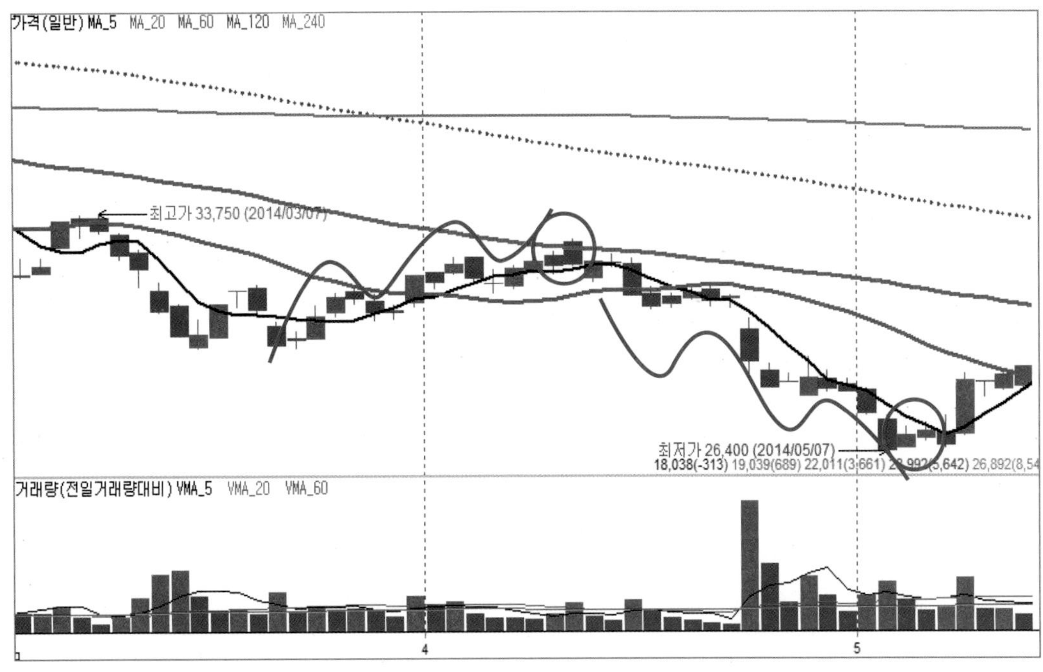

등을 줄 때 이것이 정말 시세를 상승으로 전환시키는 것인지 아니면 속임수인지를 판단해야하고 역으로 주가가 상승하다가 조정을 받고 있을 때 이대로 주가가 밀릴 것인지 아니면 조정을 받다가 다시 상승할 것인지가 항상 숙제로 남는다. 이럴 때 가장 요긴하게 사용할 수 있는 것이 바로 5캔들 기법이다.

5캔들 기법이란

5캔들 기법이란 주가가 상승과 하락을 반복하면서 지그재그 패턴을 보일 때 5번째 파동에서 나오는 캔들에 의미를 부여한 기법이다. 다시 말해 5번째 파동에서 시세를 전환하는 캔들이 나오면 그 캔들의 방향을 따라 단기 시세가 바뀌어서 움직일 가능성이 높다는 것

TIP 체크포인트

5분단위와 30분단위 양선점검의 의미

현재 주가의 위치가 상승의 가능성이 높은 위치일때는 5분단위로 양선일때 매수하는 전략을 쓰지만 아직 완전한 위치가 아닐때는 30분단위로 끊어서 확인하고 매수전략을 씁니다. 왜냐하면 5분단위로 양선시 매수하였다가 다시 5분지나서 음선으로 바뀌는 등 주가가 상승시마다 매물과 충돌을 일으킬 가능성이 높을때는 좀 더 시간을 두고 확인하는 과정이 필요하기 때문입니다.

이다. 예를 들면 주가가 하락을 하고 있을 땐 주로 음봉(시가대비 아래)을 주면서 약세를 보이고, 반대로 주가가 상승을 할 때에는 양봉(시가대비 위)을 줄 때인데 이것이 2파동 째 양봉이다. 이것을 한 번 더 반복하면 3과 4파동이 된다. 그리고 다시 하락한 이후 상승할 때 이것이 5파동 째 양봉이 되며 이때 비로소 주가는 방향을 바꿀 가능성이 높다는 것이다.

투자를 많이 해보고 기술적 분석의 가장 기본인 캔들을 공부한 투자자라면 여기까지 얘기했을 때 알아들을 수 있지만 초보이거나 투자를 시작한 지 오래되었어도 주식공부와 담쌓고 머리가 아닌 소문만 가지고 매매했던 투자자는 이것이 무슨 얘긴가 할 것이다. 만약 투자를 막연한 감으로 해왔다면 지금부터라도 공부를 하며 매매해야하고 '묻지마 투자'는 하지 말아야 한다. 다시 말하면 5캔들 기법이란 주가가 하락하다가 반등을 시도할 때 첫 번째와 두 번째 반등은 속임수일지라도 세 번째 들어주는 반등은 단기 시세를 전환시킬 가능성이 높다는 것이다.

'5캔들'이라 불리는 이유

그럼 왜 세 번째 반등인데 5캔들일까? 그것은 반등만 계산하면 3번째지만 파동(상승, 하락)으로 계산하기 때문이다. 주가가 변곡을 줄 때마다 파동이 카운트되는데 주가가 하락하다가 반등을 줄 때 반등하는 것은 3번째지만 하락한 것까지 횟수를 세면 5번째가 되고 이것을 5파동이라고 하는 것이다. 즉, 주가가 처음 하락할 때를 1파라고 하고 첫 반등할 때 시세가 하락에서 상승으로 변곡하니까 2파이며 다시 꺾이면서 조정을 줄 때가 3파다. 그 이후 두 번째 들어줄

차트 5-2 SK C&C

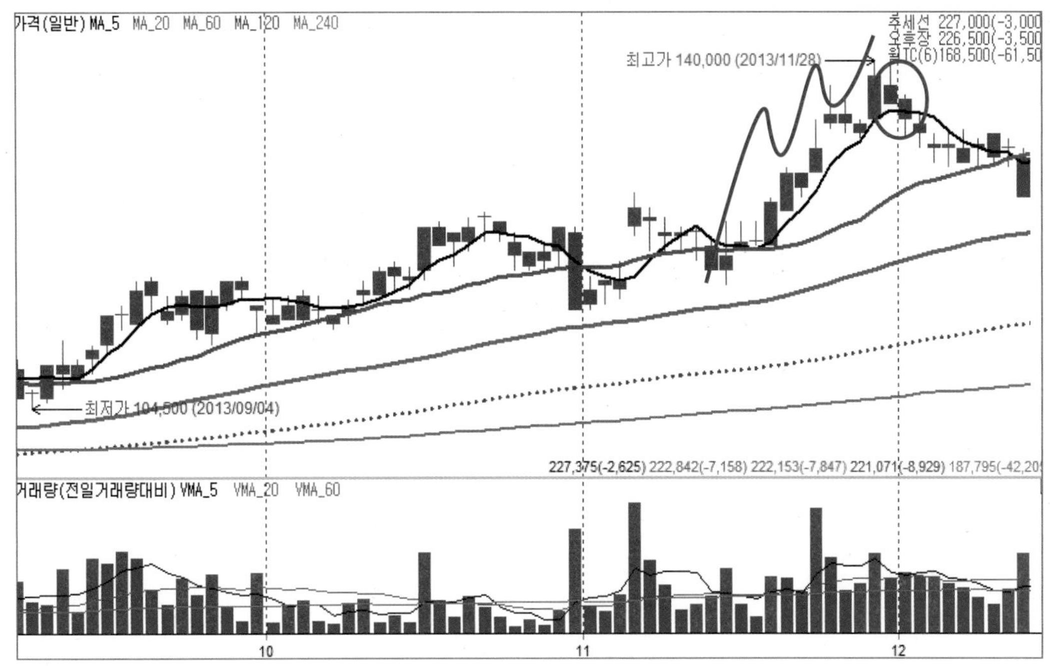

때가 4파이고 마지막 조정 시 5파이다. 그 5파동이후 다시 주가가 들어주는 캔들이 5파동 캔들이고 이때 주가가 상승으로 단기 전환하는 것을 5캔들 기법이라고 한다.

5파동 캔들의 비밀

그럼 왜 이 5파동 캔들은 단기적으로 시세를 전환하는 것인가? 바로 그것이 주가가 가지고 있는 속성 중 하나인데 작은 파동이 5번째로 진행되면 주가의 '과다이격'이 발생된다. '과다이격'이란 말 그대로 주가가 많이 하락하여 물량 공백이 생기는 현상을 의미한다. 그렇기 때문에 5파동의 주가가 진행되면 반대방향으로 시세의 전환이 나타나는 경우가 발생하게 되는 것이다.

> **주식격언**
>
> **자신에게 가장 알맞는 투자 방법을 개발하라**
>
> 주식투자의 원칙이나 요령을 모두 실천할 수 있으면 반드시 성공할 수 있다. 그러나 시세의 명인이라 하더라도 그 많은 투자 원칙을 100% 실천할 수 없다. 자기의 성격이나 습관에 가장 알맞는 투자방법을 개발해야 한다.

5파동 캔들이 가지는 의미

그럼 이 5파동 캔들은 언제 그 의미가 큰 것인가? 그것은 5일선이 놓여 있는 상황을 보면 된다. 5일선이 방향을 전환할 때 그 영향으로 20일선 기울기가 바뀔 때 의미가 크다. 일단 5캔들이 나오면 5일선의 기울기가 바뀐다. 따라서 5일선의 기울기가 바뀔 때 그것이 의미 있는 구간이면 5캔들의 위력은 대단히 커지게 된다.

5파동 캔들이 사용되는 사례

예를 들어 5일선이 쌍봉구간에 있을 때 5캔들이 나오면 5일선이 꺾이면서 5일선 쌍봉이 되고 5일선 쌍봉은 20일선을 꺾이게 한다. 주가가 정상적인 파동으로 진행되면 그 후로부터 한 달의 조정을 받는 경우가 많다. 그 외에 5일선이 중요한 상황은 과연 무엇이 있는가? 5일선 5파동도 마찬가지로 5일선 쌍봉이나 쌍바닥처럼 20일선을 회전시키므로 그 의미가 크다. 또 한 가지 중요한 것은 5일선과 20일선이 중방패턴에 있을 때다. 이것은 초보 투자자보다는 중급이상의 투자자들이 이해할 내용인데 중방이란 20일선이 횡보하는 가운데 5일선이 골든크로스와 데드크로스를 한 번씩 교차하고 있을 때다. 이때도 주가는 중방패턴에서 5캔들이 나올 때 고점에서 신호가 발생하면 주가는 저점까지 밀릴 수 있고, 저점에서 신호가 나오면 고점까지 반등을 줄 수 있기 때문에 중요한 시추에이션(상황)에 속한다.

5캔들을 찾는 방법

그럼 이번에는 5캔들을 찾아내는 방법을 알아보자. 가장 기본형은 하락할 때는 저점이 낮아진 상태에서 양봉이 5파동을 주는 것이고 상승할

차트 5-3 **삼립식품**

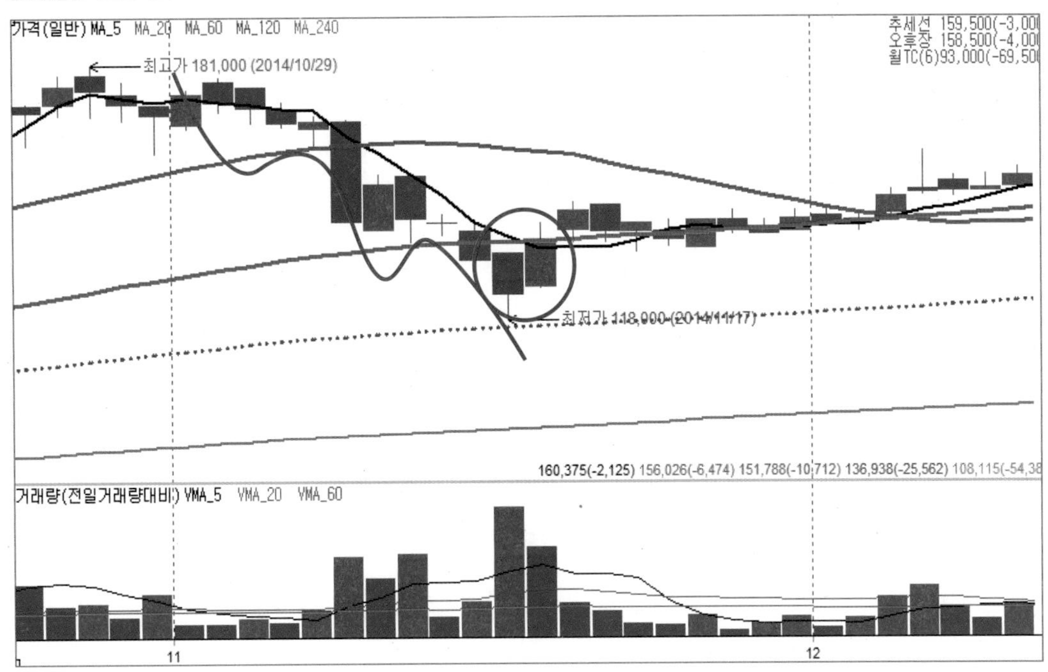

때는 주가가 높아지면서 음봉으로 5파동 째 하락일 때다. 이 기본형을 중심으로 5파동 째 쌍봉이나 쌍바닥을 주는 경우가 종종 나온다. 특히 가장 확률이 높을 때는 5파동 째 쌍봉쌍바닥보다 5파동을 다 주고 그 다음 쌍봉쌍바닥이 나올 때다. 즉, 5파동 & 5TT(쌍바닥쌍봉)이다.

갈매기 패턴이란

이번에는 특이한 패턴을 하나 소개하고자 한다. 그것은 바로 갈매기 패턴이다. 갈매기 패턴은 저점이 낮아지거나 높아지는 것과는 구별된다. 예를 들어 주가가 하락하다가 반등을 주면서 양봉이 나오면 파동이 바뀌는 캔들로 카운트하게 된다. 그런데 저점이 비슷한 상황에서 양캔들이 W자형으로 나오다가 저점을 이탈하게 되면 그 W자형에서 나온 캔들은 하나의 파동으로 카운트 하게 되는데 이것이 갈매기형이다.

캔들의 파동

캔들파동은 단기 바닥과 단기 고점을 확인할 때 사용하는데 5파동캔들기법은 저점이탈과 고점돌파 시 사용되는 기법이고 그 외에 2가지 패턴이 사용되는데 하나는 저점이나 고점이 비슷한 구간에 있는 투턴 투탑패턴 그리고 나머지 하나는 높아지는 양봉의 N자형 캔들과 저점이 낮아지는 음봉의 역N자형 캔들이 그것이다. 이것은 월봉에서도 그대로 적용된다. 일봉에서 5파동은 5일선이 전환하는 정도지만 월봉에서 캔들의 5파동은 6개월 이동평균선이 전환한다는 점에서 기조자체를 바꾸는 신호이다.

6캔들은 가두리를 횡보하다가 고점돌파하는 캔들로서 고점돌파 시 갭을 동반한 상승일 때 그 위력이 강하다

6캔들은 숫자 6과 육군사관생도들이 절도 있게 경례하는 모습을 연상하면 된다. 6하단의 네모난 가두리를 직각으로 경례하듯이 주가가 갭상승하는 패턴이 6캔들이다

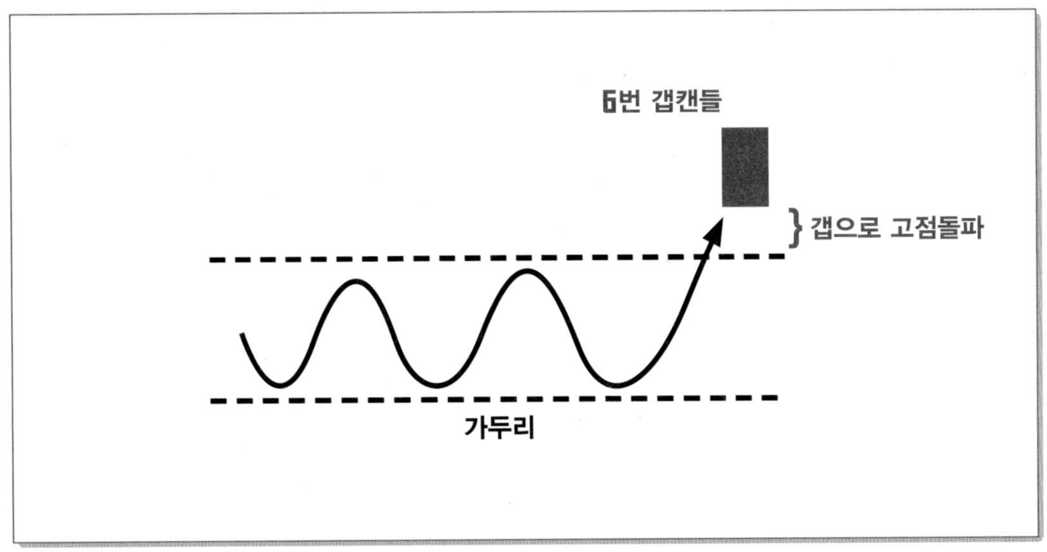

박스권이란

주가가 상승을 할 때 그 상승이 상당히 의미 있는 것 중 하나는 주가가 박스권을 돌파할 때다.

박스권이란 일정기간 동안 주가가 고점과 저점의 가두리권에서 등락을 거듭한 지수대를 의미하는데 여기를 돌파하는 것은 일반투자자들의 힘만으로는 불가능하다. 그렇기 때문에 박스권의 고점을 돌파할 때는 기술적 분석상 상당한 의미를 부여한다.

> **주식격언**
>
> **수급은 모든 것에 우선한다**
>
> 주가도 일반상품 시세와 마찬가지로 근본적으로 수요와 공급에 의해서 결정된다. 사회적으로 유동성이 풍부하여 주식시장으로 자금이 밀려올때에는 어떠한 악재에도 주가는 오르고 증자등으로 주식물량이 과다해진 상태에서는 어떠한 호재나 부양책에도 주가는 하락한다.

6캔들이란

이때 특히 아침 시초가부터 주가가 전일 가격대비 갭을 동반하면서 시작하면 그 의미는 더욱 커지게 된다. 이것을 고점돌파 갭캔들이라고 하며 이것이 바로 6캔들인 것이다. 6캔들의 주가패턴을 보면 6자의 하단처럼 횡보하면서 가두리를 형성하는 상황에 있다가 6자의 윗부분처럼 하단부터 떨어져서 갭을 동반한 패턴이라 붙여진 이름이다.

거래량에 주목해야 하는 이유

이때 상당히 주목할 특징이 있는데 그것은 바로 대량의 거래량이다. 거래량은 주가의 움직임이 속임수인가 아니면 실제 신호인가를 파악할 때 아주 중요한 역할을 한다. 만약 주가가 상승하는데 거래가 실리지 않으면 그것은 속임수일 가능성이 높으며 주가가 오르면서 거래가 동반하게 되면 그 신호는 실제 신호일 가능성이 높게 된다. 이럴 때 캔들이 하나의 장대양봉으로 나타나기도 하고 3개의 조그만 양봉패턴으로 나타나기도 있다. 캔들은 더하거나 빼는 성질이 있으므로 어느 패턴이는 의미가 있는 섯이다.

6캔들의 여러 가지 특징

이 6캔들은 여러 가지 세력형의 특징을 지니고 있다. 일단 먼저 주가가 고점을 돌파하는 캔들이라는 점인데 주식을 사거나 팔 때 여러

차트 6-1 호텔신라

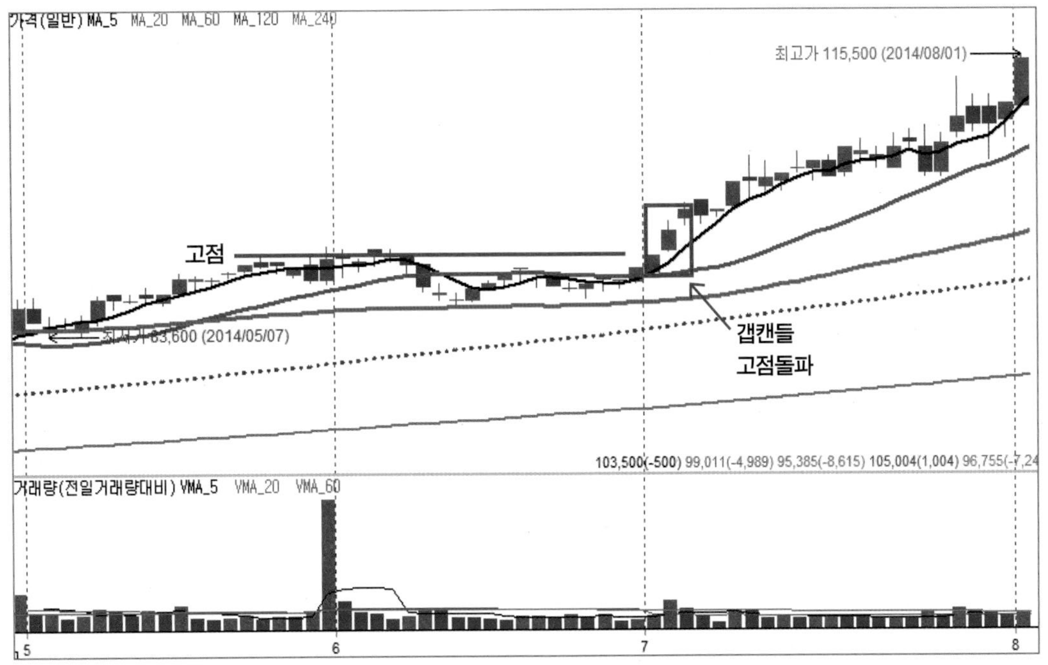

가지 기법들이 존재하지만 그 중에서도 주가가 고점을 돌파하거나 저점을 이탈하는 것은 매수나 매도를 할 때 가장 기준점이 되는 기법 중 하나다. 왜냐면 주가가 고점을 돌파한다는 것은 고점에 물려있는 매물이 없다는 것이고 주가가 조정을 받은 것보다 더 크게 상승한다는 것이기 때문이다. 상승기조라고 해서 주가가 매일같이 오를 수는 없다.

상승기조임을 판단하는 기준

그럼 상승기조에 있는가를 판단하는 기준이 있어야 하는데 바로 그것이 조정 받을 때의 폭에 비해 상승하는 폭이 크다는 점이다. 당연히 상승기조라고 한다면 매수세가 매도세보다 강한 구간이다. 따

TIP 체크포인트

마지노선 공략법
추세선 가격을 정해놓고 그 가격을 지키는 눌림목 범위에서 공략하는 매수방법입니다.

신경쓰지않고 편안하게 매매하는 방법이지만 반드시 손절매선을 지켜야하고 시장이 약할 때는 손실을 볼 가능성이 높은 공격적인 방법입니다.

따라서 마지노선 공략법은 저가주에는 적합하지 않으며 우량 대형주의 경우 시장의 에너지가 강할때 눌림목에서 공략하기 적당합니다.

라서 주가가 조정을 받을 때보다 상승폭이 큰 것은 당연한 일이다. 그것이 첫 번째 나왔을 때를 변곡이라 하고 6캔들이 바로 그것에 해당한다. 또한 6캔들은 종가상 고점돌파뿐만이 아니라 시작되는 시초가부터 다른 캔들과는 다른 갭을 동반하고 있다는 점에서 주목된다.

갭이란 전일의 가격대와 겹치지 않는 것을 말한다. 다시 말해 아침 시초가부터 전일 움직이던 주가의 범위를 넘어서면서 시작했다는 것이다. 그 이후 주가는 양봉을 보이며 위로 올라가고 그것이 고점을 돌파한다는 것이므로 대형 매집세력이 있어야 가능한 일인 것이다.

고점돌파가 주는 변화

그럼 고점돌파는 어떤 변화를 주는 것일까? 바로 그것은 하단에서 받치고 있는 이동평균선의 힘을 더욱 강하게 하여 주가가 상승하다가 에너지가 부족하면 다시 주가를 끌어 올리는 데 중요한 역할을 한다는 것이다. 이것을 CTZ이라 하는데 C는 캔들과 이동평균선이 서로 만나는 크로스를 의미하는 것이고 T는 이동평균선의 기울기가 턴 하는 것을 의미한다. 즉, CTZ이란 설령 캔들이 이동평균선에 닿을 만큼 조정을 준다 해도 이동평균선의 기울기가 강하여 꺾이지 않으면 주가는 강력한 지지선을 따라 주가가 움직이는 존(Z)을 의미하는 것이다.

주가가 박스권의 고점을 돌파하게 되면 이미 그 주가는 예전의 횡

차트 6-2 아모레퍼시픽

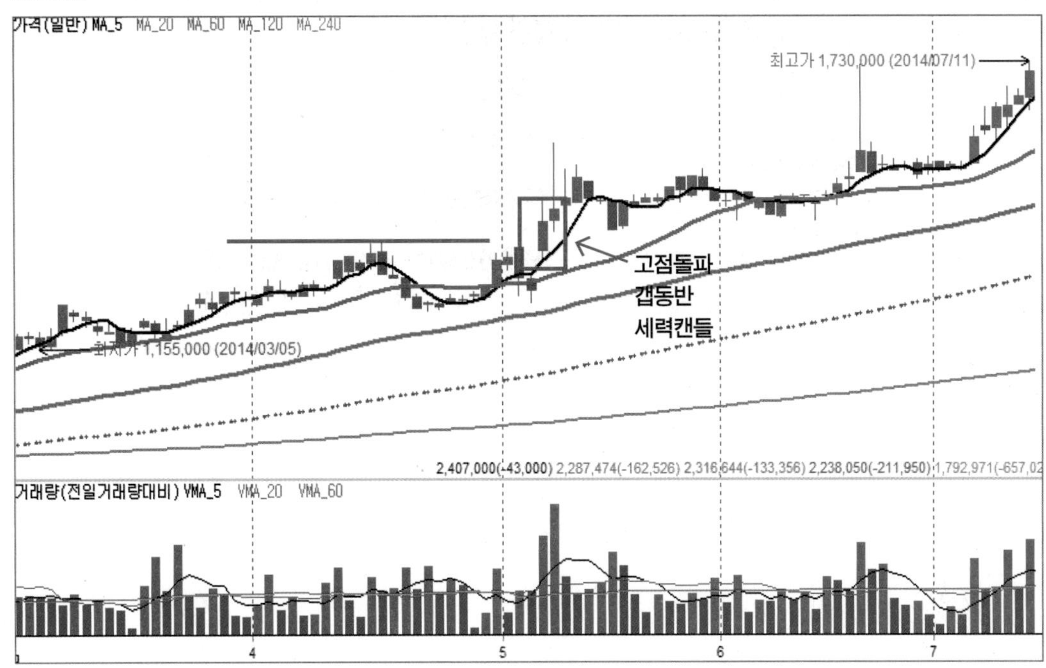

보구간에 있던 주가보다 높은 것이 되므로 그 캔들 값을 기준으로 만든 이동평균선이 활처럼 휘면서 강한 힘을 갖게 되는 것이다.

6캔들의 파워 구별법

이번에는 6캔들의 파워를 구별하는 법을 배워보도록 하자. 그것은 주가가 박스권을 돌파하기 전에 횡보했던 기간의 길이를 보고 가늠할 수 있다. 즉, 가두리 횡보기간이 짧았으면 위로 솟는 것도 짧은 상승이지만 그 가두리 구간이 길었으면 위로 올라갈 때 상승하는 길이도 길어지게 된다. 이것을 원차트 법칙이라 한다.

주식격언

어설픈 전문가가 투자를 망친다

주식투자의 원리나 요령은 그것을 확실하게 이해하고 정확한 이해의 바탕위에서 응용할 수 있는 상태가 되어야 한다.

투자요령을 어설프게 알거나 잘 알지 못하는 사람으로 부터의 투자조언은 오히려 투자를 망치는 원인이 되는 수가 많다. 따라서 투자자는 어떤 노력을 해서라도 주가 예측이 정확한 전문가를 찾아야 한다.

원차트 법칙이란

원차트 법칙이란 컴퍼스로 반지름을 작게 해서 원을 그리면 작은 원이 생기지만 반지름을 크게 해서 컴퍼스를 돌리면 큰 원이 나오듯이 매집기간이 길면 길수록 주가는 비례해서 움직인다는 법칙이다. 이럴 때 통상 횡보하는 기간을 비교할 때 그 횡보 시 어떤 이동평균선이 횡보패턴을 보였는가를 확인하면 된다. 주로 5일선과 20일선이 사용되고 60일선이 횡보패턴을 보이다가 움직이는 패턴도 자주 나온다.

가장 사용하기 편한 것은 20일선의 횡보패턴이다. 통상 주도주를 잡을 때 일반투자자들이 활용하기 좋은 것은 월간 주도주 개념이다. 따라서 20일선이 횡보패턴을 보이다가 주가가 상단으로 올라갈 때 의미 있는 상승으로 보고 매수전략을 하는 것이 좋다. 5일선의 횡보 이후 패턴도 주목할 필요가 있는데 5일선의 패턴은 주로 3파동일 때 사용된다. 5일선 3파동 패턴은 20일선 위에 5일선이 N자로 올라가는 패턴을 기억하면 된다. 중요한 것은 이러한 횡보패턴을 보이다가 주가가 시동을 걸었을 때 갭출발이라는 점이다.

사선 갭캔들이란

이러한 6캔들과 비교되는 것이 사선 갭캔들이다. 사선이라는 얘기는 이미 주가가 경사를 이루며 어느 정도 올라가 있는 구간으로 그렇게 올라가다가 갭캔들이 나올 때는 오히려 주가 상승의 마지막 단계가 되는 경우가 종종 발생하기 때문에 조심해야 한다.

차트 6-3 컴투스

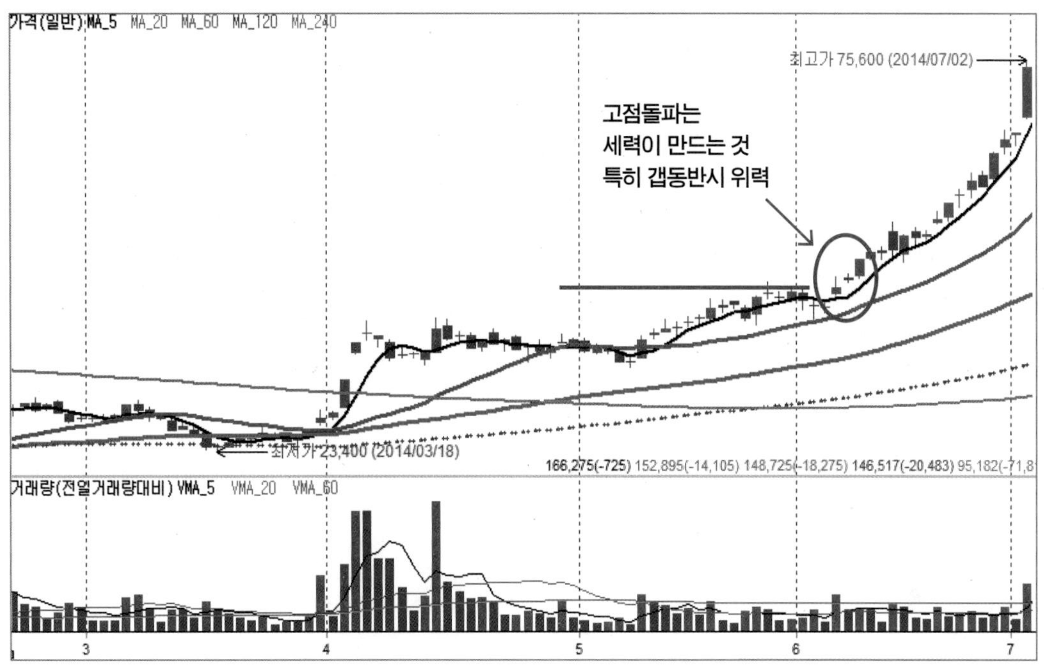

즉, 주가가 강하게 갭을 동반하여 올라가더라도 그 주가가 나오는 구간과 시세가 분출하기 전에 어떠한 과정을 거치며 어떤 패턴을 만들고 올라가는가를 구별해야 속임수에 걸려들지 않을 수 있다. 따라서 6캔들은 일차적으로 주가가 상승한 이후 조정을 받을 때 가격상의 조정이 아닌 기간상의 조정을 받다가 상방으로 에너지를 다시 분출하기 시작하는 재상승국면의 초기 과정이라고 할 수 있는 것이다.

7캔들은 7자처럼 주가가 횡보하다가 박스권 하단의 저점을 이탈하는 캔들이다

연상법

7캔들은 7자처럼 주가가 옆으로 누운 다음 아래로 내려가는 모양을 연상하면 된다. 7자처럼 주가가 박스권에서 혼조를 보이다가 저점을 붕괴시키는 캔들이 7캔들이다

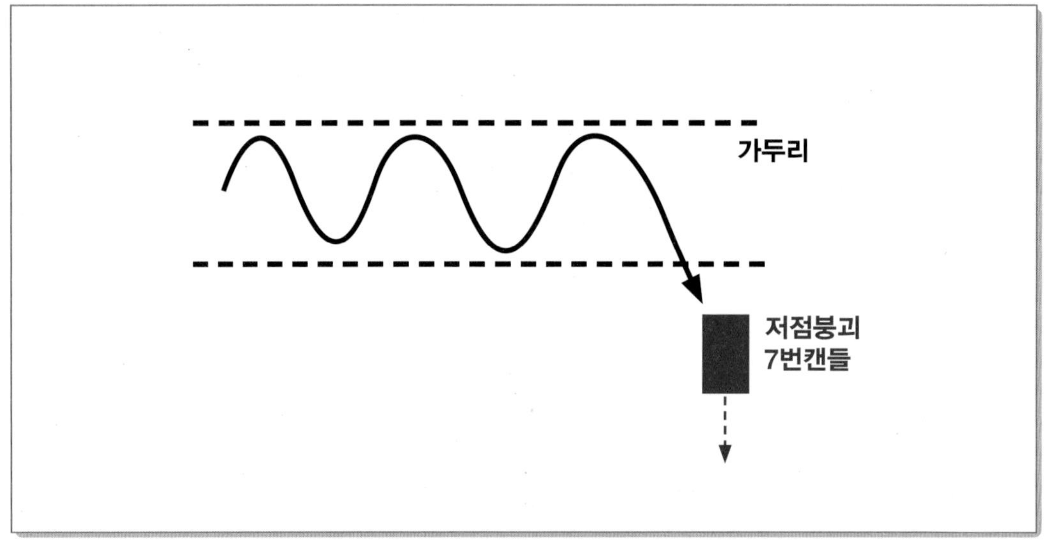

투자자들에게 꼭 필요한 7캔들

7캔들은 투자자들에게 꼭 필요한 캔들이다. 왜냐하면 대다수의 투자자들은 매수보다는 매도를 잘하지 못하기 때문이다. 특히 그 매도가 손절을 하는 것이라면 거의 무방비 상태에 있다고 해도 과언이 아닐 정도다.

차트 7-1 기아차

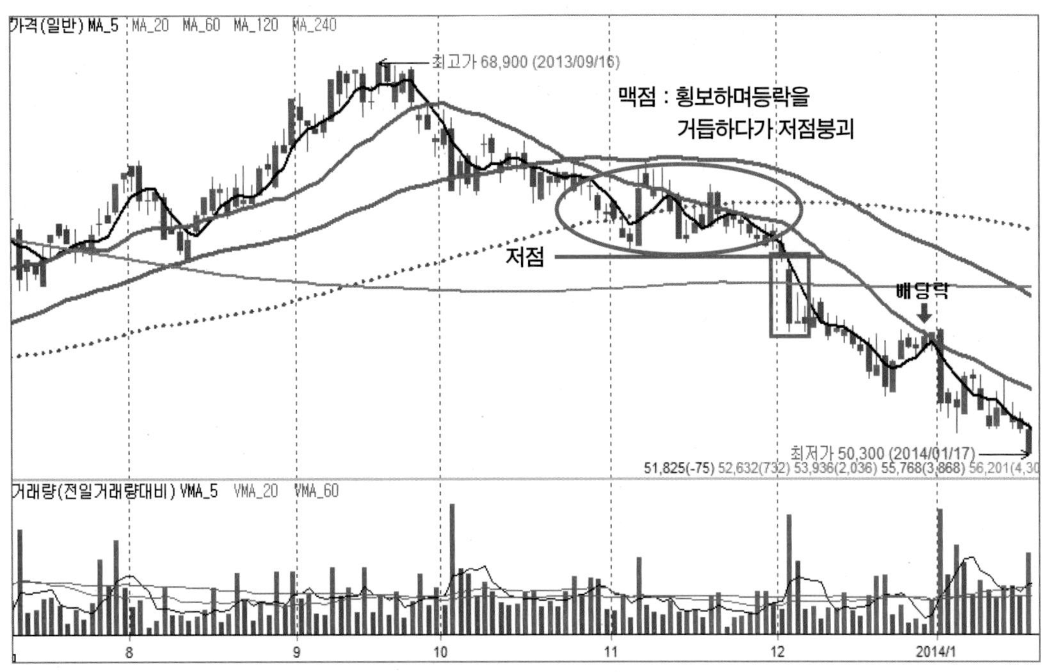

투자자들의 허점

그럼 왜 투자자들은 매수보다 매도를 잘하지 못하는 것일까? 이유는 간단하다. 매수할 때는 누구나 이익날 것을 기대하며 매수하고 손익이 계산되지 않아서 쉽게 주문이 나가지만 매도할 때는 손익이 곧바로 계산되기 때문이다. 이익이 날 때는 혹시 좀 더 가지고 있으면 더 이익이 크지 않을까 고민하게 되고 손해가 났을 때는 심리상 누구나 손해보고 팔고 싶은 마음이 없기 때문에 매도주문 내기가 매수주문보다 어려운 것이다. 결국 그러다가 나중에 투매가 나오는 하락말기 국면 때 한꺼번에 물량을 던지게 되는 경우가 많다. 다시 말해 공포분위기가 오면 그때 가서야 뒤늦게 매도를 하게 되는 것이다.

TIP 체크포인트

투자심리도(물동네, 달동네)
일봉의 경우 보통 10일간을 가지고 보는데... 10일중 상승일수가 3일면 30%이라하고 7일간이면 70%이라합니다. 30이하면 물량공백존으로 단기하락이 있었다는 의미이며 70이상이면 단기 과열권이라 합니다.

투자자별 유형

월가에는 아주 유명한 얘기가 있는데 그것은 황소나 곰은 돈을 벌 수 있지만 돼지나 양은 돈을 벌 수 없다는 말이다. 황소는 강세론자를 의미하고 곰은 약세론자를 의미한다. 시장의 흐름에 따라서 때로는 강세 쪽에 승부를 걸어야 하고 어떤 때는 약세 쪽에 베팅을 해야 한다는 의미이다.

반면 돼지는 욕심이 많은 것을 의미하고 주가가 상승을 과도하게 했음에도 불구하고 핑크빛 전망에 젖어서 매도를 제때 하지 못하는 투자자를 의미한다. 그리고 양은 겁이 많은 것을 나타내는 것으로 주가가 처음 하락할 때는 올라갈 것을 기대하고 팔지 못하다가 하락의 막바지 국면에 투매가 발생하면 공포국면에 접어드는 투자자를 비유한 말이다. 7번캔들은 공포에 질려있는 양과 같은 경우를 당하지 않기 위해서 반드시 알아야 할 캔들인 것이다.

주가 하락의 신호탄

일단 주가는 상승할 때 고점돌파가 특징이고 하락할 때는 저점붕괴가 특징이다. 특히 그 앞에 주가가 어떤 패턴을 보였는가에 따라서 주가는 저점을 이탈해도 조금 하락하다가 상승하는 속임수 패턴이 있는 반면 주가가 본격적으로 떨어지는 하락초기 국면일 수도 있다. 7번캔들은 후자에 속하는 캔들로서 본격적인 하락의 신호탄이기 때문에 투자자라면 꼭 알아야할 캔들인 것이다.

차트 7-2 S-Oil

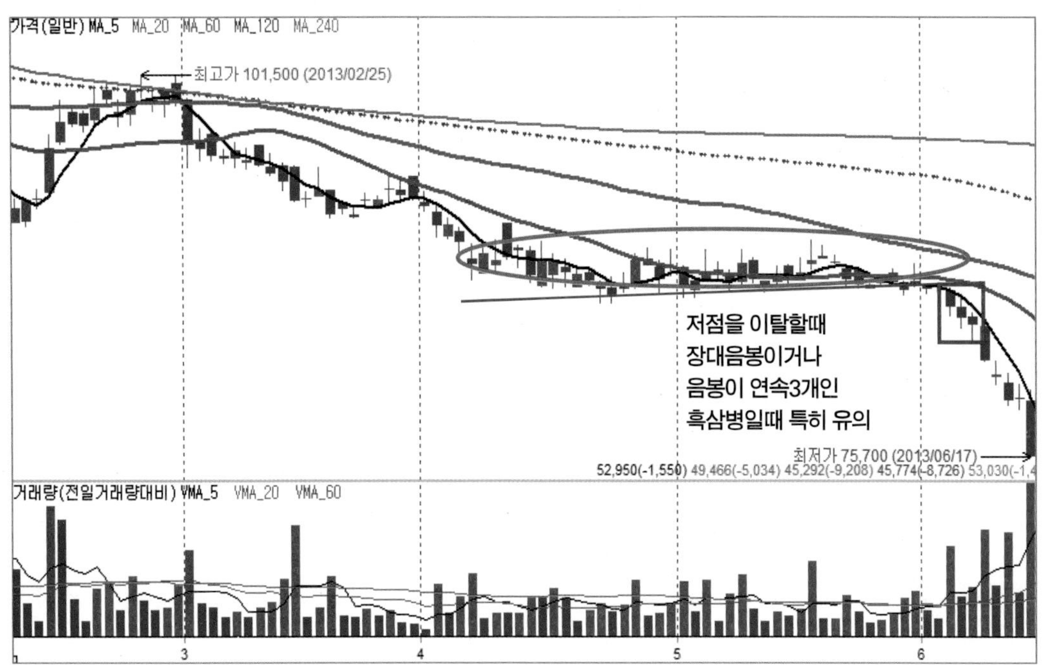

7번캔들의 특징– 줄다리기

7번캔들의 특징은 주가가 일정기간 박스권에서 횡보현상을 보인다는 것이다. 즉, 주가가 상당히 혼조를 보이며 힘겨루기를 하다가 하단으로 무너지면서 그동안의 팽팽하던 힘의 균형이 하단으로 쏠림현상이 나타나고 이에 따라 주가가 큰 폭으로 하락하는 케이스다. 마치 어렸을 적 운동회 때 줄다리기 하던 것처럼 처음에는 청군과 백군이 서로 일진일퇴의 공방전을 보이다가 어느 정도 시간이 지나서 한쪽으로 기울면 갑자기 그 쪽으로 완전히 쏠리는 경우와 마찬가지 현상이다. 따라서 항시 주가가 박스권에서 혼조를 보이면 고점과 저점에다가 선을 그어놓고 주가가 어떤 방향으로 쏠리는가를 놓치지 말아야 한다. 이 앞의 6번캔들은 그러한 박스권 횡보이후 주가가 고

> **주식격언**
>
> **시세는 시세에게 물어라**
> 주식투자에서 가장 기본적 투자원칙이면서 잘 모르는게 바로 이 격언이다. 시세가 가는대로 따라 가는 것이 주식투자의 성공비결이며 시세의 흐름을 거역하는 자는 자기 파멸을 초래한다. 시세는 주가를 끌어 올리는 힘이며 이는 거래량으로 통상 나타난다.

점을 돌파하는 경우이고 7번캔들은 횡보이후 아래로 저점을 깨는 경우이므로 7번캔들은 6번캔들과 반대캔들이라고 보면 된다.

7번캔들이 나올 때 점검 포인트 1

그렇다면 7번캔들이 나올 때 무엇을 점검해야 할 것인가? 이때 특히 2가지를 주목해야하는데 첫 번째로는 과연 저점을 깨는 7번캔들을 누가 만드는가라는 것이다. 즉, 그 때 매도의 중심이 기관이나 외국인인지 아니면 일반투자자인지 다시 한 번 확인할 필요가 있다. 물론 당연히 고점돌파나 저점붕괴의 몫은 세력들이다. 왜냐하면 개인투자자들은 전 저점 근처에 오면 주식을 사고 싶은 마음이 생기고 더구나 저점을 이탈하면 손실이 발생하기 때문에 저점붕괴는 일반이 아닌 세력이 하는 것이다. 저점을 붕괴하게 되면 일반 투자자들은 공포에 질려 주식을 팔수는 있어도, 하락초기에 손해가 난 상황에서는 본전 미련 때문에 제대로 손절매가 나가지 않는다.

7번캔들이 나올 때 점검 포인트 2

다음 또 하나의 점검 포인트는 거래량이다. 저점을 이탈할 때 거래되는 주식(거래량)이 많다면 그것은 주가가 하단의 방향으로 움직인다고 봐야 할 것이다. 특히 이러한 경우는 대형주를 매매할 경우에는 필수적으로 점검해야할 사항이다.

박스권의 의미

그렇다면 박스권은 어떤 박스권을 이용해야 하는 것일까? 실전에서 많이 쓰는 것은 주로 5일선이 등락을 보이면서 형성된 박스권이

차트 7-3 현대건설

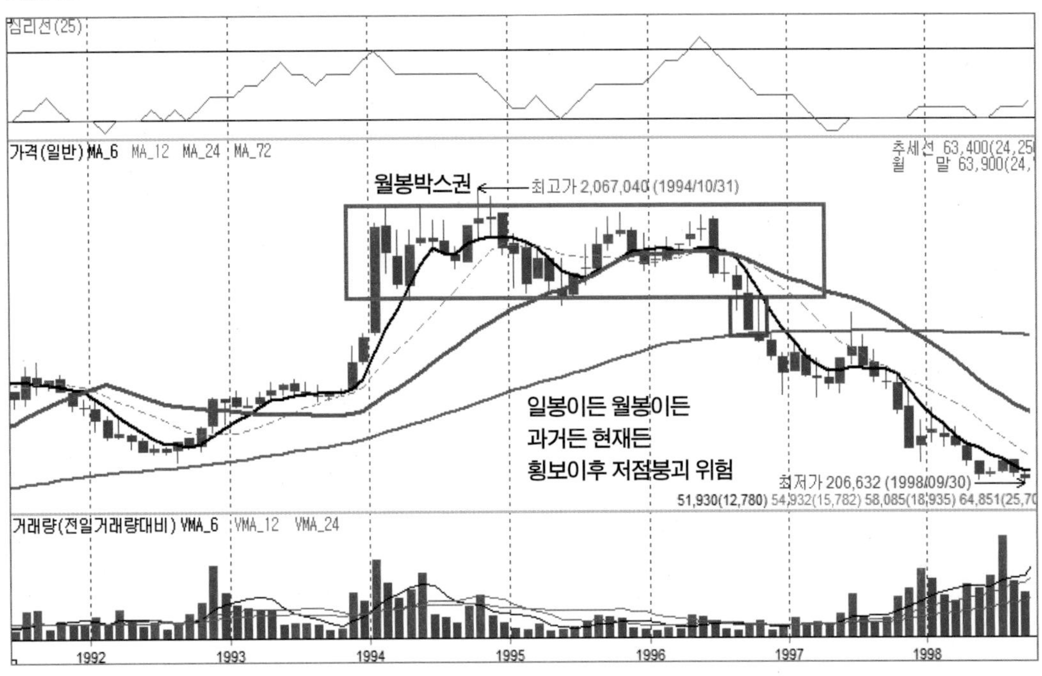

활용된다. 왜냐하면 5일선이 등락을 보이다가 박스권을 이탈하게 되면 20일선의 기울기가 하단으로 강하게 휘게 되고 이것은 20일선이 강력한 매물선이 된다는 의미이기 때문이다.

주가가 상승과 하락을 하면서 형성된 박스권을 이탈했다는 것은 최근 거래된 20일간의 주가 중 최저가란 의미이기 때문이다. 그러니 저점을 붕괴한 다음 주가는 큰 폭의 상승이 아니라면 주가가 다음날 상승해도 이미 20일중 최저가 수준이기 때문에 20일 이동평균선은 지속 하락하게 되고 캔들이 반등을 줘도 20일선이 저항의 역할을 하면서 주가를 끌어내리게 되기 때문이다.

안전제일주의, 공격은 그 다음이다

바둑에서 "아생연후살타"라는 얘기가 있다. 상대방을 공격하려면 일단 내가 안전한지를 먼저 살피고 공격해야한다는 의미다. 다시 말해 투자에서 이익을 내려면 일단 손해나지 않기 위해서 어떤 준비를 하고 주식투자에 나서야 하는가를 먼저 고려해야하는 것이다. 직장을 다니면서 혹은 전업투자자로 살면서 주식투자로 이익을 내려면 일단 손해나지 않는 매매를 해야 하는데 그것은 모든 종목을 매수해서 이익을 내라는 얘기가 아니라 계좌가 플러스되는 매매를 하라는 의미다. 즉, 전투에는 져도 전쟁에서는 이겨야 한다는 의미다. 주식을 매매하다보면 매수하는 종목마다 이익을 본다는 것은 불가능하다.

손실 최소화의 법칙

따라서 어떤 종목에 손해가 날 때는 되도록 그 손해를 줄이는 손실 최소화의 법칙이 필요하다. 어차피 주식투자를 하게 되면 하나의 종목보다는 여러 종목을 매수하게 될 것이다. 이럴 때 한 종목에서 너무 많이 손해를 입게 되면 다른 종목에서 수익을 내도 전체 계좌는 손해가 되는 것이다. 따라서 손해는 작게 내고 이익을 크게 가져가서 계좌가가 플러스가 되려면 큰 손실이 날 종목은 초기에 잘라내는 것이 필요하고 이때 사용되는 기법이 바로 7캔들 법칙인 것이다.

8캔들은 속임수 캔들이라는 의미로 팔공산에 달이 뜨면 어디서나 보이듯이 초보도 알아보는 주가상승 캔들은 속임수 캔들이다

연상법

화투 중에서 팔공산(8) 위에 보름달이 떠 있는 그림을 연상하면 된다. 높은 산에 떠있는 보름달은 밝아서 어디서나 보이듯이 누구나 알아보는 위치에서 올라가는 캔들은 속임수 8번캔들이다

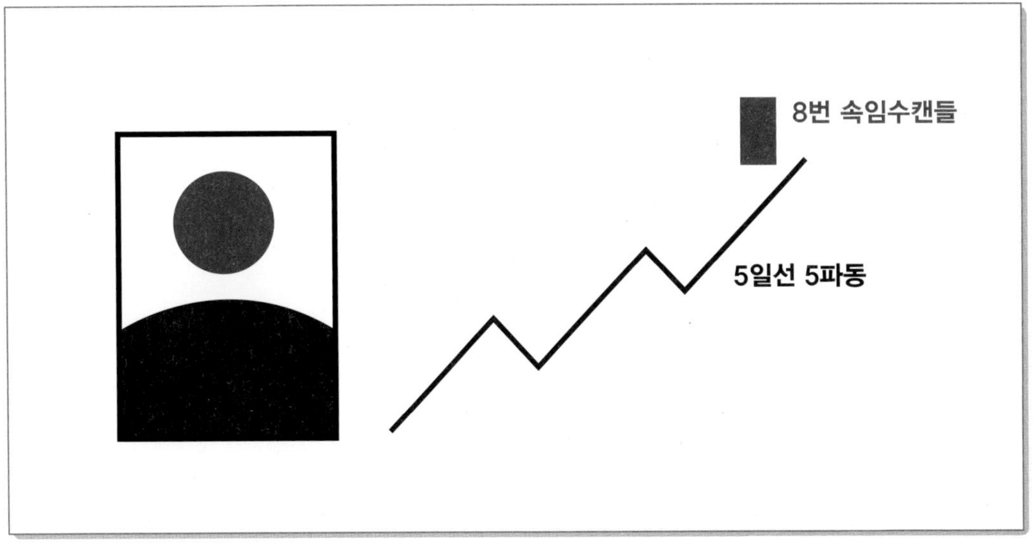

속임수 8번캔들

8번 캔들은 주가가 상승이나 하락을 줄 때 속임수의 가능성이 높은 구간에서 나타나는 캔들을 의미한다.

예를 들어 주가가 강한 상승을 주면서 장대양봉을 보이면 대체적으로 그 방향 쪽으로 베팅을 하는 것이 성공할 확률이 높다. 그러나

> **주식격언**
>
> **산이 높으면 계곡도 깊다**
>
> 경제상황이 호전되거나 시장인기에 의해서 주가가 크게 오르면 나중에 경제여건이 다시 악화되고 인기가 식으면 주가도 폭락한다. 따라서 주가가 큰 폭으로 오르면 계곡을 조심해야 한다.

만약 현재 주가가 움직이는 구간이 속임수가 자주 나오는 구간이라면 매수할 때 신중해야한다. 마치 같은 도로라고 하더라도 급커브 길이거나 경사진 도로 등 어느 구간은 사고 다발구간이라고 경고표지판이 붙어 있는 것과 같은 이치다.

속임수가 많은 주가의 위치

그렇다면 어떤 주가의 위치가 속임수가 많은 것인가? 그것은 주가가 상승할 때 초보투자자도 쉽게 주가가 상승하는 것이 보일 때이다. 주가가 상승하는 것은 소위 세력들이 매수하고 난 후 마지막에 개미투자자들이 매수하면서 고점을 이루는 것인데 주가가 상승하는 것이 초보투자자 눈에도 띌 정도면 이미 그것은 마지막 막차 타는 사람들만 남았다는 것을 의미한다. 그러한 주가가 나타나는 구간이 바로 5일선 5파동 구간이다.

5일선 5파동 구간

5일선이 5파동이라는 것은 주가가 3단계로 상승하는 구간이고 어느 정도 단기적으로 상승을 해온 구간이라 이미 여러 차례 주가상승이 일반투자자에게도 알려져 있는 종목이라고 보면 된다. 이러한 종목의 5일선이 꺾이게 되면 20일선도 하락으로 전환할 가능성이 높다. 따라서 이 구간에서 주가가 강하게 올라온다고 아무 생각 없이 들어갔다가는 한 달 동안 고생하게 된다.

매월 안정된 수익을 올리는 것이 목표인데 잘못 들어가서 한 달간 고생하는 종목에 발을 담그게 되면 낭패일 수밖에 없다. 물론 5

차트 8-1 일진전기

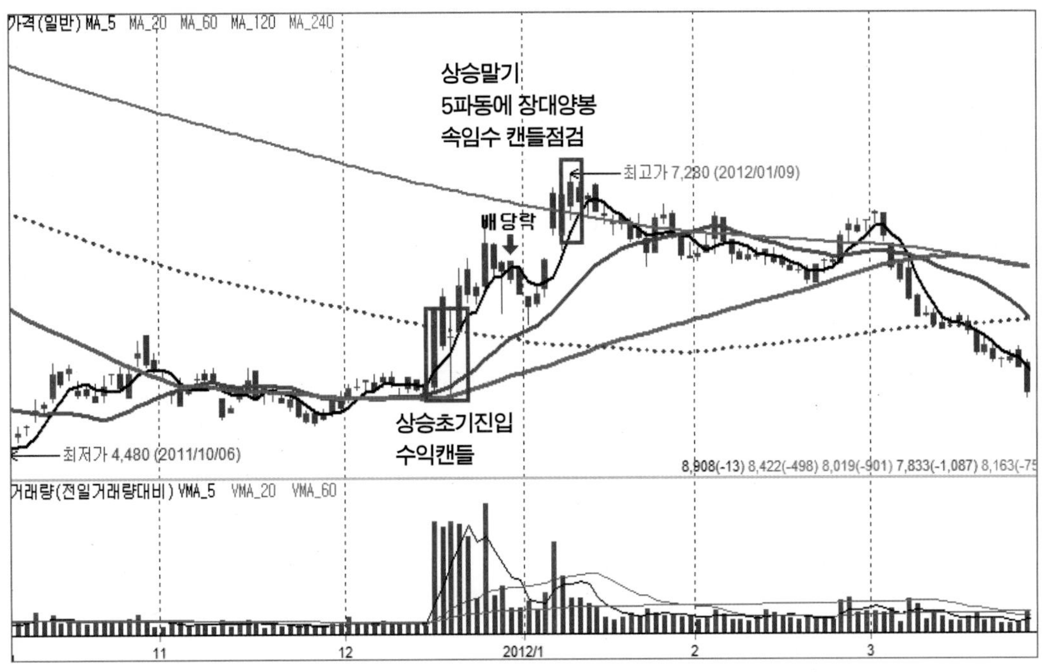

파동이어도 20일선 5파동은 변곡에서 들어가도 상승하는 경우가 많다. 왜냐하면 길이 자체가 20일선이기 때문에 상대적으로 5일선 대비 길게 가는 특징이 있기 때문이다.

그러나 5일선은 통상 한 번 상승할 때 길이가 길지 않은 구간이 많고 통상 5파동 구간은 쿼파동이라고 해서 짧게 마감되는 경우가 많다. 따라서 5일선 5파동 구간은 무엇을 살 것인가를 고민하는 전략보다는 현재 보유중인 주식이 5일선 5파동 구간에 가면 어디서 이익을 챙길 것인가를 고민하는 것이 월간 단위 수익 매매법에서는 효과적이다.

> **TIP 체크포인트**
>
> **AR**
> 이동 평균선의 배열을 의미합니다 항상 그래프를 볼 때 가장 먼저 생각할 것은 배열입니다.
>
> 주가가 본격적으로 상승을 할 때는 역배열을 정배열로 만들어 놓고 시작하기 때문입니다.
>
> 그 중에서도 20일선과 60일선의 배열을 항상 생각하시기 바랍니다. 배열이란 지금 상승에너지가 강하게 올라가고 있는 중인지 아닌지를 확인하는 첫 번째 기준점입니다.

특히 조심할 것은 역으로 5일선 5파동에서 음봉을 크게 줄 때이다. 주가의 움직임에서 속임수는 필수적으로 나타날 수밖에 없는 상황이다. 만약 어떤 매수나 매도신호가 발생했을 때 한 번도 속임수 없이 올라가면 그것은 다른 문제를 야기한다. 바로 일방적으로 매매가 쏠려 매도물량이 없게 되면서 거래가 잘 이뤄지지 않을 것이다.

관리대상종목이 움직이는 주가패턴

주식을 오래해온 투자자는 과거 관리대상종목이 움직이는 주가패턴을 기억할 것이다. 이들 종목은 내려갈 때는 하한가 시세를 보이고 올라갈 때는 상한가를 보인다. 특히 방향의 지속성이 있어서 하한가를 보이며 내려가다가 첫 상한가를 주게 되면 그 다음은 연속 상한가의 성질이 있고 반대로 상한가로 올라가다가 첫 하한가가 나오면 줄곧 하한가 행진이다. 그러다보니 관리종목은 진입시점을 알아보기는 쉽지만 거래가 잘되지 않기 때문에 매매가 잘 이뤄지지 않는 단점이 있다. 그렇기 때문에 잘 맞던 신호도 어디선가는 속임수가 나오는 구간이 있어야 매수하는 사람과 매도하는 사람의 보는 시각 차이에 의해 거래가 일어나는 것이다.

시츄에이션이란

중요한 것은 주식투자의 프로와 아마추어는 바로 이 차이점을 알아내는가 여부에 달려있다. 그것을 시츄에이션이라고 한다. 시츄란 같은 행위도 상황에 따라서는 옳고 그름이 다르게 나타나는 것이라고 보면 된다. 예를 들어 결혼식에 축하하러 갈 때는 정장에 구두를 신고 가는 것이 맞다. 반면 운동장에 축구를 하러 갈 때는 운동복에

차트 8-2 현대중공업

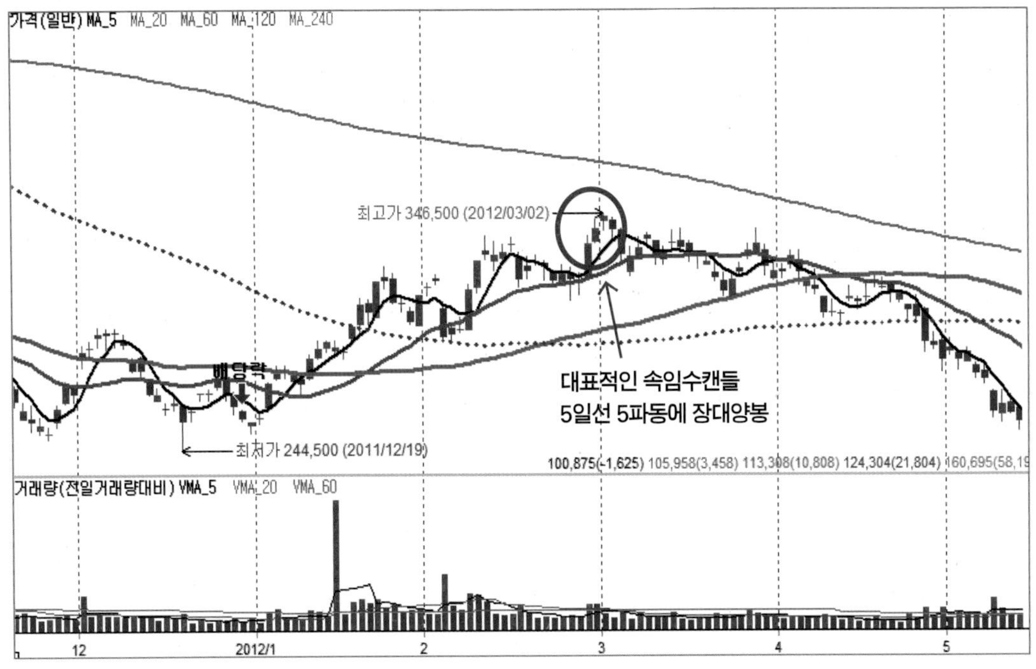

운동화가 맞는 것이다. 이것이 반대가 되면 문제가 되는 것이다.

통상 투자자들이 기법을 공부해도 그것을 실전에 적응시키기 쉽지 않은 것은 바로 이 시츄를 알아내는 내공이 부족하기 때문이다. 따라서 같은 상승의 신호라고 하더라도 상승초기의 시츄일 때는 공격적으로 매매하여도 마지막 파동의 성격을 가지고 있는 5파동 시츄일 때는 조심해서 매매하는 것이 필요하다. 진입하지 않으면 본전이라는 마음으로 서두르지 말고 차분히 따져보면서 매매하는 습관이 중요하다.

주식격언

생선의 꼬리와 머리는 고양이에게 주라

주식을 천정에서 팔고 바닥에서 살 생각을 버려야 한다. 무릎에서 사고 어깨에서 팔아야 한다. 바닥에서는 사기 어렵고 천정에서 팔기 어렵기 때문이다.

속임수 캔들 패턴

또 하나의 속임수 캔들 패턴이 있는데 그것은 고점대에서 장대음봉을 준 다음 살짝 들어주는 듯 올라가는 캔들이다. 이것은 주로 캔들이 5일선을 깨고 내려간 다음 5일선의 역할 전환을 만들기 위해 반작용으로 들어주는 캔들이다. 이때 속임수 캔들의 특징은 각도다.

장대음봉을 줄때의 하락각도는 강했던 반면 들어줄 때는 장대음봉 대비 작은 양봉으로 각도가 완만하다는 것이 특징이다. 따라서 주가가 속임수 8번 캔들을 줄 때는 주가가 아무리 강해도 그 자리가 이미 너무 올라와 있는 고공권대이거나 혹은 이제 막 고점을 찍고 하강하는 캔들 다음의 완만한 작은 캔들이 이에 속한다.

반대의 경우로 바닥에서 강한 장대양봉이후 완만한 조정의 음봉 캔들도 같은 이치다. 따라서 매월 일정하고 안정된 수익을 보려면 주가의 움직임을 관찰할 때 항시 점검해야할 체크 포인트를 준비하고 매매하는 것이 필요하다. 그 하나가 바로 주가의 위치이고 다른 하나는 주가의 움직이는 각도 비교다.

한 번 보고, 두 번 보고, 세 번 보자

독서 백편이면 의자현이라는 얘기가 있다. 아무리 그 뜻이 어려워도 여러 번 반복해서 읽고 공부하다보면 그 뜻을 깨우치게 된다는 것이다.

차트 8-3 KOSPI

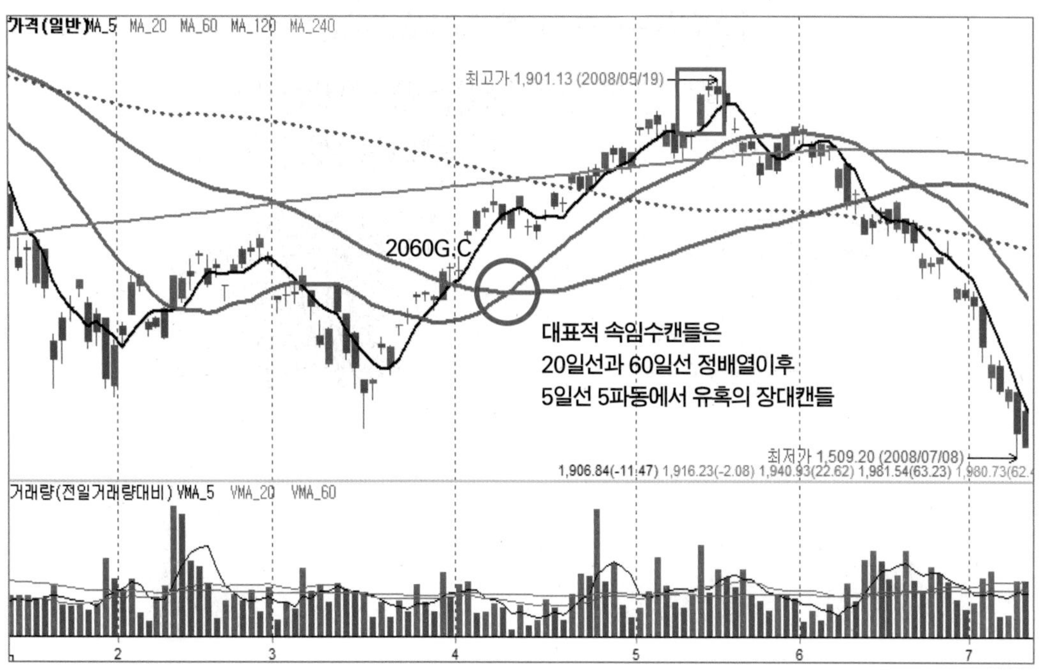

주식을 공부함에 있어 이 말은 더욱 그 의미가 커진다. 어느 정도 내용이 이해가 되면 그러한 케이스를 찾아 반복해서보며 체화시키는 과정이 필수적이다. 그래야 실전에서 매매할 때 빠르고 정확하게 매수매도의 판단이 나올 수 있고 같은 신호라도 상황에 따라 매매의 강도를 조절할 수 있기 때문이다.

9라는 숫자가 한 자리 숫자인 0~9까지 중 마지막 숫자이듯이 9캔들은 상승과 하락의 마지막 꼭지캔들과 바닥캔들을 의미한다

9캔들은 0 1 2 3 4 5 6 7 8 9처럼 한 자리 숫자의 마지막인 9를 연상하면 된다. 하락하는 주가의 바닥은 양봉 중 하나이고 상승하는 주가의 고점은 음봉 중 하나인데 이 마지막 캔들이 9캔들이다

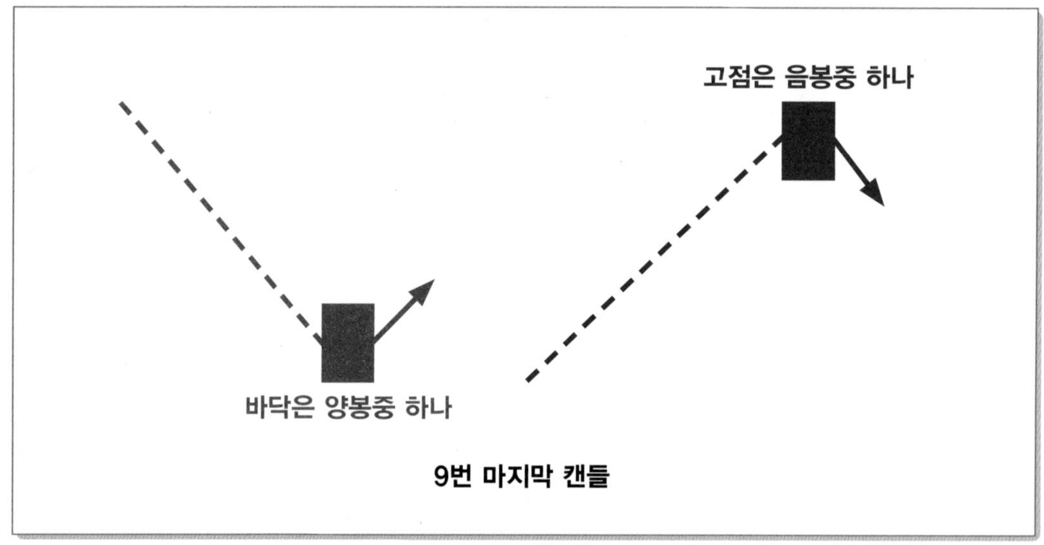

9번 마지막 캔들

9캔들 법칙

주식투자를 하면서 가장 중요한 것은 역시 바닥 잡는 것과 고점을 알아내는 것이다. 이럴 때 가장 기본적으로 사용할 수 있는 것이 바로 9캔들 법칙이다. 9캔들 법칙이란 바닥과 꼭지에서 나타나는 수급의 원리를 이용한 것이다. 즉, 주가가 하락하고 있는데 바닥을 찍는다는 것은 매도우위 장세에 있다가 매수우위로 돌아설 때이고 반대

차트 9-1 KOSPI

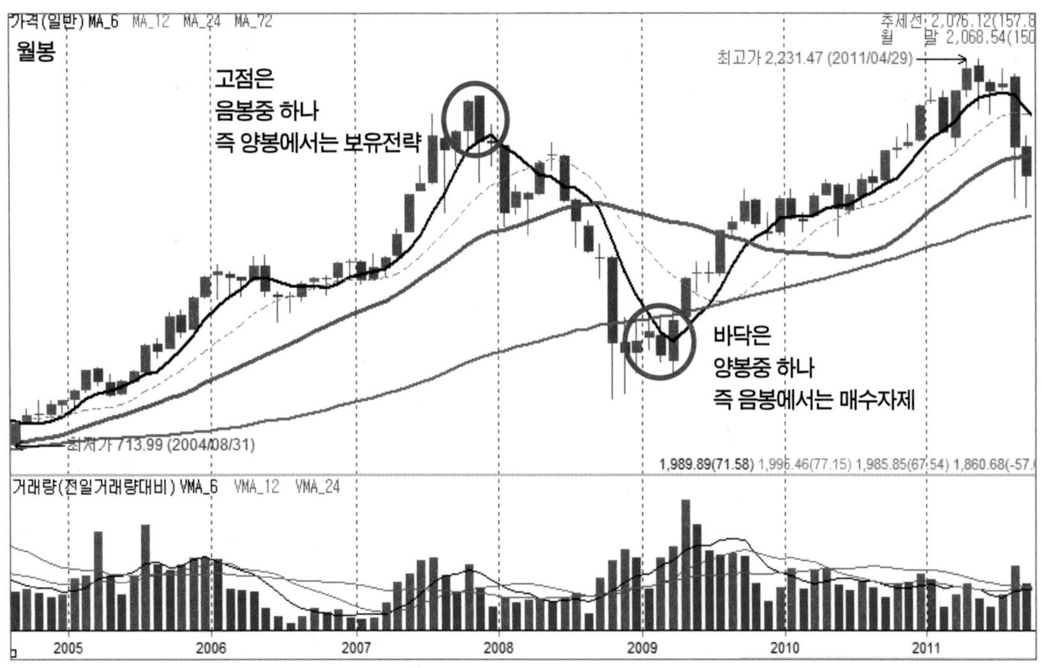

로 주가가 상승세를 타고 있는데 고점을 찍는다는 것은 매수우위 장세에서 매도우위 장세로 돌아설 때다.

매도세와 매수세가 우세하는 경우 알아보기

그렇다면 매도세가 우세할 때와 매수세가 우세할 때 이것을 알아내는 방법은 무엇일까? 그것은 바로 거래가 시작될 때 처음 붙는 시초가이후 주가가 위를 향하는가 아니면 아래를 향하는가를 관찰하는 것이다. 당연히 매도세가 여전히 우세하면 주가는 시가이후 아랫방향으로 밀리게 되는데 이 때 나타나는 것이 음봉이며, 반대로 매수세가 우세한 시장으로 변하면 시장은 장 시작이후 주가가 위로 올라가게 되고 이때 출현하는 것이 바로 양봉인 것이다. 따라서 만약

> **TIP 체크포인트**
>
> **히든골든크로스(HGC)**
> 골든크로스 다음은 데드크로스/데드크로스 다음은 골든크로스 이렇게 한번씩 징검다리식으로 반복되다가, 데드-골드- 그리고 또 골든크로스상태를 의미합니다. 세력주를 고를 때 많이 쓰입니다.

지금 주가가 하락하고 있는데 어딘가 바닥이겠지 하고 그냥 대충 매수하는 것보다는 하락하는 트렌드 속이라도 음봉일 때는 손대지 않고 주가가 양봉을 보일 때마다 부분적으로 진입하는 것이 성공할 가능성을 높일 수 있다. 만약 주가가 하락하면서 바닥을 찍을 때까지 캔들이 10개라면 그냥 마구잡이로 베팅을 넣었을 때 바닥을 맞출 확률은 1/10 즉, 10%밖에 되지 않지만 양봉 중 하나가 바닥이라는 9캔들의 원리를 이용하면 양봉일 때만 들어가면 되고 하락장이니까 양봉이 드물게 나오기 때문에 바닥점에 진입할 가능성이 높아진다. 또한 주가가 바닥을 찍을 때까지 10개의 캔들이 나타났는데 그중 7개는 음봉이고 만약 3개만 양봉이라면 확률은 1/10에서 1/3로 월등히 높아지게 된다. 따라서 하락하는 추세 속에 매수를 하고자 할 때는 최소한 주가가 양봉이 나오는가 아니면 그대로 하락장의 성격인 음봉이 지속되는가를 확인하는 것이 매월 수익을 내려는 게임에서는 절대적으로 필요하다.

캔들의 마감신호

실전베팅 시 경험이 적은 투자자들은 실수를 하는 경우가 종종 있는데 베팅시 유의할 점은 캔들은 그 캔들이 마감될 때가 신호라는 점이다. 다시 말해 장중 양봉이 나왔다가 종가상 그것이 양봉이 아니고 위꼬리 달린 음 봉으로 마감될 수도 있다는 것이다. 따라서 빠른 것보다는 정확한 것이 중요하므로 속임수에 당하지 않기 위해서는 종가근처에서 양봉일 때 진입하는 것이 바람직하다. 종가 근처에서 매매하는 것이 너무 늦게 매매한다고 생각되는 투자자들은 절충안으로 실전에서 많이 쓰는 분할 공략법으로 매매하길 바란다. 이것은 30분단위

차트 9-2 LG화학

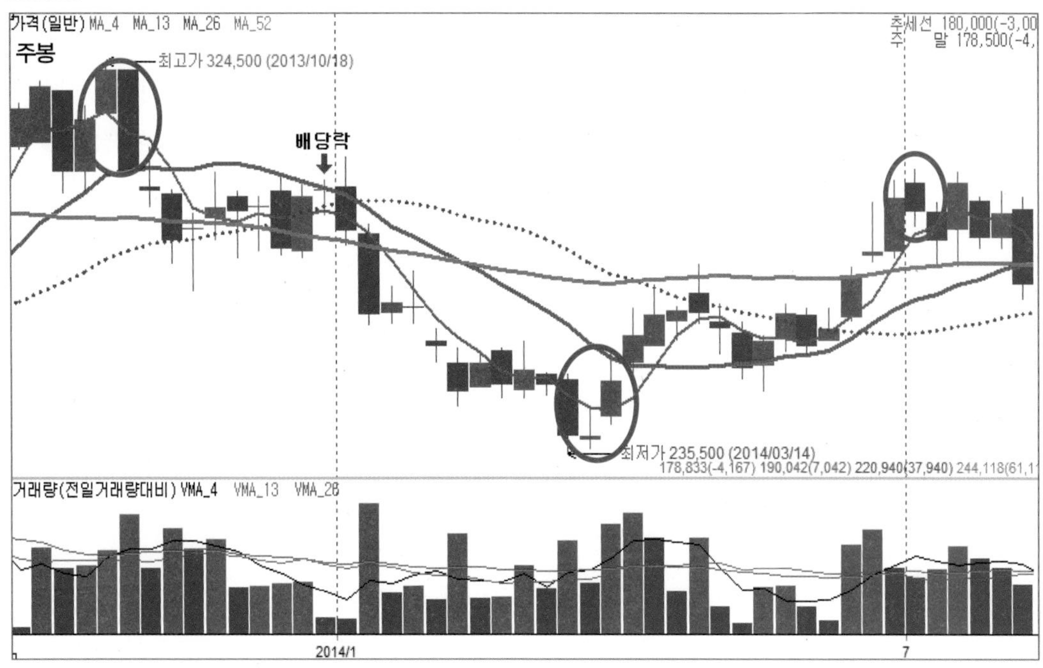

로 만족하면 일부 진입하고 나머지는 종가무렵에 넣는 방법이다. 만약 장중 신호가 나와서 매수를 했는데 그것이 속임수라 하더라도 전량 진입한 것이 아니므로 부담감이 상대적으로 작고 역으로 종가 상양봉인데 너무 큰 장대양봉이어서 높은 단가라 하더라도 이미 일부 장중 종가보다 낮은 가격에 진입한 수량이 있으므로 종가에 추가 진입하더라도 평균단가가 되기 때문에 상대적으로 부담감이 적게 된다.

9캔들 법칙 실전에 적용하기

그렇다면 이번에는 9캔들 법칙을 효율적으로 실전에 활용하는 방법에는 어떤 것이 있는가 알아보자. 우선 먼저 월 하순에 활용하는 법을 익혀보자. 기본적으로 투자의 목표는 매월 안정된 수익을 일정

> **주식격언**
>
> **시장분위기에 도취되지 마라**
>
> 주식시장에는 항상 어떤 분위기가 형성되어 있다. 낙관적 분위기라든지 비관적 분위기, 관망 분위기 등이 그것이다. 이러한 분위기는 불합리한 인간심리나 단면적인 투자판단에 좌우되므로 수시로 변한다. 시장 분위기를 벗어나서 객관적이고 냉정한 상태에서 시장의 흐름을 분석하고 투자판단을 내려야 성공확률이 높아진다.

하게 올리는 일일 것이다.그렇다면 주식을 매수하는 것은 최소한 월초와 월중순까지 마감하는 것이 좋다. 물론 월 하순이어도 주가가 횡보하다가 위로 솟는 장대양봉은 추가베팅이 가능하다. 결국 월초부터 월 하순까지 횡보 이후 솟는 종목은 전천후 공략이 가능한 셈이다. 어디서 진입하였던 월 하순에는 거두어들이는 구간으로 활용하는 것이다. 이때도 마찬가지로 올라갈 때마다 조금씩 매도할 수 있지만 그리하면 주가가 월말에 최고가 수준으로 끝났을 때 너무 일찍 매도해버린 결과가 나올 수 있다. 따라서 수익을 챙길 때도 9캔들 법칙을 이용하여 음봉이 나올 때마다 분할해서 챙기면 매도는 거의 최고가 수준에서 챙기게 된다. 이 9캔들 법칙은 주가의 시츄에 따라 아주 요긴하게 사용하기도 한다. 예를 들어 주가가 5파동 구간이거나 전제조건을 가지고 있을 때이다. 5파동은 이미 앞에서 설명한바 있기 때문에 전제조건에 대한 실전기법을 설명하자면 아주 간단한 것은 외봉이나 외바닥일 때이다. 즉, 주가가 상승하고 있는데 이 주가 상승의 시작이 외바닥이면 다시 쌍바닥을 주기 위해서라도 주가는 조정을 받아야하고 만약 반등이 속임수라면 당연히 하락조정을 받아야한다. 또한 주가가 속임수라면 당연히 조정 받아야하고 설령 진짜 바닥을 찍었어도 쌍바닥을 찍기 위해서는 조정이 필요하다.

전제조건이란

이것을 전제조건이라고 한다. 전제조건이란 어떠한 경우라도 일어날 가능성이 높은 상황을 의미하는 것이다. 반대로 주가가 조정을 받고 있는데 외봉에서 조정을 받고 있다면 다시 쌍봉을 주기 위해서라도 올라가야 하므로 이러한 전제조건 구간에서 9캔들법칙의 쓰임

차트 9-3 KB금융

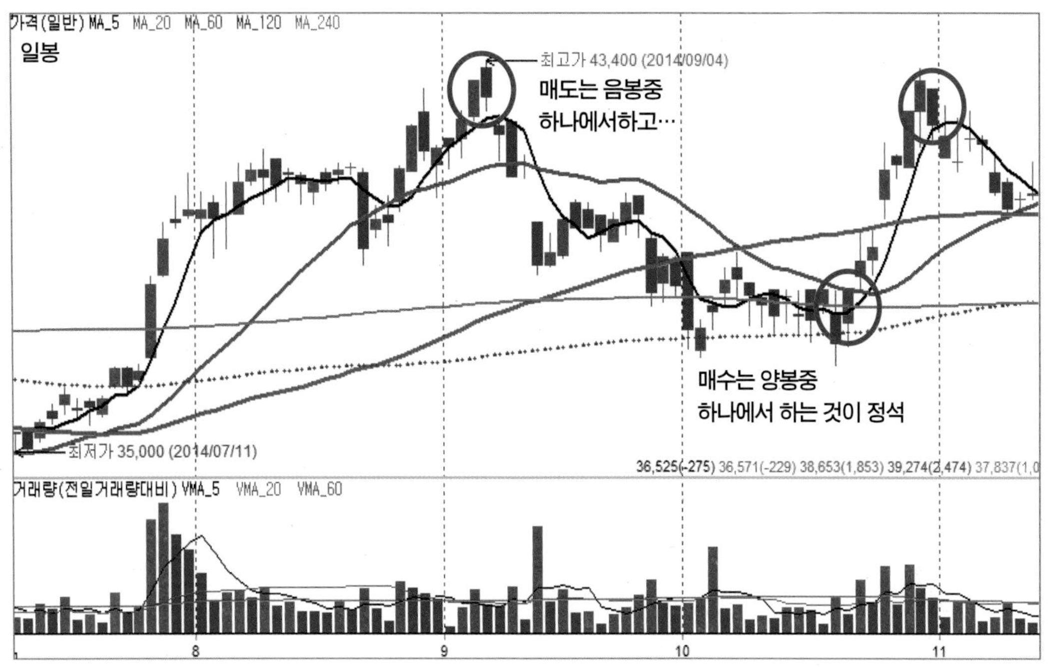

새는 아주 중요한 것이다.

상위개념이란

이번에는 약간 고급과정을 알아보자. 그것은 바로 상위개념이란 것인데 예를 들어 위에서 20일선이 꺾이면서 조정을 받고 있다고 하면 원래의 매수신호는 20일선이 다시 상승전환 할 때이다. 그런데 이때 하단에서 더 위력적인 120일선과 240일선이 정배열로 상승하고 있다면 이 장기 이동평균선 근처에서 일단 주가가 양봉을 주기 시작했을 때 조금씩 선매수가 가능하다. 바로 이것이 상위개념인 것이다. 특히 이러한 전략은 주가가 장기 상승추세에 있는 종목일 때 아주 요긴한 베팅법이다.

0캔들은 주식투자 시 매수와 매도를 결정하는 수급분석 캔들로서 매수세가 강한 월양캔들과 매도세가 강한 월음캔들이 0캔들이다

연상법

0캔들은 매수매도의 기준인 "월양", "월음"이라는 글자가 숫자 0과 닮은 자음 "ㅇ"자로 시작하는 것을 연상하면 된다. 주가 상승의 신호인 월양봉과 하락의 신호인 월음봉이 0캔들이다

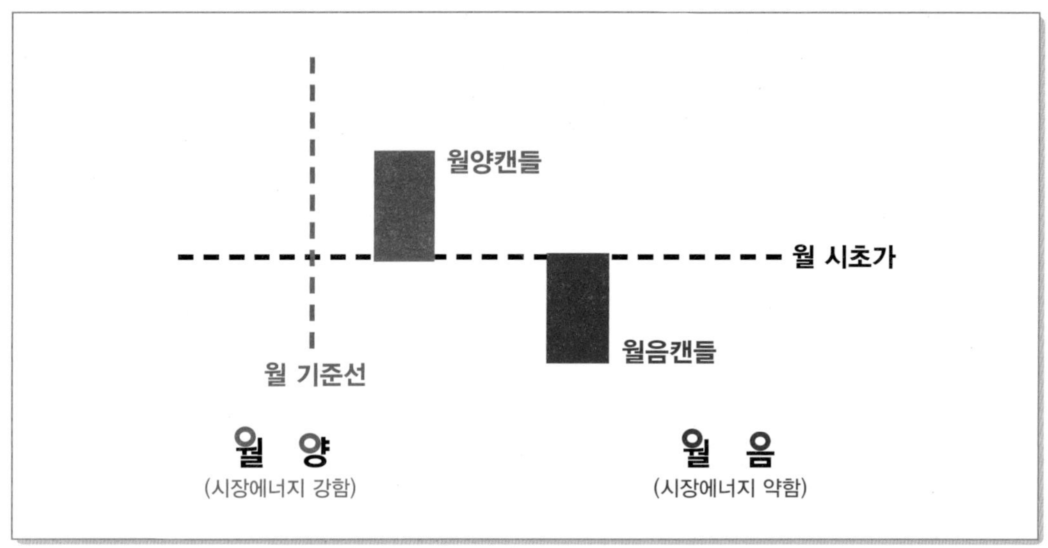

안정된 수익을 올리기 위한 0캔들 법칙

매월 안정된 수익을 올리는 것이 목표라면 가장 가까이 두어야 할 매매기법이 바로 0캔들 법칙이다. 0캔들이란 주식을 사고 팔 때 매매의 기준이 되는 월간단위의 에너지를 측정하는 캔들이다. 매월 초 주식시장이 문을 열고 매매를 시작할 때 나오는 첫 거래 가격이 바로 월초 시초가다. 그러니까 당연히 매월 1일 거래되는 아침 시초가

차트 0-1 종근당바이오

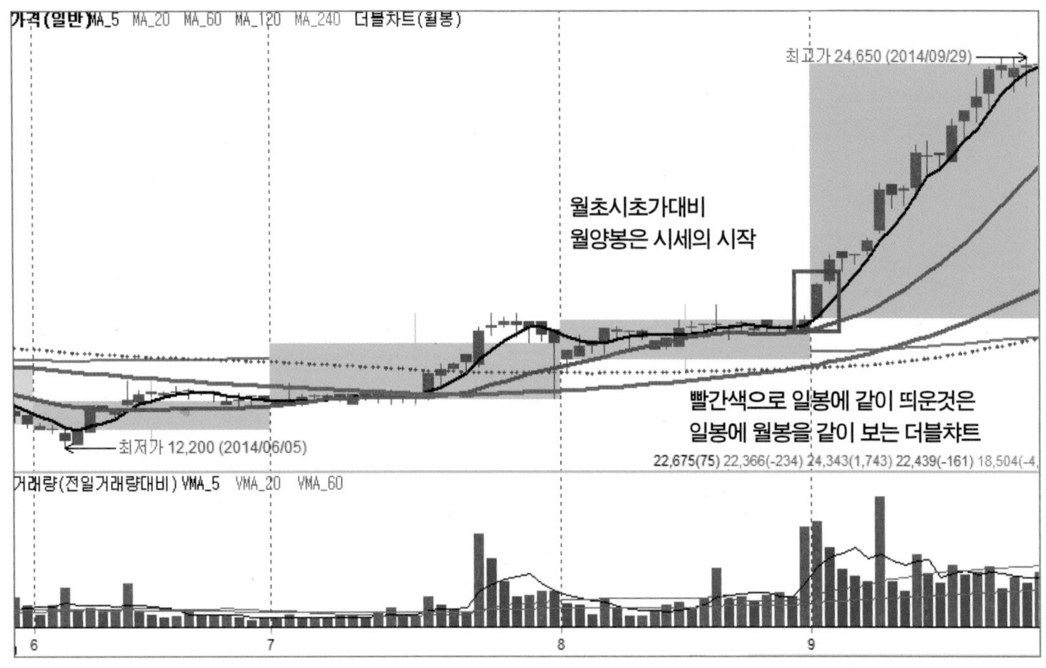

가 월초 시초가인데 1일이 휴일이면 월초 첫 거래일 가격을 시초가로 보면 된다. 월초 시초가를 기준으로 위로 상승하면 시장에너지가 강하다는 증거이고 아래로 하락하면 에너지는 약하다는 의미이다. 따라서 매수를 한 다음 수익을 내려면 시장에너지가 강한 월초 위로 움직이는 종목 즉, 월양 캔들 중 매수종목을 선정해야 한다.

월초 위로 올라가는 종목을 위한 조건

그렇다면 월초 위로 올라가는 종목은 어떤 조건을 만족해야 하는가? 일단 월양봉이면서 주가는 5일선 위에 있어야 한다. 월양봉이어도 단기선인 5일선조차 뚫지 못하고 있으면 의미가 없기 때문이며 그래서 월양봉은 월양5골드(G.C)의 의미를 함께 담고 있다고 보면 된다. 즉, 그 달에 주도주가 되는 종목은 수급이 양호한 종목으로 거의 모두 월양5골드의 조건을 만족하고 있다. 이 때 고려할 것 중 하나는 국내증시에 영향을 주는 미증시의 상황이다. 국내증시가 아무리 매매 첫날 월양봉으로 위로 방향을(월양봉) 정했어도 다음 날 미증시가 월초 아래로 내려가면 국내증시도 미증시를 따라 하단으로 내려가는 경우가 많다. 따라서 국내증시가 월양봉인지 월음봉인지를 판단할 때는 미국증시가 월양인가 월음인가를 같이 따져 보아야한다.

TIP 체크포인트

관성
관성의 법칙이란 힘을 받은 물체는 힘이 작용하는 방향으로 힘의 크기에 비례해서 가속도를 가지고 움직인다는 것으로 주가도 한쪽으로 방향을 정하면 관성의 법칙에 따라 계속 움직인다는 것입니다.

국내증시와 미증시

여기서 고려할 것은 바로 국내증시와 미증시의 시차문제다. 우리가 미국보다 시차가 빠르므로 우리의 월초 첫 시세는 미증시의 월말 주가의 영향을 받는 것이고 실제로 미증시를 고려할 때 우리의 월초 시초가는 통상 2번째 날이 된다. 따라서 월초 위인가 아래인가를 따질 때는 최소한 2~3일정도 시장의 에너지를 확인하는 것이 바람직하다. 이렇게 미국 증시 등을 같이 봐야하는 이유는 국내증시의 수급을 좌우하는 것이 외국인들이고 이들의 수급에 결정적 역할을 하는 것은 바로 미증시이기 때문이다. 미증시가 이렇듯 외국인 매매에 영향을 주는 이유는 미국의 경제규모가 세계 1위이고 세계 경제의 바로미터이기 때문이다. 또한 국내에 들어와 있는 외국인들의 영향력을 보면 미국계가 가장 큰손 중 하나이기 때문이다. 물론 국내증시가 항상 미증시와 같은 방향으로 움직이지는 않는다. 같은 방향으로 동조화되어 움직일 때를 커플링 장세라고 하고 반대로 움직일 때를 디커플링 장세라 하는데 주가를 움직이는 변수가 미증시와 국내증시에 서로 다른 영향을 주는 변수들이 있기 때문이다.

차트 0-2 삼성에스디에스

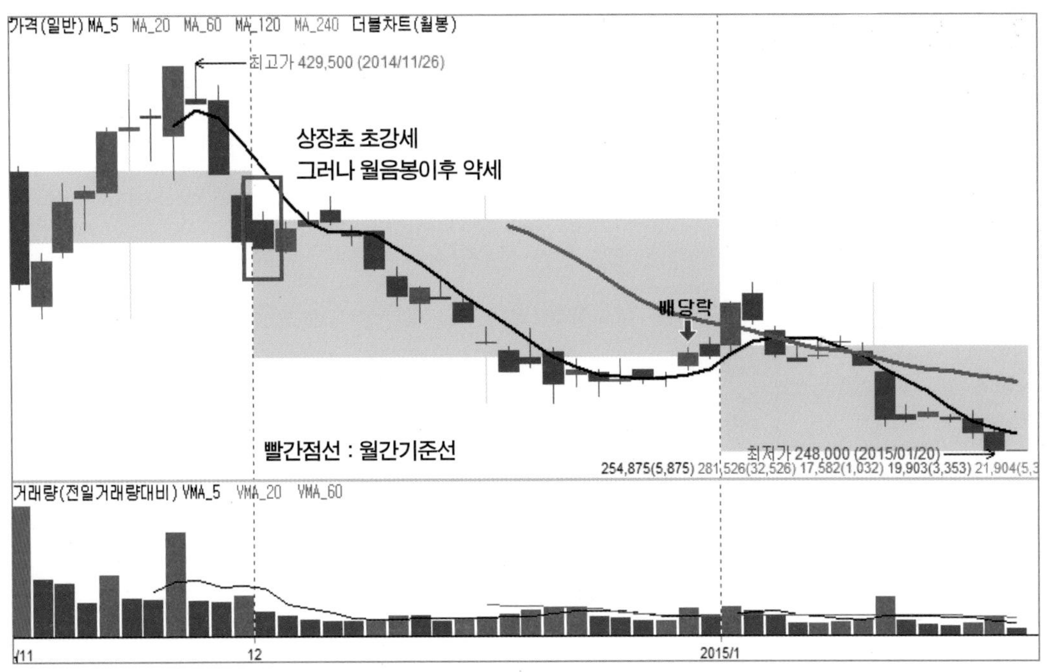

예를 들어 일본이 강력한 엔저정책으로 중앙은행에서 양적완화 정책을 쓸 때 미국은 호재로 받아들일 수 있지만 우리는 수출업체들이 엔저와 경쟁해야하는 입장이기 때문에 반대로 작용할 수 있다. 어쨌든 중요한 것은 국내증시의 수급을 볼 때 강한지 약한지를 보려면 미증시도 같이 보면서 국내증시가 어떤 방향으로 흘러가는지를 점검해야 한다. 이럴 때 월초기준 위로 솟는 월양봉이나 아래로 내려가는 월음봉이나 월초 시초가를 중심으로 방향을 결정하는 0캔들이라 하고 그 0캔들이 월양봉인지 월음봉인지를 보고 매매하는 것이 중요하다.

> **주식격언**
>
> **내부자의 조언도 100% 믿어서는 안된다**
>
> 투자정보 가운데 가장 위험한 것이 소위 내부정보이다. 기업 내의 기밀취급자나 주가에 영향을 미칠 정책을 입안하는 정부부처 종사자가 직접 전해주는 정보다. 내부정보는 도중에 와전되거나 최종 결정과정에서 취소되거나 변경될 수도 있기 때문에 이것을 100% 믿고 투자하면 실패하기 쉽다.

월양봉과 월음봉이 서로 변곡하는 경우

그렇다면 이번에는 월양봉과 월음봉이 서로 변곡하는 경우를 따져보기로 하자. 예를 들어 월음봉이었는데 중간에 월양봉으로 변하는 때가 있다. 이때 처음의 월음봉이 맞는 것인지 아니면 나중에 월양봉이 실제로 맞는 신호인지를 구별해 내야한다. 이럴 때 20일선의 기울기를 참조하면 좋다. 즉, 월음봉이면서 주가가 하락하다가도 아래에 20일선이 상승하고 있으면 주가는 다시 상승으로 전환하여 월양봉으로 올라가는 경우를 볼 수 있다. 따라서 월음이었다가도 월양으로 올라섰을 때 하단에서 20일선이 상승하고 있으면 월양으로 매수편에 서는 것이 확률이 높다.

빨빨패턴

월초 위이면서 하단에서 20일선이 올라갈 때 이것을 "빨빨패턴"이라 한다. 그 의미는 월초 양봉이니까 캔들 색깔이 빨갛다는 것이고 20일선의 기울기가 상승하니까 빨갛다는 의미로 가장 기본적 매수의 조건은 빨빨패턴이 되는 것이다.

파파패턴

반대의 경우 즉, 월초 음봉이고 20일선이 내려갈 때를 "파파패턴"이라 하는데 월봉이 음봉이니까 파랗고 20일선이 하향이니까 파랗다는 의미다. 그래서 아예 암기를 "빨빨매수 파파매도"로 기억하는 것이 좋다. 천 리 길도 한걸음부터라는 말이 있다. 매월 안정된 수익을 올리기 위한 첫 걸음은 월양봉인가 월음봉인가를 구별하는 수급 캔들인 0캔들부터 시작된다.

차트 0-3 한국콜마

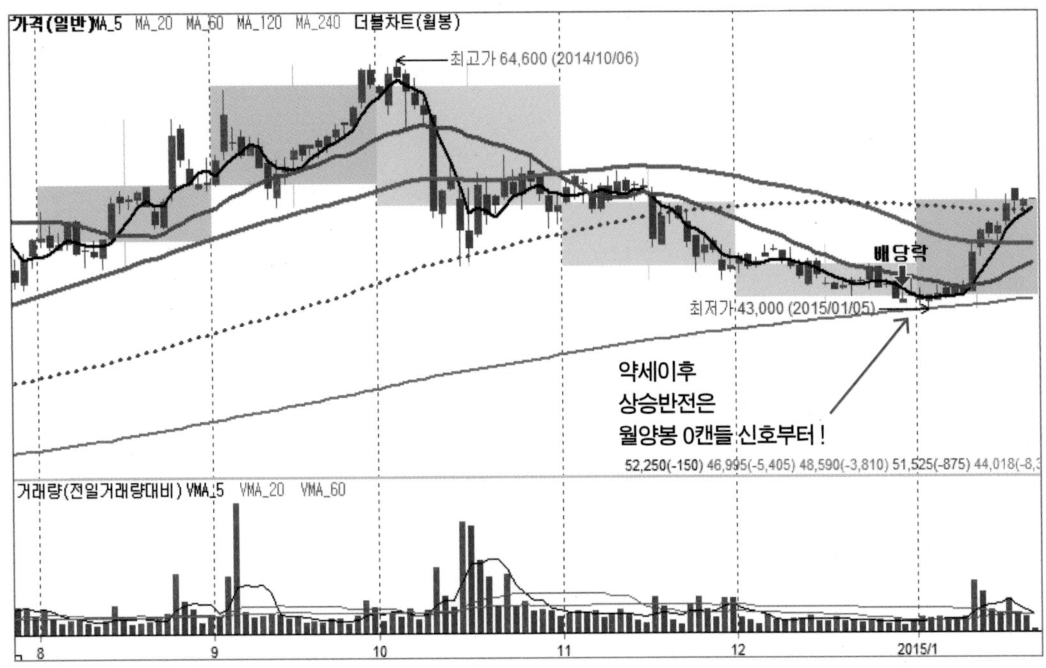

매매의 기본

지금 이 책을 보는 달에 주도주를 보자. 역시 그들 종목의 공통점은 월양봉 종목이고 하락하는 종목은 월음봉 종목이다. 그럼 왜 월양봉인가 월음봉인가를 결정하는 캔들을 0캔들이라 했을까? 보통 0의 모양인 동그라미는 원리를 의미한다. 그리고 서로 남남이었다가 결혼을 하면 부부가 되고 촌수는 무촌이 된다. 즉, 매매할 때 가장 기본은 월봉의 시장 에너지 분석부터 시작해야 한다는 것을 잊지 말아야 한다는 것이다.

1평선 법칙
1은 무엇이든 시작할 때 처음 세는 숫자이고
상승과 하락을 처음 시작하는 파동 이평선이 1평선이다

2평선 법칙
2평선은 2개의 이동평균선이라는 뜻으로
정배열과 역배열의 배열 이평선을 의미한다

3평선 법칙
3평선은 3개 이상의 이동평균선이 한 점에 수렴하는 패턴으로
발산할 때 주가의 급등과 급락을 동반하는 블랙홀 이평선이다

4평선 법칙
4평선이란 하락기조 종목이 상승기조로 전환될 때
중장기이평선을 4개 돌파하는데 이것이 빅4이평선이다

5평선 법칙
5평선은 이동평균선의 파동이 5파동 째라는 뜻으로
5파동 이후 시세 방향을 바꾸는 마지막 파동 이평선이다

6평선 법칙
6평선은 6자의 상단과 하단 곡선의 모양처럼
방향을 바꾸기 전 손바닥형, 손등형 이평선이다

7평선 법칙
7평선은 주식고수가 되기 위해 필요한 이평선으로
72개월선을 포함한 7개 이평선이 고수 이평선이다

8평선 법칙
8평선에서 8은 팔팔하고 힘이 강한 이평선이라는 의미로
주가가 이평선을 따라 움직이는 것이 팔팔 이평선이다

9평선 법칙
9캔들이 시세의 마지막인 바닥캔들과 꼭지캔들이듯이
9평선은 바닥에서 꼭지까지 이평선을 모은 종합 이평선이다

0평선 법칙
0평선은 이동평균선 중 가장 기본이 되는 것으로
이동평균선의 탄생 배경인 추세 이평선을 의미한다

2 PART

이동평균선 법칙

1은 무엇이든 시작할 때 처음 세는 숫자이고 상승과 하락을 처음 시작하는 파동 이평선이 1평선이다

1평선은 1이라는 숫자가 새로운 것을 시작하면서 카운트되는 첫 번째 숫자라는 것을 연상하면 된다. 주가가 상승하거나 하락할 때는 지그재그 파동을 만드는데 이 파동 이평선이 1평선이다.

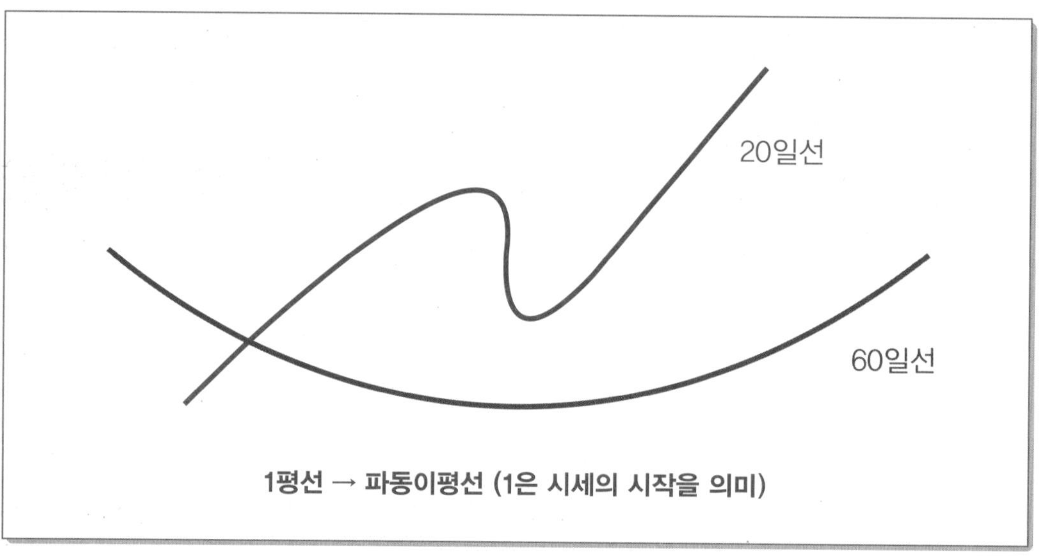

1평선 → 파동이평선 (1은 시세의 시작을 의미)

주가의 파동

주가는 상승을 하거나 하락을 할 때 반드시 파동이라는 것을 만든다. 파동이란 주가가 지그재그의 움직임을 갖는 것으로 상승파동일 때는 위로 많이 상승하고 아래로 작은 조정의 N자형 파동의 지그재그를 만들고 하락파동일 때는 아래로 많이 하락하고 위로 반등이 작은 역N자형 파동의 지그재그를 만든다. 즉, 상승파동일 때는

차트 1-1 메디톡스

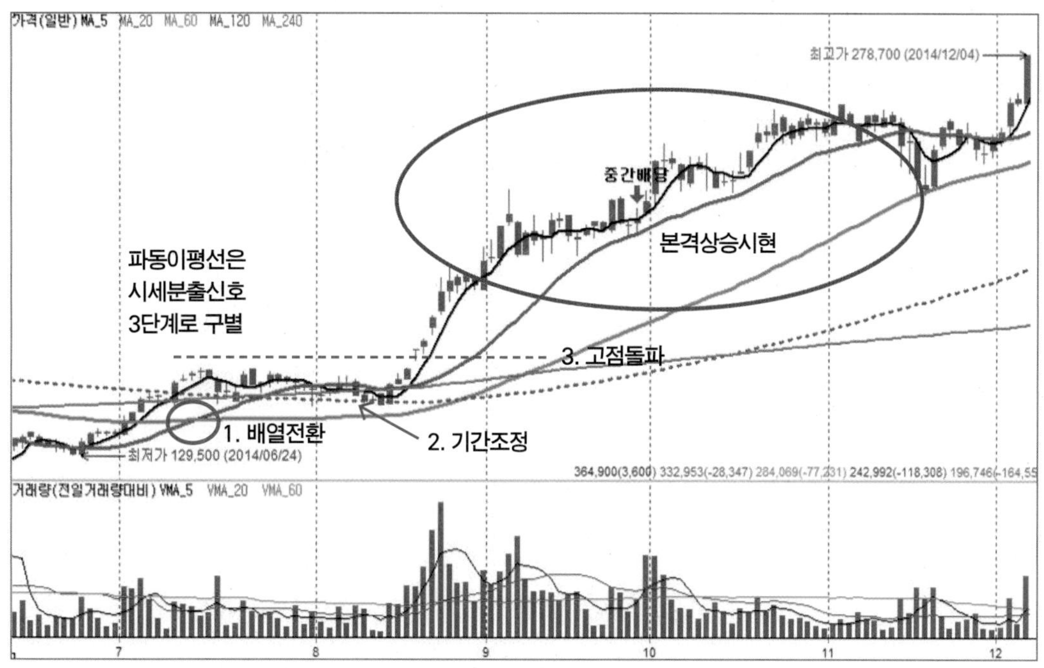

저점과 고점이 높아지고 하락파동일 때는 반대로 고점과 저점이 낮아진다.

파동의 성질

이렇듯 주가가 움직일 때 만들어지는 파동은 독특한 성질을 갖는다. 예를 들어 상승파동이라면 첫 번째는 배열의 전환(AR)을 가져오고 두 번째는 상승에 따른 조정을 받는데 상승파동을 보일 때는 주가가 많이 하락하는 가격으로의 조정이 아니라 주가가 횡보하는 기간조정(SD)을 받으며 마지막으로는 고점돌파(N)가 나온다. 이렇게 배열 – 기간조정 – 고점돌파의 3단계 과정이 바로 파동인 것이고 이것을 파동 이평선인 1평선 법칙이라고 한다.

주가가 하락의 수순을 밟을 때도 이 순서는 역으로 그대로 성립한다. 따라서 주가가 상승하거나 하락을 시작할 때 1평선은 주가가 다음에 어떤 행보를 보일 것인가를 예측할 때 아주 요긴하게 사용되는 것이다.

TIP 체크포인트

SD

주가가 올라간 만큼 에너지 충전기간을 갖는 것을 의미합니다 주가는 상승과 하락을 반복합니다. 하락장에서는 상승을 짧게하고 하락을 길게하지만 상승장에서는 상승를 크게 하고 하락은 작게 합니다. 이 때 그 종목이 세력주일때는 주가가 조정을 줄 때 가격상으로 급락을 주는 것이 아니라 마치 옆으로 횡보하듯이 기간조정을 주는 데 이것을 SD, 즉 매집기간 또는 기간조정이라 합니다. 이것은 세력주 포착에 즐겨 쓰는 것입니다.

1평선 법칙

1평선 법칙은 어떤 이동평균선이든 장기선과 단기선을 이용하면 모두 적용이 되는데 특히 기준이 되는 것이 20일선과 60일선이다. 즉, 60일선에 대해 20일선이 치고 올라가면서 배열을 바꾸고 20일선이 조정을 받으면서 옆으로 횡보하고 다시 20일선이 60일선에 대해 N자형으로 올라가는 순서가 파동의 이평선인 1평선의 기본 패턴이다. 따라서 만약 현재의 주가 위치가 20일선이 60일선을 뚫고 올라간 파동 이평선의 1단계 과정인 배열을 역배열에서 정배열로 바꾼 상황(AR)이라면 다음순서는 당연히 2단계 과정인 조정을 받는 순서이므로 20일선의 상승기울기가 꺾이는 시점을 미리 대비할 수 있다.

통상 작은 것 2개로 만들어지는 쌍봉은 큰 것 하나를 무너뜨리므로 20일선이 꺾이는 것을 미리 대응하는 방법은 5일선이 쌍봉을 줄 때 리스크를 관리하는 것이다.

역으로 주가가 본격 상승을 줄 때는 하향으로 꺾였던 20일 이동평균선이 다시 상승으로 전환되는 타이밍이다. 따라서 이때도 20일선이 상승 전환하는 타이밍을 노려도 되지만 먼저 선 공략하는 타이밍은 5일선 쌍바닥에서 부분적으로 진입하는 전략을 사용한다.

차트 1-2 고려아연

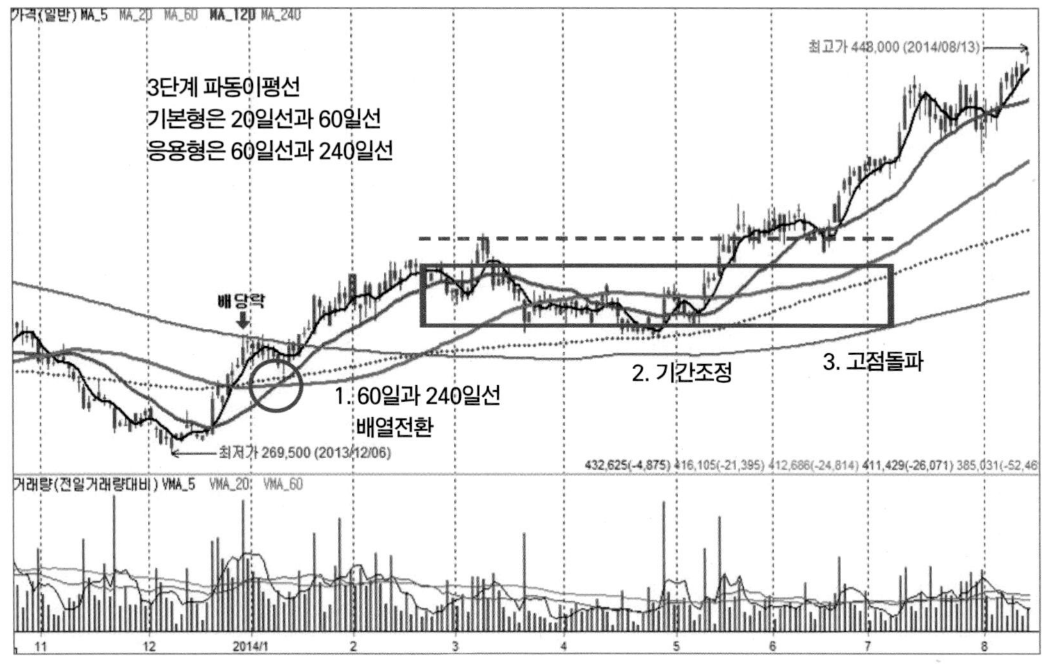

20일선의 몸통 크로스

여기에 중요한 TIP하나가 있는데 그것은 바로 20일선의 몸통 크로스로서 일명 20BC(Body cross)라는 것이다. 이것은 캔들이 이동평균선을 돌파할 때 시초가부터 이동평균선 위로 올라선 패턴을 말한다.

이것이 의미가 있는 것은 통상 20BC가 나오면 그 다음 순서는 거의 20일선이 상승 전환하기 때문이다. 이때 5일선이 쌍바닥을 줄 때와 외바닥 이후 20BC를 줄 때의 차이를 알아야 하는데 20일선 턴의 확률이 높을 때는 5일선이 외바닥이 아닌 쌍바닥을 줄 때이다. 이것을 붙여서 외울 때는 5TT20BC20턴이라 한다. 즉, 5일선 쌍바닥 – 20일선 몸통 크로스 – 20일선 상승 전환이라는 뜻이다. 이러한

> **주식격언**
>
> **충동매매는 후회의 근본이다**
>
> 남의 이야기나 시장분위기에 영향을 받아서 충동적으로 매매를 결정하는 사람은 대개 투자 결과가 좋지 않은 것이 보통이다. 시세의 장기적인 흐름이나 기업내용, 주가의 움직임등을 충분히 생각해 보지도 않고 즉흥적인 감정으로 매매를 결정하기 때문에 실패하기 쉽다.

상승파동의 맨 마지막은 고점돌파 여부이다. 결국 매수세가 강하다는 것은 주가가 신고가를 내고 간다는 것을 의미한다. 그렇기 때문에 주가가 상승다운 상승을 하기 위해서 맨 마지막의 점검 포인트는 바로 고점돌파가 되는 것이다. 이렇듯 주가는 하락에서 상승으로 전환할 때 파동의 이평선 순서인 1평선 법칙에 따라 주가가 순서대로 움직인다. 이것을 작게 스몰사이즈로 축소하면 1평선 법칙은 20일선에 대해 5일선이 크로스 되고 5일선 횡보 그리고 5일선 N자형이 되는 것이다. 그리고 기본형을 확대하면 240일선에 대해 60일선이 배열전환 → 횡보현상 → N자형이 되는 것이다. 파동의 이평선 원리는 역할 전환이다.

역할 전환이란

역할 전환이란 쉽게 얘기하면 주가가 계속 반등을 줄 때마다 매물을 내놓으며 저항선의 역할을 하던 이동평균선이 역으로 주가가 조정을 줄 때마다 지지선으로 역할을 바꾼 상태를 의미한다. 특히 이럴 때 주가가 아직 완전한 3단계 과정인 N자형의 고점돌파를 주지 않았어도 기간 조정 후 위로 상승할 가능성이 높고 낮음을 알 수 있는 방법이 있다. 그것은 배열을 바꿀 때 나타나는 1파동의 길이다.

1파동이란

1파동이란 배열을 역배열에서 정배열로 바꿀 때 나타나는 골든 크로스(G.C)를 만드는 파동이다. 이때 골든 크로스를 주기 전까지 이동평균선이 올라간 길이만큼 골든 크로스 이후 올라가거나 더 올라가면 다시 주가가 조정을 받아도 이미 정배열로 패턴을 만들어놓

차트 1-3 롯데케미칼

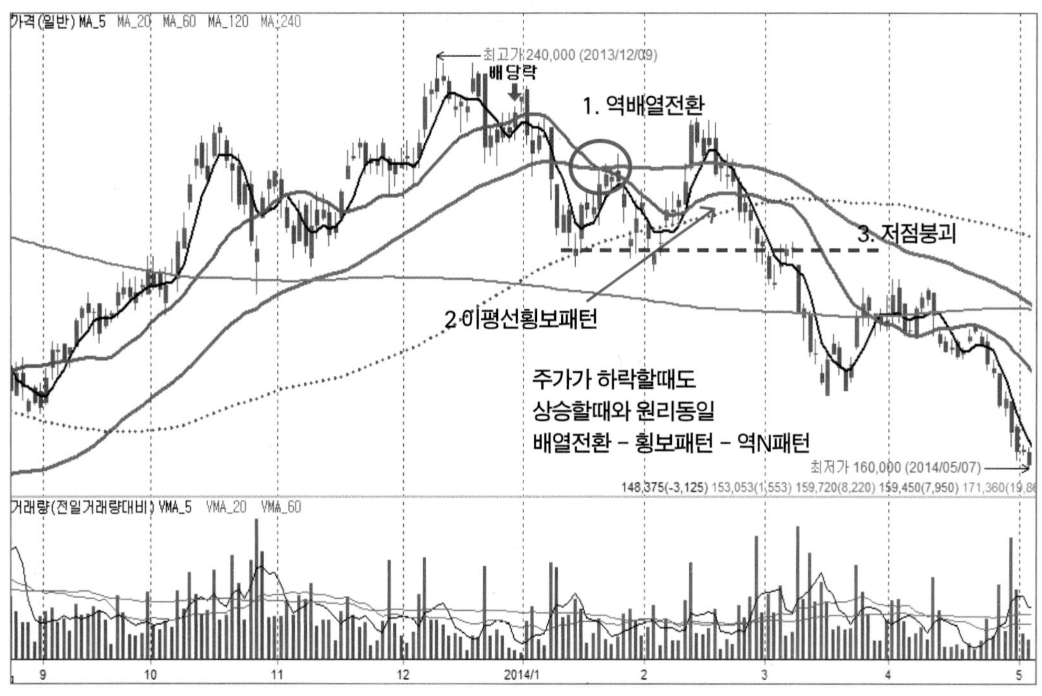

은 그 간격이 커서 재상승의 가능성이 커진다. 이 간격이 이미 발표된 33법칙 책에서 공부했듯이 첫 존이 된다.

첫 존의 간격은 넓어야 한다

이 첫 존의 간격이 넓으면 넓을수록 주가가 조정을 받아도 저점의 대기 매수세가 두텁다는 의미이고 그렇기 때문에 주가는 다시 작든 크든 일단 주가는 위로 상승할 가능성이 높다. 그래서 나온 법칙이 1파동이 강하면 3파동이 있다라는 것이다. 이번 달에도 주가가 크게 상승한 대박주의 공통점을 찾아보라. 그 공통점은 바로 파동 이평선인 1평선을 거의 가지고 있다는 것이다. 즉 20일선을 기준으로 5일선이 N자형 패턴이든 60일선을 기준으로 20일선이 N자형이든 더 큰 240일선을 기준으로 60일선이 N자형 패턴을 나타내고 있을 것이다. 결국 매월 월급처럼 안정된 수익을 벌기 위해서는 대박주의 가장 기본적 패턴이라 할 수 있는 파동이평선인 1평선의 원리를 깨우쳐야 할 것이다. 이것을 상방패턴이라 한다.

상방패턴이란

상방패턴이란 방향을 위로 정한 패턴이란 뜻이다. 일반적으로 20일선이 60일선 위 정배열 상황에서 N자형 패턴이 파동 이평선의 보편적인 것이고 이것을 20상방이라 한다. 20상방에 비해 위력은 작지만 빨리 바닥탈출과 꼭지패턴을 찾아내고 싶은 투자자는 5상하방을 알아야 한다. 왜냐하면 주가가 바닥에서 가장 먼저 나타나는 것 중 하나는 5일선 상방이고 역으로 주가가 꺾일 때 가장 유의할 것 중 하나도 5일선 역N자형인 5하방이기 때문이다. 그 이후 결정적으로 20상방과 20하방이 나오면 소위 게임오버다. 결국 성공적인 월급 만들기 프로젝트에 몰라서는 안 되는 것 중 하나가 파동 이평선인 1평선 법칙이다.

2평선은 2개의 이동평균선이라는 뜻으로 정배열과 역배열의 배열 이평선을 의미한다

2평선은 사람이 두 명만 모여도 나이를 묻고 형님과 동생의 서열이 정해지는 것을 연상하면 된다. 마찬가지로 이동평균선도 2개가 놓이면 정배열과 역배열이 정해지는 것이 배열 이평선이다.

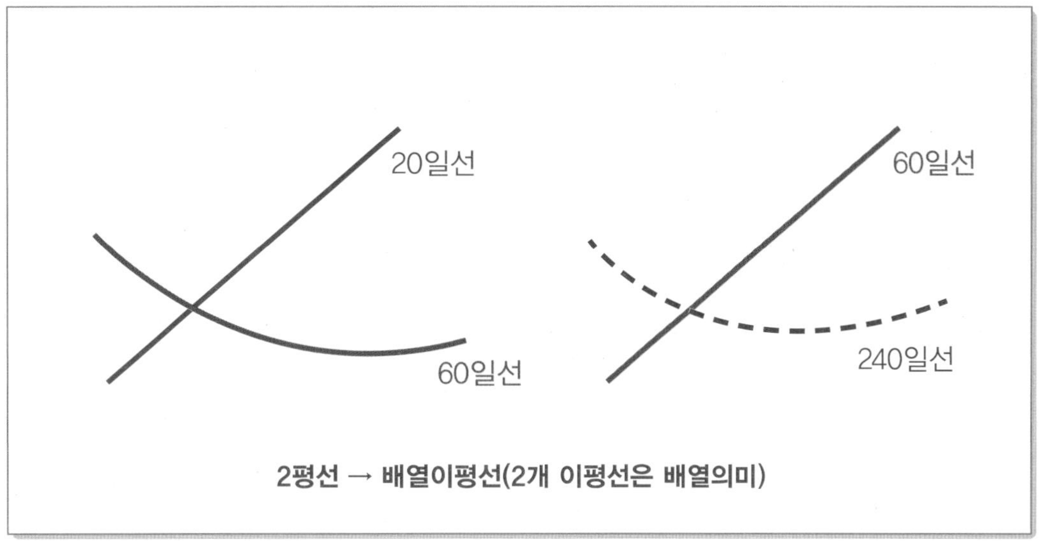

2평선 → 배열이평선(2개 이평선은 배열의미)

이동평균선의 기울기를 이용한 매매기법

주식투자를 할 때 이동평균선은 주식을 사고파는 의사결정을 함에 있어서 중요한 역할을 한다. 예를 들어 지금 주가가 조정을 받고 있어도 이동평균선이 상승하고 있으면 단기 조정 이후 다시 주가가 상승할 가능성이 높으므로 주식을 보유하고 있어야 하고 반대로 지금 주가가 상승하고 있어도 이동평균선이 하향이면 주식 매도를 고

> **주식격언**
>
> **반락이 얕으면 큰 시세가 온다**
> 시세는 수요와 공급에 의해서 결정되지만 공급보다는 주로 수요의 크기 여하에 따라 시세의 방향이 결정된다. 조정국면에서 반락이 얕으면 대기매수세가 강하다는 증거이므로 반등할 때 크게 오르고 반락이 깊으면 매수세가 약한 것이므로 반등시세는 강하기가 어렵다.

려해야 한다. 이것이 이동평균선의 기울기를 이용한 매매방법 중 하나이다.

이동평균선의 배열을 이용한 매매기법

그런데 이동평균선에는 기울기 기법과 쌍벽을 이루는 매매기법이 있는데 그것이 바로 이동평균선의 배열을 이용한 매매기법이다. 배열이란 2개의 이동평균선이 각각 어떤 위치에 있는가를 의미한다. 즉, 단기선이 위에 있고 장기선이 아래 있으면 안정적인 포지션인데 이것을 정배열이라 한다. 반대로 장기선이 위에서 누르는 패턴이고 단기선이 아래에 있으면 역배열로써 매물의 힘이 강하다는 것을 의미한다.

일상생활에서의 정배열과 역배열의 비유

정배열은 어린이 공원을 갔을 때 아빠가 머리 위로 어린아이를 목마 태운 장면을 그려보면 된다. 가벼운 아이가 위에 있고 덩치 큰 어른이 아래 있으므로 안정적이다. 반대로 역배열은 어린아이가 아직 크지 않았는데 마치 엄마 아빠를 업을 수 있다고 하여 어른이 살짝 등 뒤에 업힌 장면을 연상하면 된다. 가벼운 아이가 아래에 있으니까 안정적이지 못한 패턴인 것이다.

이동평균선 기법은 이렇듯 기울기와 배열이 가장 중요한 근간이 되는 기법이고 이것을 이용하여 주식을 사고파는 결정을 내리면 성공할 확률을 높이게 된다.

차트 2-1 현대중공업

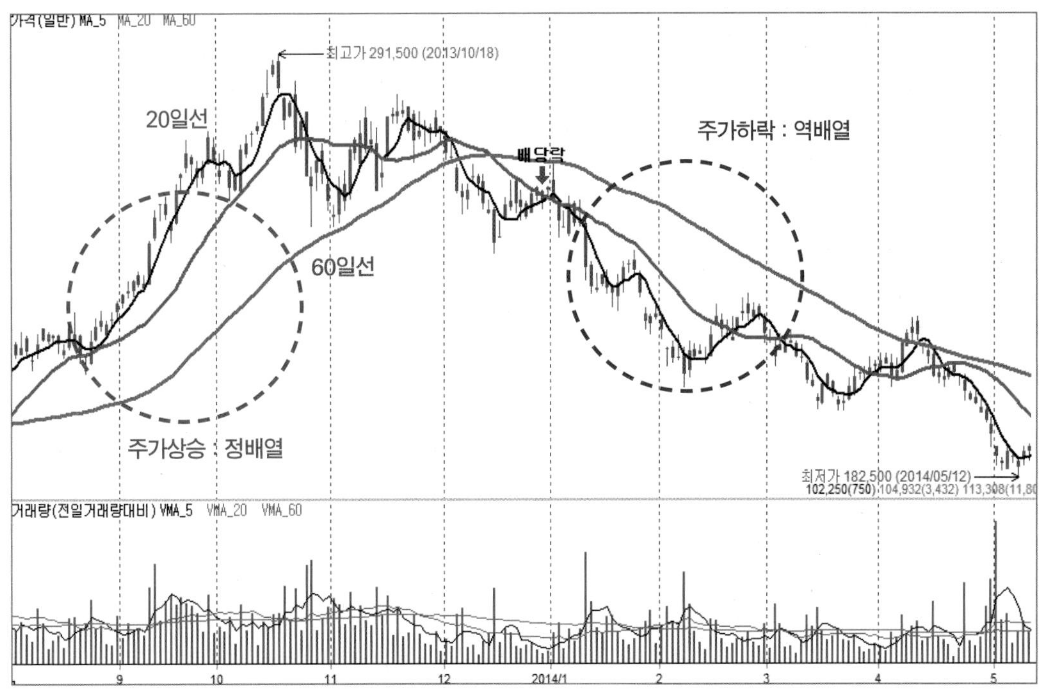

이동평균선에서 배열이 갖고 있는 의미

그렇다면 이동평균선에서 배열은 어떤 의미를 담고 있는 것일까? 먼저 정배열일 때는 주가가 상승하다가 조정을 받아도 아래에서 저점의 대기 매수세가 있다는 것을 의미한다.

이동평균선의 간격이 작을 때

이때 중요한 것이 서로 다른 2개의 이동평균선끼리의 간격이다. 만약 2개의 이동평균선간의 간격이 작으면 대기매수세도 작다는 것이기 때문에 하락하는 주식을 매수할 때는 주가가 다시 상승으로 돌아서는 신호를 확인하고 들어가는 것이 정석이다.

TIP 체크포인트

정비례주 역비례주

정비례주란 말그대로 종합지수가 상승을 할 때 같은 방향으로 움직이는 종목군이고 주로 이에는 대형주집단이 많이 포함됩니다. 반면 역비례주는 반대이거나 혹은 동조화 현상이 작은 종목군입니다. 여기에는 주로 코스닥에서도 물량부담이 적은 저가주들이 속합니다.

이동평균선의 간격이 클 때

반면 2개의 정배열 이동평균선의 간격이 크면 그만큼 대기 매수세가 강하게 포진되어 있다는 의미이므로 주가가 조정을 줄 때 원래의 매수신호인 이동평균선이 상향으로 턴하지 않아도 조정 시마다 분할하여 선 매수 공략을 할 수 있다. 특히 이때 그냥 마구잡이로 매수하는 것보다 캔들기법을 같이 사용하면 좋다.

캔들기법을 이용한 진입요령

진입요령은 정배열 상태의 이동평균선이 놓여있는 상황에서 주가가 조정을 주면 캔들이 양봉을 줄 때마다 분할 진입하는 것이다. 주가가 상승 전환하는 순서가 캔들 양봉 – 5일선 전환 – 20일선 전환의 순서이므로 이러한 주가의 성질을 이용하여 진입하면 되는 것이다.

반대로 매도도 마찬가지 원리를 적용한다. 주가가 반등을 줘도 상승하고 있는 주가 위에 역배열 이동평균선이 지나고 있으면 그 구간은 대기 매물이 기다리고 있으므로 유의하여야 한다.

어떤 배열의 이동평균선을 사용하는 것이 좋을까?

그렇다면 어떤 배열의 이동평균선을 사용하는지 알아보자. 여기에는 2가지가 주력으로 사용되는데 하나는 20일선과 60일선이고 다른 하나는 60일선과 240일선의 배열이다.

투자 경험이 적은 투자자라면 일단 먼저 20일선과 60일선을 익히는 것이 좋다. 가장 기본이 되는 이동평균선 기법이고 초보자라도

차트 2-2 SK텔레콤

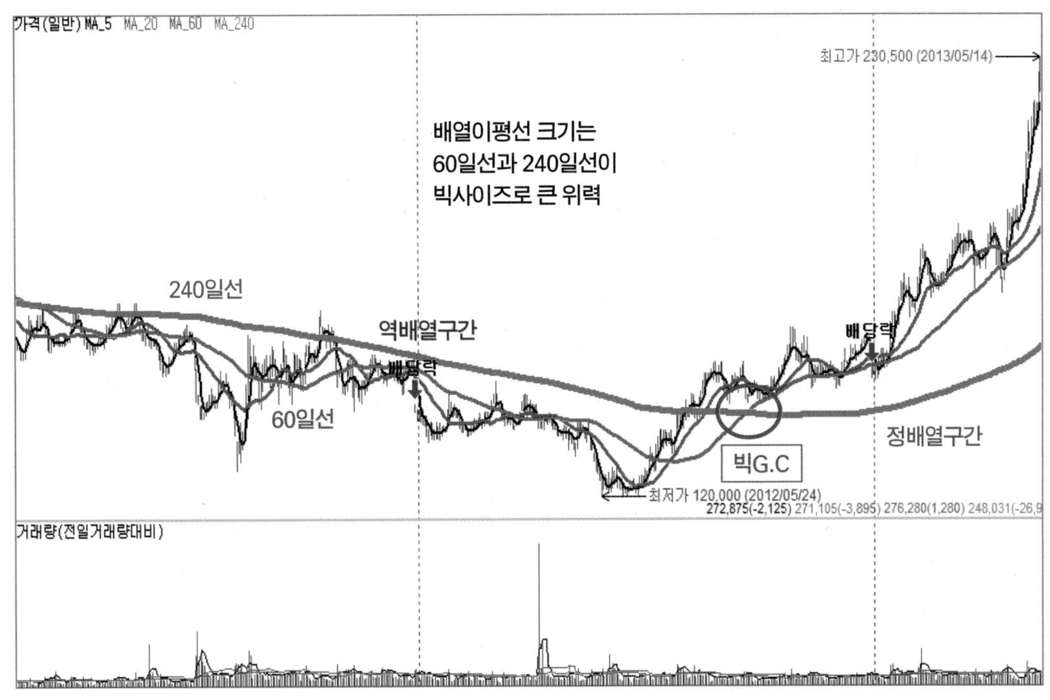

적용시키기가 쉽기 때문이다.

매월 투자에서 이익을 내려면 일단 최소한의 주가배열은 20일선과 60일선이 정배열인 종목 중에서 고르는 것이 좋다. 더 나아가 어느 정도 주식공부가 된 투자자라면 큰 흐름을 파악하는 데 도움이 되는 60일선과 240일선 기법을 마스터하고 매매에 임하는 게 좋다. 20일선과 60일선이 지금 주식을 살까 말까를 결정하는 데 도움이 된다면 60일선과 240일선은 큰 흐름의 맥을 잡는 데 도움이 된다.

그래서 60일선이 240일선을 하단에서 위로 뚫고 올라갈 때를 빅골드(Big G.C)라 하고 60일선이 240일선 위에서 상방의 패턴을 만들 때 빅머니 유입형이라 하는 것이다.

주식격언

주식투자는 절대적 유연성이 필요하다

주식투자는 자기나름의 소신을 가지고 해야겠지만 너무 자기 생각에 집착해서는 안된다. 고집이 지나치게 세고 융통성이 부족한 사람은 주식투자가 적성이 아닌 것으로 알려지고 있다.상황이 불리하고 자기 판단이 잘못되었다고 생각되면 하루 아침에 시세관을 180도 바꾸는 유연성이 주식투자에는 절대적으로 요구된다.

이동평균선은 안전그물이다

이동평균선은 안전그물이라고 보면 된다. 주가가 위에서 움직이다가 조정을 받는 것은 마치 공중그네를 타다가 아래로 떨어지는 것과 같다고 할 수 있는 것이다. 이때 아래 안전그물이 있으면 안전하듯이 아래 이동평균선이 정배열 상황에 놓여있으면 하락하던 주가는 일단 제동이 걸리게 되는 것이다.

따라서 어떤 주식에 대해 매수의 관심이 있으면 일단 그 주식의 주가 패턴이 정배열인가 아니면 역배열인가를 알아야 한다. 여기에 생명선인 20일선의 기울기가 상향인가 여부를 반드시 알고 베팅하는 것이 중요하다. 주식투자는 절대성의 게임이 아니라 확률의 게임이다. 수많은 종목 중 어떤 종목이 주가가 상승할 가능성이 높은가를 결정하고 그 종목에 베팅을 하는 것이다.

기관과 외국인들의 매매동향을 잘 살펴라

이럴 때 중요한 TIP이 있는데 그것은 바로 기관과 외국인들의 매매동향을 참조하는 것이다. 이들이 베팅을 하는 종목은 무엇보다도 펀더멘탈이 좋은 종목이 중심이 될 것이다. 그러한 종목이 2평선의 법칙대로 정배열의 패턴을 갖추고 있으면 금상첨화인 것이다. 즉, 내용물이 좋은 상품에 좋은 디자인이 결합된 찰떡궁합인 것이다. 처음 주식투자를 하는 초보투자자들도 가장 많이 듣는 것 중 하나가 골든 크로스와 데드 크로스라는 말일 것이다. 그 이유는 이러한 크로스가 바로 배열을 바꾸기 때문에 중요하므로 자주 거론되기 때문이다. 골든 크로스는 역배열을 정배열로 즉, 불안정한 주가패턴을 안정

차트 2-3 KOSDAQ

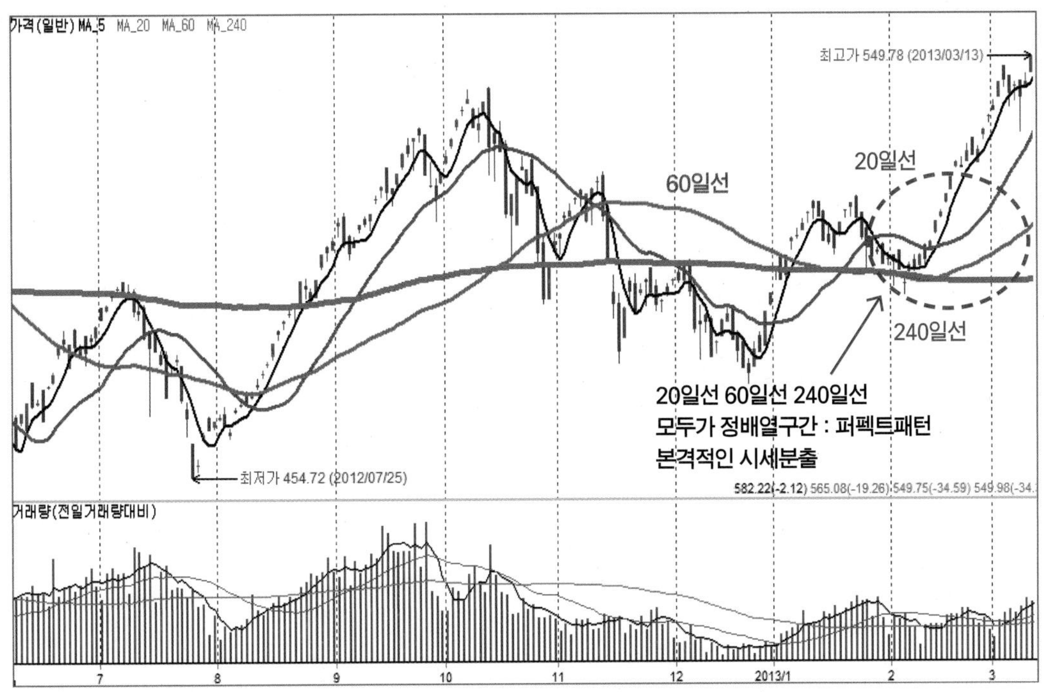

적으로 만드는 과정이고 데드 크로스는 정배열을 역배열로 만드는 과정이다. 따라서 항시 크로스가 어떤 상황으로 전개되는가를 확인하는 것이 주식투자에서 수익을 올리기 위해서는 매우 중요하다.

3평선

3평선은 3개 이상의 이동평균선이 한 점에 수렴하는 패턴으로 발산할 때 주가의 급등과 급락을 동반하는 블랙홀 이평선이다

3평선은 우주공간에서 모든 것을 빨아들이는 블랙홀을 연상하면 된다. 블랙홀이 모든 것을 빨아들이듯이 3평선도 3개 이상의 이동평균선을 한 점으로 빨아들이는 블랙홀 이평선인 것이다.

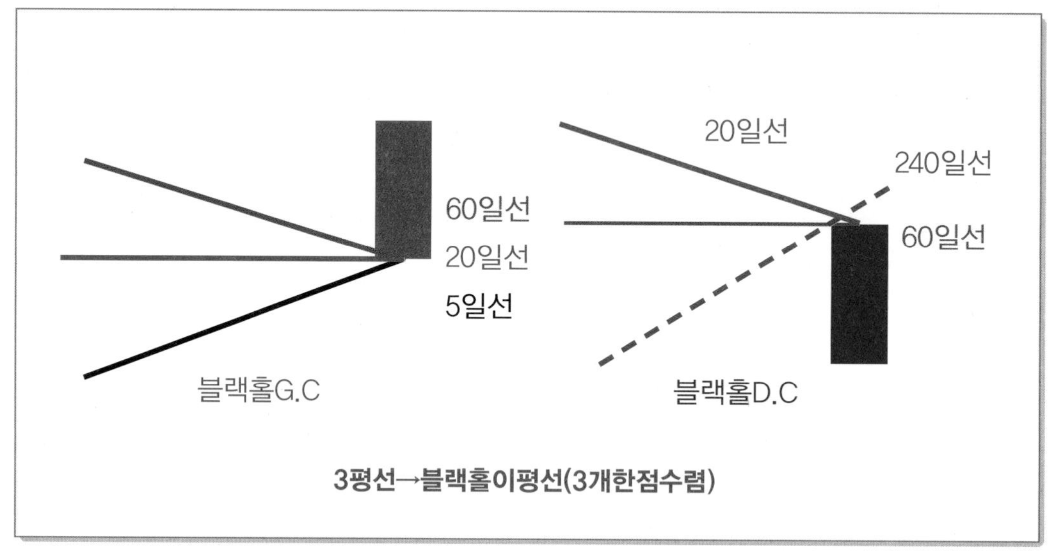

3평선→블랙홀이평선(3개한점수렴)

세력패턴

일반적으로 세력패턴이라는 표현을 쓸 때 그것은 잘 나타나지 않는 패턴이지만 일단 나타나면 큰 힘을 발휘하는 것을 일컫는 말이다. 장대 캔들을 몸통이 작은 일반 캔들과 비교하여 세력캔들이라 하는 것도 그 때문이다.

차트 3-1 휴온스

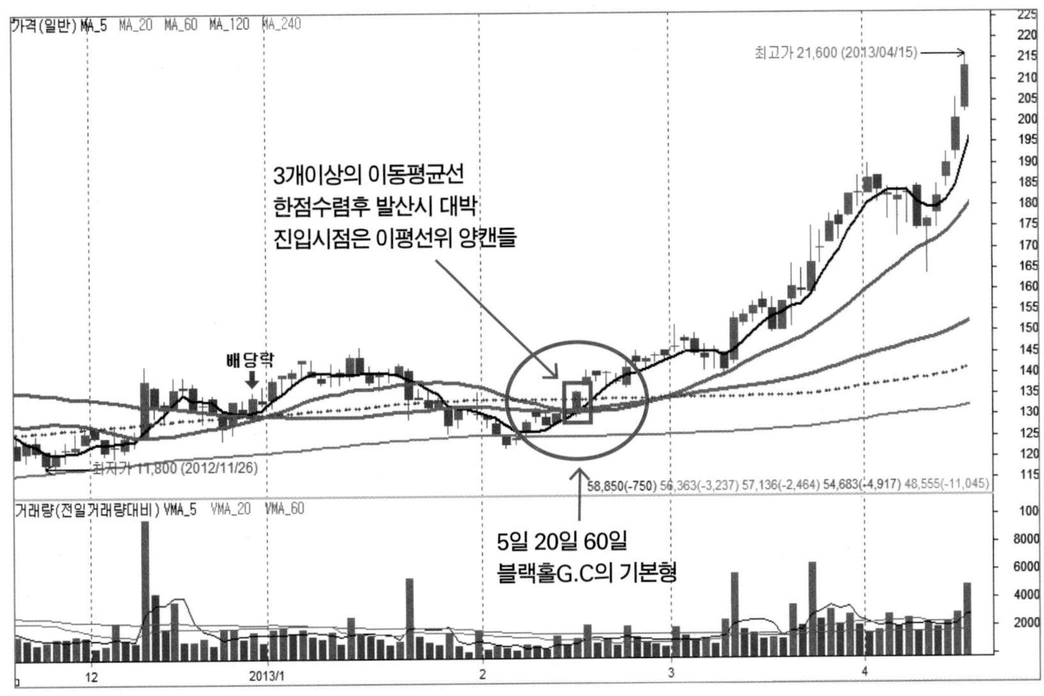

3평선이란

그렇다면 3평선은 어떤 것일까? 통상 2개의 이동평균선은 자주 크로스가 발생한다. 역배열에서 정배열로 크로스가 발생하는 것 다시 말해 단기 이동평균선이 장기 이동평균선을 아래에서 위로 치고 올라가는 것을 골든 크로스라 한다.

반대로 정배열에서 역배열로 바뀌는, 그래서 단기 이동평균선이 장기 이동평균선 위에서 아래로 내려가는 것을 데드 크로스라고 한다. 이럴 때 흔히 2개의 이동 평균선은 자주 골든 크로스와 데드 크로스가 발생한다. 이것은 세력형이 아니다. 앞서 언급했듯이 흔한 일이기 때문이다.

TIP 체크포인트

3중 침체
일봉상 투자심리도가 30이하, 미증시 하락, 미증시영향으로 다음날 시초가가 2gab하락 시작시를 3중침체라 합니다.

블랙홀 이평선 – 3평선법칙

그런데 여기에 최소한 하나가 더해지면 그것은 흔한 패턴이 아닌 게 된다. 3개, 4개, 5개 이렇게 2개 이상의 이동 평균선이 한 점에 수렴하듯이 모였다가 발산하는 이평선을 블랙홀 이평선이라 하고 3개 이상이 있을 때 그 의미가 있기에 3평선 법칙이라고 한다.

이동평균선의 수렴과 발산

이것은 이동평균선의 수렴과 발산의 성질을 이용한 것이다. 즉, 이동평균선은 서로 과다하게 벌어져 있으면 수렴하려 한다. 반면 수렴하여 만나면 그 다음 순서는 이동평균선끼리 서로 멀어지는 발산현상이 나타난다. 이 때 주가는 수렴할 때의 주가 위치에서 상당히 큰 간격으로 멀어진다. 만약 정배열 상태로 주가가 움직이면 주가가 위로 상당부분 상승하며 이것을 블랙홀 골든 크로스라고 하고 반대로 역배열 상태를 만들면서 흩어질 때 그것을 블랙홀 데드 크로스라고 하는 것이다.

블랙홀 골든 크로스와 블랙홀 데드 크로스의 구별방법

그렇다면 블랙홀 골든 크로스와 블랙홀 데드 크로스는 어떻게 구별하는 것일까? 그것은 3개 이상의 이동평균선이 모였을 때 캔들의 위치가 어디에 있는가에 따라 결정된다. 만약 3개 이상의 이동평균선이 모였을 때 제일 위에 있는 이동평균선 위로 캔들의 몸통이 놓였을 때 그것을 블랙홀 골든 크로스라고 한다.

반대로 모여 있는 3개 이상의 이동평균선보다 아래로 캔들의 몸통이 놓일 때를 블랙홀 데드 크로스라고 한다.

차트 3-2 한샘

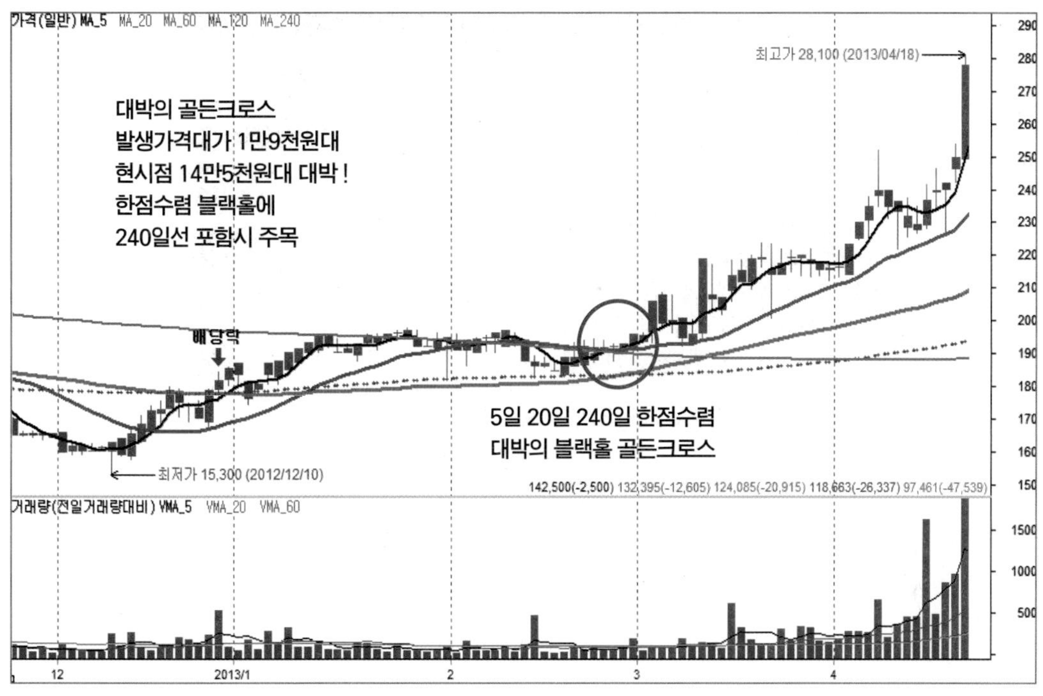

이동평균선의 위치 – 5일선

여기서 중요한 점검 포인트가 있다. 하나는 5일 이동평균선의 위치다. 만약 3개 이상의 이동평균선이 모였을 때 5일선이 포함되어 있으면 베팅은 즉각 진입하는 것이 정석이다. 예를 들어 블랙홀 골든크로스면 매수를 바로 진입하는 것이 좋다. 대신 5일선이 멀리 떨어져 있으면 바로 진입하는 것보다는 5일선이 꺾이는 것을 기다렸다가 다시 상승 전환하는 변곡에 진입하는 것이 정석이다.

5일선의 위치에 따른 베팅 타이밍

그럼 왜 5일선의 위치에 따라 베팅의 타이밍을 다르게 가져가는 것인가? 그것은 현재 주가와 블랙홀 이평선과의 이격을 고려하기 때

> **주식격언**
>
> **팔고나서 올라도 애통해 하지 마라**
>
> 주식을 팔고 나서 오르면 일반 투자자들은 몹시 애통해 하는 것이 보통이다. 팔고 나서 오르는 것이 겁이 나서 제때에 팔지 못하는 사람도 많다. 주식은 천정에서 파는 소수의 사람을 제외하고는 팔고 나서 오르는 것이 정상이다. 팔고나서 오르면 여유있게 웃어라.

문이다. 즉, 5일선이 가까이 있으면 과다이격이 아니므로 곧바로 진입을 하고 멀리 떨어져 있으면 회귀성으로 돌아온 다음 다시 변곡하는 시점에 들어가는 것이 유리하기 때문이다.

이동평균선의 위치 – 240일선

5일선 위치 외에 또 하나의 점검 포인트가 240일선이다. 블랙홀 이평선을 만들었을 때 240일선이 포함되어 있으면 나중에 발산을 할 때도 상당히 큰 폭으로 발산한다. 당연히 이동평균선이 작은 것보다 큰 것이 간격을 벌릴 때 그 폭이 크기 때문이다. 따라서 240일선이 블랙홀 이평선에 포함되어 있을 때 그것을 단순한 블랙홀 이평선이 아닌 대박의 블랙홀 이평선이라고 한다.

블랙홀 이평선이 나타날 때 유의할 점

그러면 블랙홀 이평선이 나타날 때 유의할 점은 무엇인가? 그것은 바로 캔들이 위치를 바꿀 때이다. 예를 들어 블랙홀 골든 크로스는 3개 이상의 이동평균선이 수렴한 다음 캔들의 위치가 이평선보다 위에 있고 블랙홀 데드 크로스는 반대로 아래에 있다. 그러므로 만약 블랙홀 골든 크로스의 위치에 캔들이 놓여 있다가 블랙홀 데드 크로스로 이동하면 리스크 관리를 해야 하고 반대로 블랙홀 데드 크로스의 위치에 있다가 블랙홀 골든 크로스로 진입하면 공격적 모드로 전환시켜야 한다.

주식 투자를 할 때 이렇듯 시세가 변하면 그에 따른 전략도 신속하게 바꿀 줄 알아야 한다. 머뭇거리면서 전략을 바꾸지 못하면 블랙홀 골든 크로스 시 이익을 보지 못하게 되고 블랙홀 데드 크로스

차트 3-3 현대미포조선

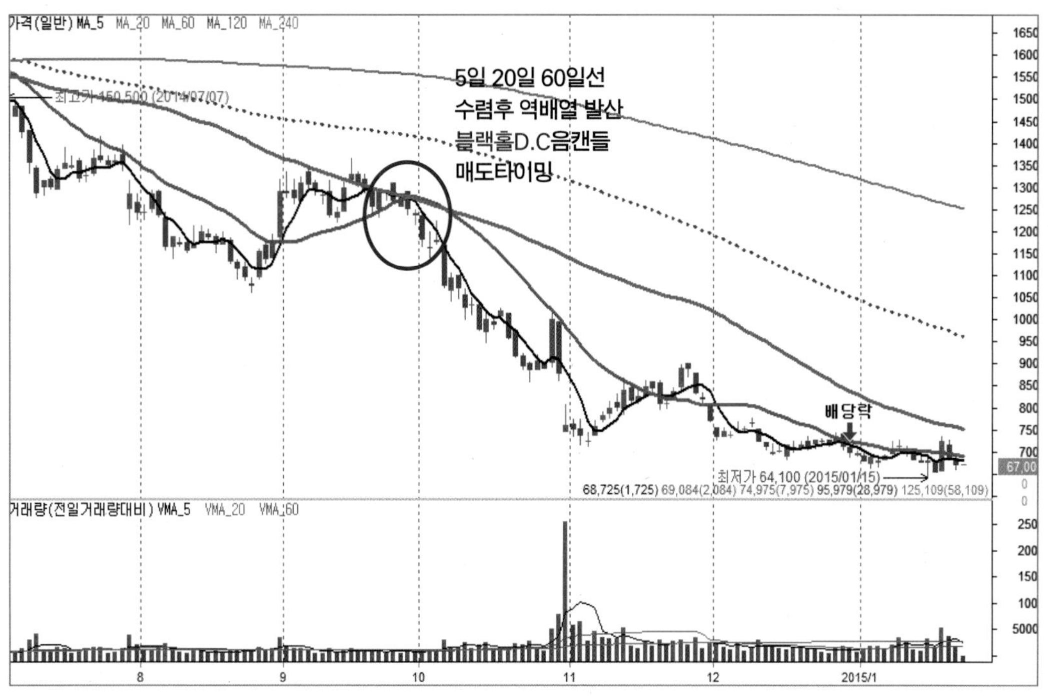

에서는 손해를 크게 볼 수밖에 없을 것이다. 항시 시세가 바뀌면 전략이 바뀐다는 것을 염두에 두고 매매를 해야 투자에 성공할 가능성이 높다는 것을 잊지 말아야 한다.

블랙홀 크로스에서 주목할 점

그렇다면 블랙홀 크로스를 만들 때 이동평균선은 어떤 상황이고 또 시세가 발산할 때는 어떤 패턴을 보이는 것일까? 일단 한 점에 수렴하는 과정을 보일 때 모두가 역배열로 진입하지 않아도 된다는 점을 고려해야 한다. 블랙홀 크로스에서 중요한 것은 들어올 때의 배열이 아니라 발산하면서 나갈 때의 배열이다. 블랙홀 크로스를 만들 때는 서로 다른 배열을 가지고 들어왔다가 만약 그것이 블랙홀 골든 크로스를 만들면 서서히 모든 이평선이 시간을 두고 정배열로 발산하고 반대로 블랙홀 데드 크로스일 때는 역배열을 만들게 되는 것이다. 이것은 캔들이 아니고 이동평균선이기 때문에 완성된 배열을 만들 때까지 일정 시간이 소요된다는 점도 알고 있어야 한다.

또한 블랙홀 이평선은 하나의 종목에서는 자주 나타나지는 않지만 만약 2000개가량의 종목이라면 종목마다 돌아가면서 심심치 않게 볼 수 있다. 따라서 주요한 패턴은 몇 번이고 반복하여 보고 그 패턴을 체화시켜서 종목을 발굴할 때 사용하면 수익과 직결시킬 수 있다. 특히 블랙홀 골든 크로스가 나타날 때 20일선이 외바닥에서 만드는 것보다 쌍바닥 패턴에서 만들 때 성공의 확률이 더 높다. 그래프 상에서 2개가 아닌 3개 이상의 이동평균선이 만나서 만드는 3평선 법칙은 시세의 분출 전 진입하는 것이 기본 베팅 타이밍이고 그 이후 시세가 크게 발산한다는 점에서 반드시 익혀 놓아야 할 이평선 법칙인 것이다.

4평선 4평선이란 하락기조 종목이 상승기조로 전환될 때 중장기이평선을 4개 돌파하는데 이것이 빅4이평선이다

4평선은 빅4의 의미로 야구의 4번 타자를 연상하면 된다. 보통 각 팀에서 4번 타자면 홈런타자로 덩치가 크듯이 주가가 상승기조로 전환할 때 덩치 큰 4개의 장기선을 돌파하는데 이를 빅4이평선이라 부른다.

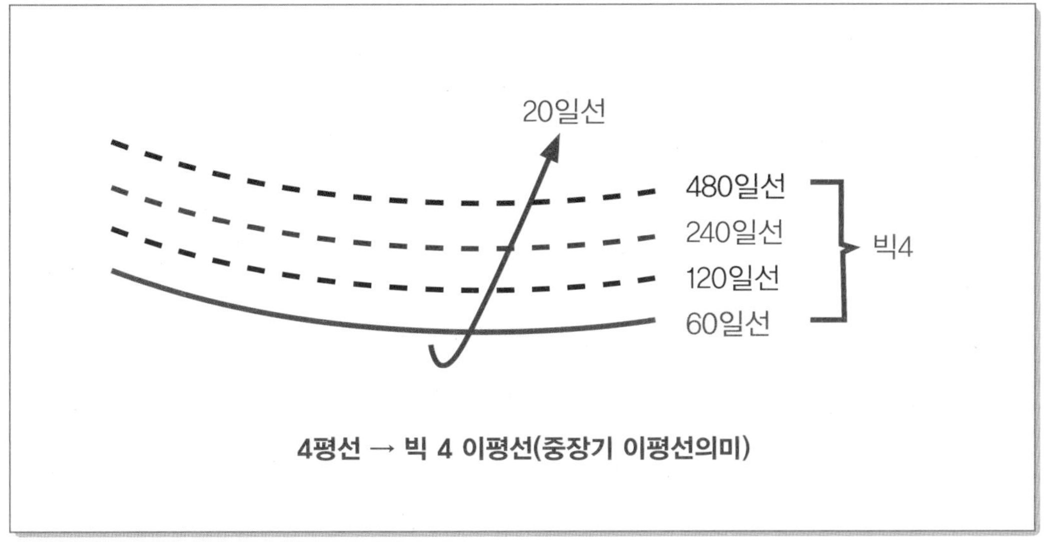

4평선 → 빅 4 이평선(중장기 이평선의미)

주가가 상승기조로 돌아서는 때를 잘 잡아라

주가가 하락세를 보이다가 상승기조로 돌아설 때 이것을 찾아내는 것은 상당히 어려운 일이다. 왜냐하면 주가가 고점에서 바닥까지 내릴 때 단 한 번의 반등도 주지 않고 하락하다가 실제로 바닥을 찍었을 때 처음으로 주가가 상승하기 시작한다면 첫 상승 시점을 상승기조로 전환하는 타이밍으로 잡으면 되기 때문이다. 그러나 주가는 고점을 찍은 다음 진정한 바닥까지 하락할 때 그냥 수직하락 하는 것이 아니라 수 없이 많은 크고 작은 반등을 준다. 그러므로 그 수차례의 반등 중에서 가(假)바닥이 아닌 진(眞)바닥을 찾는다는 것이 거의 불가능에 가까운 일인 것이다. 주가의 바닥이란 99번의 반등시도가 속임수이고 한 번의 바닥이 진바닥인 셈이기 때문이다.

투자명인들의 증시 격언

따라서 수익을 내려면 바닥을 잡으려 하는 것보다 뭔가 다른 방법을 택해야 한다. 과연 그것은 무엇일까? 증시 격언에서 그 답을 찾을 수 있다. '머리와 꼬리는 남에게 주어라!', '무릎에서 사고 어깨에서 팔아라!', '2부에서 사서 8부에서 팔아라!' 이 주옥같은 증시 격언은 주식투자에 성공하려 하는 투자자들이 어떤 자세로 주식을 사고팔아야 하는가를 역사속의 투자명인들이 일깨워준 것이다. 즉, 주식의 바닥을 잡으려 해보았자 의미가 없고 바닥에서 잡았다한들 실제 수익과는 거리가 멀다. 왜냐하면 바닥을 잡기 전에 이미 99번의 속임수에서 손해를 보았기 때문에 한 번 성공한다고 계좌 수익이 플러스가 나올 수 없기 때문이다.

1개의 바닥을 버려라

따라서 수익을 내기 위해서는 증시격언처럼 발상의 전환이 필요하다. 바로 그것은 1개의 바닥을 잡으려 하다가 99번 속지 말고 차라리 1개의 바닥을 버리는 것이다. 그래야 1번 속고 99번 속지 않는 것이 된다.

차트 4-1 웹젠

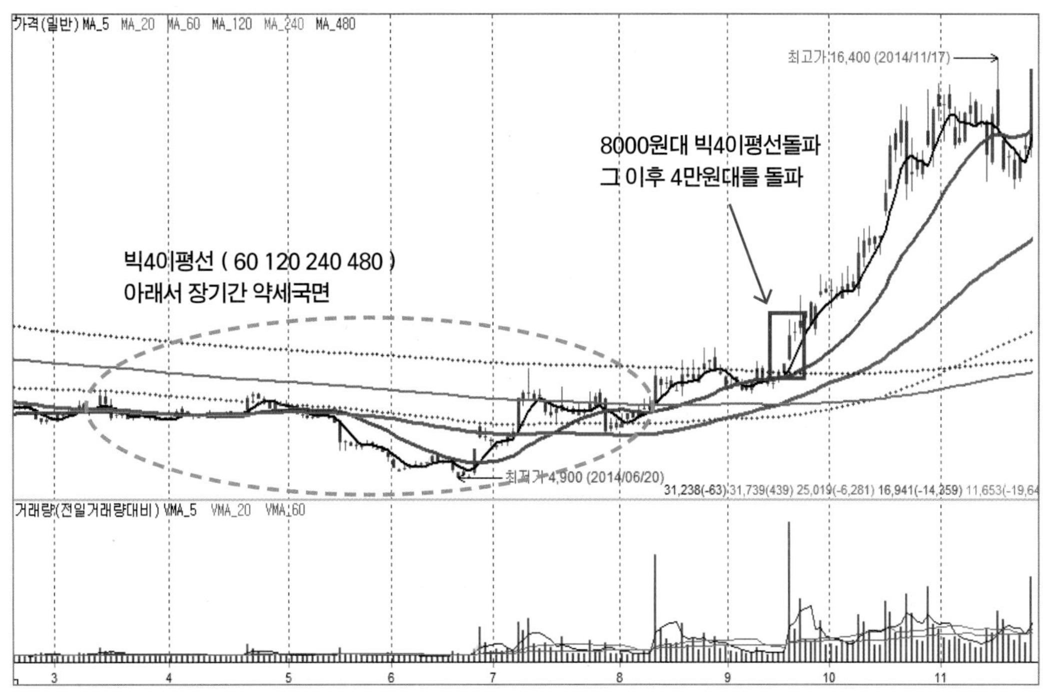

상승초기를 잡아라

그렇다면 바닥대신 무엇을 잡아야 하는 것일까? 그것은 상승초기다. 바닥을 잡으려 무모하게 시도할 것이 아니라 바닥에서 이제 막 상승하기 시작하는 상승초기를 잡으려 한다면 그것은 가능하다. 위에서 언급한 머리와 꼬리는 남에게 주어라 등의 증시격언은 바로 이러한 부분과 일맥상통하고 있다.

상승초기를 잡는 방법 – 빅4이평선

그렇다면 상승초기는 어떻게 잡는 것인가? 그 방법 중 하나가 바로 빅4이평선 기법이다. 빅4이평선이란 단기선인 5일과 20일선이 아닌 '60' '120' '240' '480'일 선이다. 이러한 장기 이동평균선을 통과

TIP 체크포인트

과열
투자심리도 70이상, 미증시 급등, 다음날 시초가 2gab상승을 3중과열이라 합니다.

하면 그 시세는 의미가 확실하게 있다는 것으로 해석되는 것이다. 여기에 중요한 조건이 있는데 이때 이 장기 이동평균선인 빅4가 거의 수렴하는 패턴이어야 한다는 것이다. 왜냐하면 이 4개의 이동평균선이 서로 많은 간격을 가지고 벌어져 있으면 빅4를 통과할 때 주가가 하단에서 올라간 폭이 커서 비능률적이기 때문이다. 빅4 패턴은 마치 어부가 바다에 그물을 던지고 그것을 끌어올리는 장면을 연상하면 된다. 그물을 던질 때는 펼쳐 나가지만 끌어당겨질 때는 어부의 손을 중심으로 그물들이 수렴하는 양상을 띤다. 그렇듯이 빅4이평선이 수렴하는 패턴이 좋은 것이다.

빅4이평선이 수렴하려면

그럼 어떻게 해야 이 4개의 빅4이평선이 수렴하는 것일까? 보통 주가가 이 빅4이평선인 '60' '120' '240' '480'일선을 돌파하기 전에 그 아래 하단에서 들었다 놨다하면서 저점을 깨지 않고 시간을 보내줘야 한다. 그렇게 되면 이동평균선의 기울기에 영향을 주는 이탈하는 예전의 주가가 점차 낮아지기 때문에 위에서 내려가던 4개의 빅4이평선은 하락각도가 완만해 지고 주가가 상승을 주었을 때 완벽한 상승기조의 전환을 알리는 신호로 쓸 수가 있다.

반면 하단에서 위아래 기간적으로 숙성되지 않고 움직이면 빅4이평선의 하락각도가 강하게 내리꽂는 패턴이 되어버리기 때문에 의미있는 상승기조로의 전환이 어렵게 되는 것이다. 따라서 빅4이평선을 돌파하기 위해서는 여러 차례 물량소화가 필요하고 그래서 이 라인들을 돌파할 때 그 의미는 단순한 반등이 아니라 기조의 전환을 알

차트 4-2 아모레퍼시픽

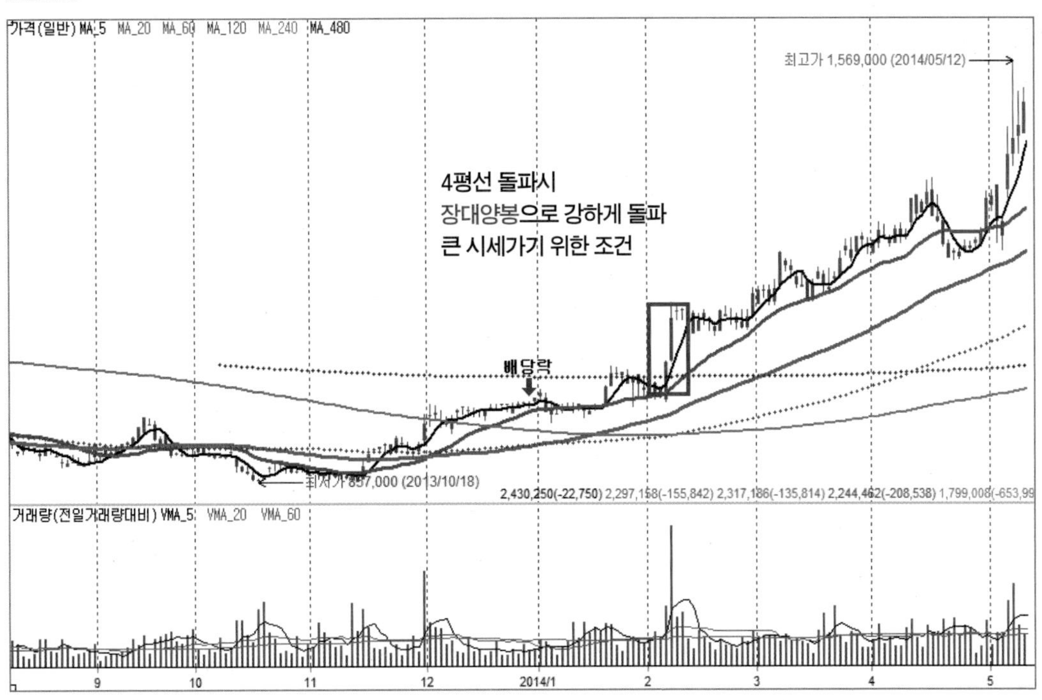

리는 신호라고 할 수 있는 것이다. 특히 주가의 의미 있는 패턴이 공통적으로 가지고 있는 것이 역할 전환이다. 빅4이평선도 마찬가지로 주가가 뚫고 올라간 다음 역할전환 패턴을 만들면 그 의미가 높다.

역할 전환패턴을 만드는 법

그렇다면 역할 전환패턴은 어떻게 만드는가? 첫 단계가 생명선인 20일선이 빅4의 장기 이평선을 돌파하는 것이다. 그 다음 두 번째 단계가 주가가 상승했으니 조정을 받는데 이 때의 조정이 기간조정이다. 주가의 패턴은 옆으로 누운 과정을 보이는데 20일선이 올라갈 때와는 다르게 완만한 각도로 횡보하는 모양이 나온다. 그리고 맨 마지막 과정은 고점돌파의 N자형 패턴이 나오는 것이다. 그럼 빅4이평선은 그 동안 저항의 벽으로 작용하다가 이제는 주가가 조정을 받을 때마다 아래에서 떠받쳐주는 지지선으로 바뀌었다는 것을 선언하게 되는 것이다.

화면의 상하 스케일을 크게 잡자

이 때 한 가지 TIP은 이것을 일봉화면으로 보면 480일선까지 나타내야 함으로 화면의 상하 스케일을 크게 잡아야 한다는 것이다. 즉, 화면의 고점과 저점간격이 커야하므로 현재 움직이는 시세가 너무 작게 보이는 경우가 발생할 수 있다. 이럴 때는 이것을 월봉이나 주봉으로 대체시켜 보면 아주 편하게 볼 수 있다. 월봉의 경우는 장기선이 문제이므로 '120일선' '240일선' '240일선' 대신 '6개월' '12개월' '24개월선'을 보고 여기를 안착하는 시점을 점검하면 된다.

주봉의 경우에는 '4' '13' '26' '52' '104주' 등으로 세팅하여 보는 것이 좋고 중요한 것은 일봉을 축소한 것으로 보기 때문에 되도록 일봉에서 사용하는 이동평균선과 주봉에서 대신할 이동평균선의 색깔을 같은 색으로 하면 편하다. 예를 들어 20일선을 빨간색으로 사용하면 20일은 4주이므로 주봉의 4주선도 일봉과 같은 빨간색으로 표시하는 것이다.

초보투자자인 경우에는 일봉의 경우 '5' '20' '60일선'까지 보고 나머지는 월봉에서 '6개월선' '12개월선' '24개월선'을 세팅해 놓고 보는 것이 편하다. 대신 어느 정도 그래프가 익숙해지고 공부가 된 상황이라면 일봉에서는 120일선과 240일선까지 보는 것이 투자판

> 주식격언
>
> **여유자금으로 투자하라**
>
> 목숨이 걸린 돈이나 비상금으로 주식투자를 해서는 안된다. 주식 시장의 시세가 좋다고 해서 생활비나 용도가 정해진 자금들을 동원해서 투자했다가 주가가 크게 하락하면 큰 손해를 보고 팔아야 한다. 그러므로 투자자금은 여유자금으로 한정해야 하며 투자자금을 항상 100% 주식에 투자한 상태로 끌고 가는 것은 좋은 방법이 못된다. 항상 현금보유비율을 일정수준 유지해야 하는 것이 좋다.

차트 4-3 삼성중공업

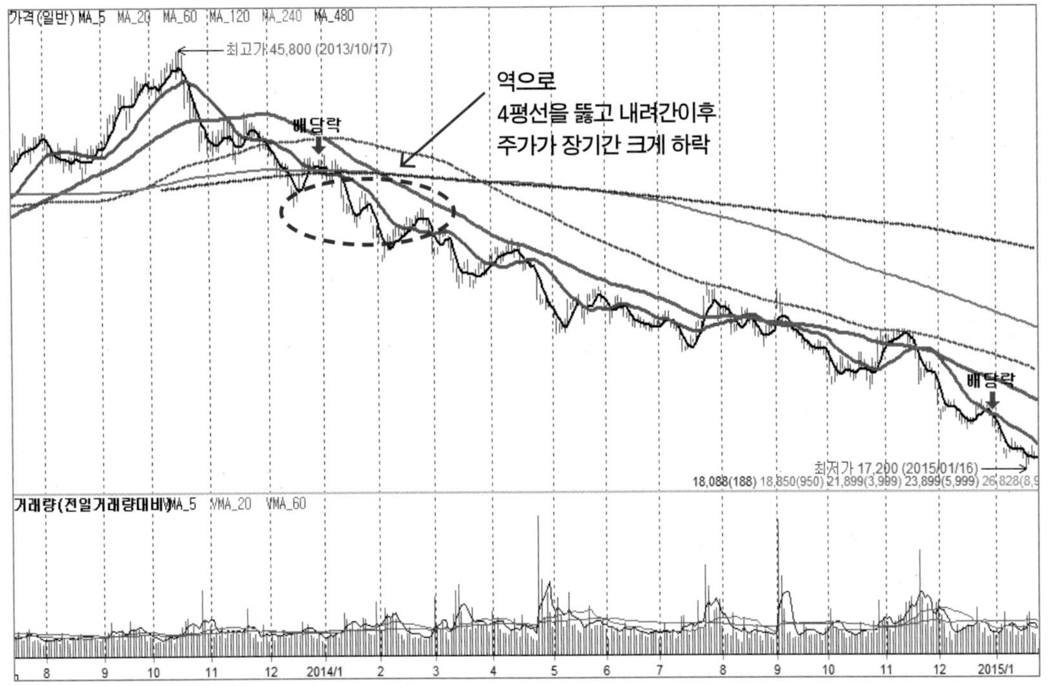

단에 도움이 되는데 그 이유는 120일선과 240일선은 펀더멘탈을 알려주기 때문이다. 그리고 빅4이평선을 볼 때 480일선 하나만 추가하면 된다.

5 평선

5평선은 이동평균선의 파동이 5파동 째라는 뜻으로 5파동 이후 시세 방향을 바꾸는 마지막 파동 이평선이다

5평선은 손가락 5개와 주먹 하나를 연상하면 된다. 손가락 5개를 접으면 주먹 하나가 되면서 펼쳤던 모양과 반대로 접히듯 큰 이평선의 방향을 바꾸는 5평선이 마지막 파동 이평선이다.

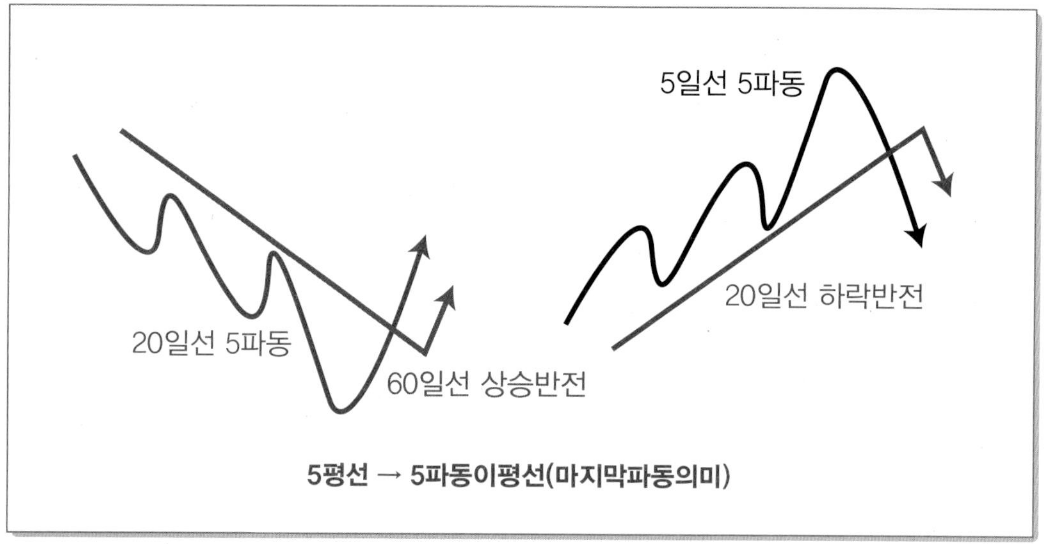

5평선 → 5파동이평선(마지막파동의미)

피면 지고 차면 기울고

아무리 아름다운 꽃도 때가 되면 시들기 마련이고 떨어진 꽃은 다시 시간이 지나면 피기 마련이다. 같은 뜻으로 달도 차면 기울고 기운 달은 다시 시간이 지나면 차오른다. 주가도 마찬가지 흐름을 가지고 있다. 아무리 잘나가던 주가도 일정한 가격대까지 오르면 하락을 하게 되고 하락하던 주가도 어느 정도 하락하게 되면 상승을 하게 된다.

차트 5-1 LG전자

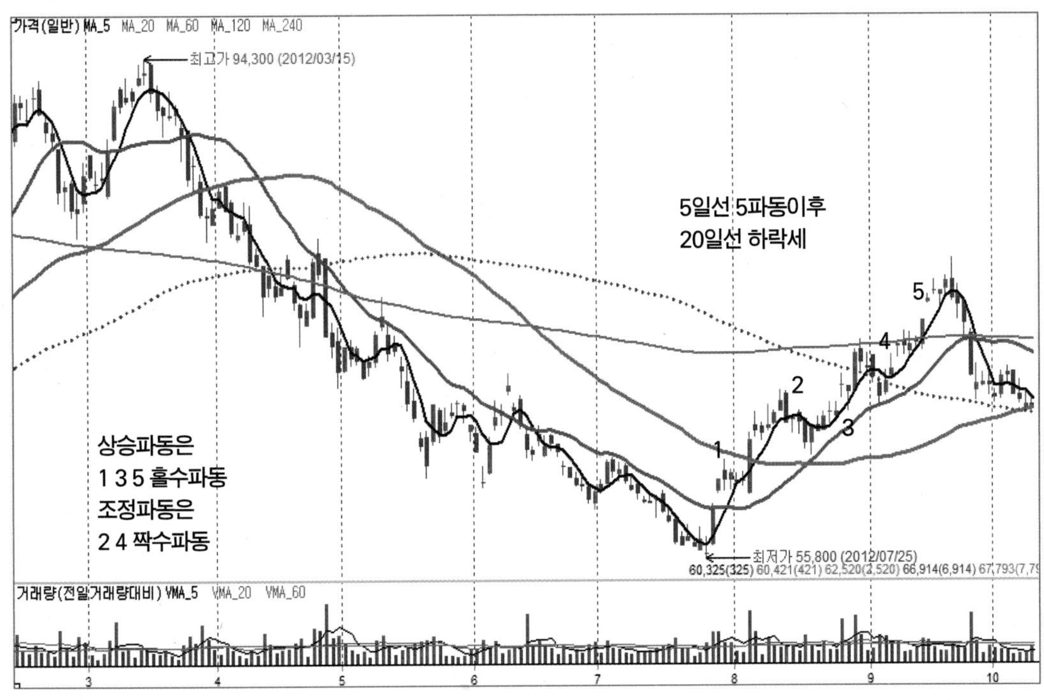

주가가 오르내리는 이유

과연 그렇다면 주가의 이러한 성질은 왜 나타나는 것일까? 여기에는 2가지 이유가 있는데 첫 번째가 바로 경기 사이클 때문이다. 즉, 경기가 계속 호경기만 있는 것도 아니고 반대로 불경기만 있는 것도 아니기 때문이다. 호경기를 포함한 경기 확장기 국면에 회사는 이익을 많이 내고 반대로 불경기를 포함한 경기 수축기에는 수익은 줄어들 수밖에 없기 때문에 경기가 사이클이 있듯이 주가도 오르내림이 있는 것이다.

두 번째는 주가가 움직일 때 지그재그 패턴의 성질이 있기 때문이다. 즉, 일정부분 상승하면 눌러줬다가 다시 상승하는 성질이다.

TIP 체크포인트

반작용
고점돌파하거나 저점붕괴할때 의미있는 이평선을 돌파하거나 붕괴할때 조정받는걸 반작용이라 합니다.

5파동 이평선이란

그렇다면 5파동 이평선은 무엇이고 왜 이것을 마지막 파동 이평선이라 하는 것일까? 5파동이란 주가가 정상적인 흐름을 가져갈 때 큰 파동 하나가 움직이는 목표치 파동이다. 예를 들어 20일선이 한 파동 상승을 한다고 가정을 하면 그것이 어디까지 갈 것인가를 따져볼 때 5일선이 5파동까지 상승한 다음 꺾일 때가 목표치로서 그 때 20일선도 같이 꺾이게 된다. 즉, 작은 것이 한 쪽 방향으로 5파동만큼 움직이게 되면 주가는 큰 것 하나의 파동이 마감하게 되고 주가는 반대방향으로 움직이는 성질을 갖는다. 따라서 5파동 째면 반대방향의 파동으로 움직이게 되므로 같은 방향으로 움직이는 파동의 마지막이 된다. 그래서 주가의 5파동 이평선을 마지막 파동 이평선이라 하는 것이다.

정상적인 파동일 때 주가가 5파동으로 움직이는 것을 알면 다음 대응을 하기 쉬워진다. 즉, 주가가 일단 5파동 째가 되면 방향이 바뀔 가능성에 대비하는 것이다. 물론 주가는 5파동보다 더 가는 연장파동이 있고 5파동보다 짧은 미완성 파동이 있다. 대개 시장은 연장파동 쪽보다는 5파동이거나 미완성 3파동으로 움직이는 경향이 강하다. 그렇다면 3파동에서 방향을 전환하는 것이라면 몰라도 일단 5파동 째면 반대방향의 전략을 미리 생각할 수 있는 것이다. 5파동 상승이면 그 5파동보다 더 큰 이동평균선의 하향조정을 고려해야 하고 반대로 5파동 하락이면 큰 파동의 상승전환을 고려할 수 있는 것이다.

정상파동일 때 주가의 패턴

그렇다면 주가의 큰 흐름이 정상파동으로 전개되면 주가는 어떤

차트 5-2 SK하이닉스

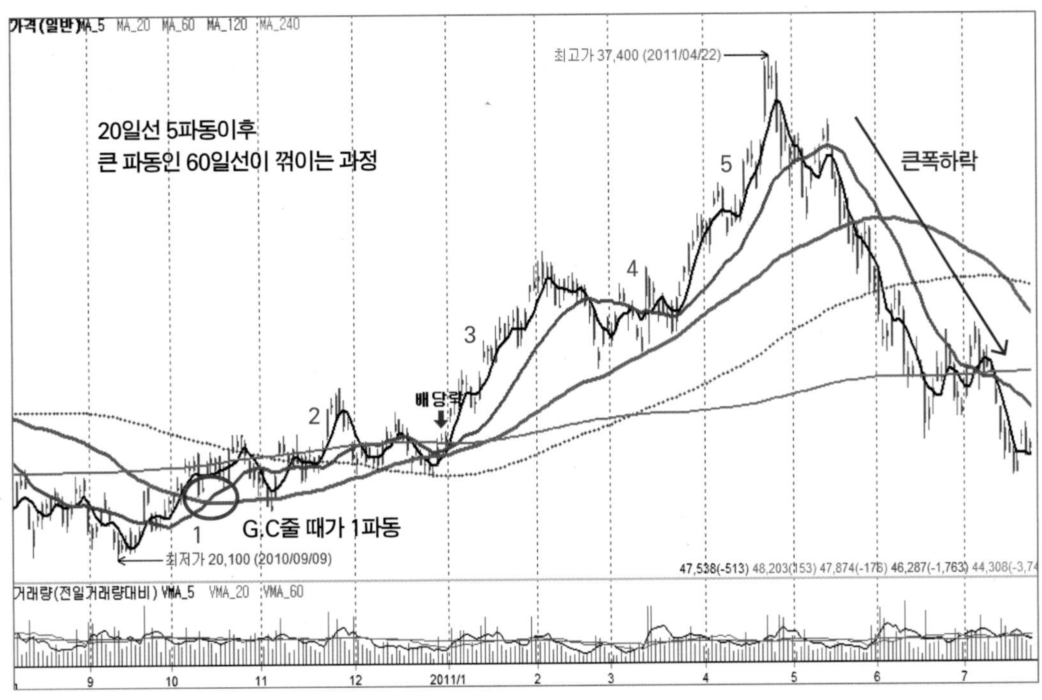

패턴을 보이며 움직일 것인가? 일단 월봉의 6개월선이 상승 파동으로 진행된다. 이럴 때 월봉의 6개월선보다 작은 파동인 60일선은 5개의 파동으로 움직이고 각각 60일선 한 개의 파동은 그보다 작은 20일선 5파동으로 움직인다. 마찬가지 원리로 20일선 한 파동에 대해 5일선이 5파동으로 움직이는 것이 정상파동의 원리다.

휙파동(휙파동)이란

여기서 주목할 것 중 하나는 주가가 5파동 즉, 마지막 파동으로 움직일 때는 5파동 째 길이가 짧게 움직이는 경우가 많다. 그래서 5파동을 휙파동 혹은 바람처럼 빨리 사라진다 해서 속칭 휙파동이라고도 한다. 또한 주가가 5파동 째 움직일 때는 유의해야 하는데 특

주식격언

매입가격은 잊어버려라

많은 투자자들이 자기의 본전을 기준으로 매매를 결정하기 때문에 적절한 매도 시점을 놓친다. 매매시점 결정에 있어서 자기가 산 값 같은 것은 전혀 고려되어서는 안되고 오로지 앞으로 주식 이 더 오를것인가 내릴것인가의 전망에 따라서만 결정하여야 한다.

히 5일선 5파동이 그러하다. 20일선의 경우 5파동이어도 20일선이라 어느 정도 수익의 폭이 나오는 경우가 꽤 있지만 5일선 5파동은 상대적으로 짧기 때문에 새로이 주식을 매수하는 것보다는 이미 가지고 있는 주식의 이익을 챙기는 구간으로 정해놓는 것이 유리한 경우가 많다. 즉, 매수는 5파동 이전에 끝내야 한다.

5파동 째를 조심하라

아무리 강한 화살도 결국은 땅에 떨어지듯이 5파동 째 가서 공격적으로 매수하는 것은 무리수다. 그런데도 일반투자자들은 5파동에서 주식을 많이 매수해서 당하는 경우가 많다. 그 이유는 5파동으로 움직일 때 일반투자자들은 그 움직임을 확신하기 때문이다. 파동이 5파동이라는 것은 상승파동으로 보면 3단계 상승이다. 주가가 처음 상승할 때는 지속적으로 상당기간 하락하다가 상승하니까 상승에 대해 긴가민가해서 잘 반응을 못한다. 2단계 상승을 할 때는 조금 맛만 보는 경우가 많고 다시 3단계 상승 즉, 3번째 상승하게 되면 일반투자자들은 현재의 주가상승에 확신을 가지고 공격적으로 주식을 매수하게 된다. 이때 오히려 앞에서 주식을 샀던 세력들은 주식을 팔게 되는 것이다. 결국 5파동은 일반투자자와 세력 간의 손바뀜이 가장 활발하게 나타나는 구간이라 할 수 있다. 파동을 계산할 때 유의할 것은 첫 번째 파동은 배열이 바뀔 때라는 점이고 중간에 접었다가 가는 갈매기형 파동은 1개의 파동으로 카운트한다는 점이다. 주가가 상승이나 하락을 할 때 투자자 누구나가 어디까지 갈 것인가 궁금하기 마련이다.

차트 5-3 게임빌

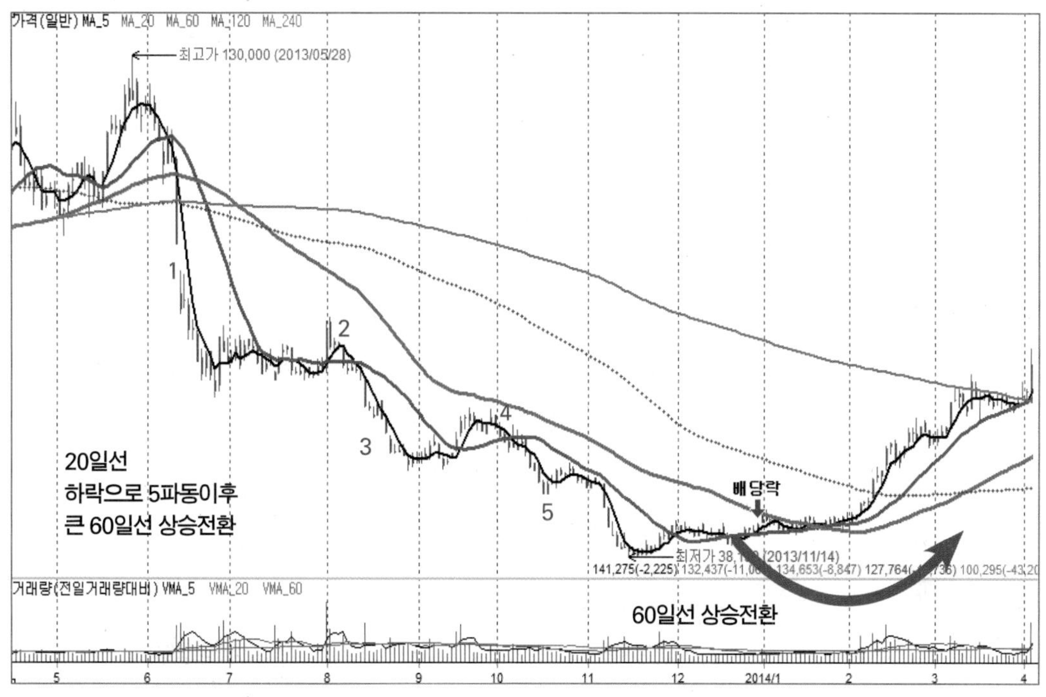

목표치를 예측하는 방법 1 – 지수로 예측하는 방법

이 때 목표치를 예측하는 방법은 2가지가 있다. 하나는 지수로 예측하는 방법인데 매년 연초가 되면 증권사 등 그 해의 고점과 저점에 대해 지수의 밴드를 예측한다. 그런데 이것은 지수부터가 증권사 간에 차이가 날 때가 많고 말 그대로 예측이기 때문에 신뢰성을 크게 가지고 여기에 따른 매매를 하기는 어렵다.

목표치를 예측하는 방법 2 – 파동 예측법

두 번째 목표치 예측법이 바로 파동 예측법이다. 이것은 숫자를 목표치로 하는 것이 아니라 주가가 움직이는 속성을 이용하여 하기 때문에 실전매매에 활용하기가 좋다. 지수 예측은 말 그대로 예측이라 적중성이 떨어지지만 파동 예측법은 실제로 방향을 전환하는 신호를 보고 하는 것이기 때문에 실전 활용도가 높다.

파동 예측법을 이용한 또 다른 전략

그렇다면 이것을 이용하면 또 어떤 전략이 가능한가? 1파는 여러 개의 속임수가 동반하므로 부적격하고 4파와 5파는 현재 움직이는 파동을 마감하는 구간이다. 따라서 주가가 5파동으로 움직이거나 혹은 미완성의 3파동으로 움직인다 해도 2파동 조정의 막바지 국면과 재상승의 3파 초기 국면은 진입의 적기로 볼 수 있다. 이렇듯 진입의 타이밍에서 2파와 3파사이가 가장 좋은 구간이라 보면 된다. 이 때 특히 캔들이 장대양봉이 나오고 거래가 대량으로 동반할 때는 놓치지 말고 한 배를 타야 하는 것이다. 큰 밑그림을 알고 매매하는 것과 그렇지 않은 것에는 당연히 차이가 있고 그 밑그림에 가장 중요한 역할이 바로 마지막 파동인 5파동 기법이다.

6평선은 6자의 상단과 하단 곡선의 모양처럼 방향을 바꾸기 전 손바닥형, 손등형 이평선이다

6자 모양 중 맨 위와 아래 둥그런 부분을 연상하면 된다. 맨 위 볼록한 부분과 맨 아래 오목한 부분은 6자가 방향을 바꾸기 전 모양으로 주가가 방향 바꾸기 전이 손바닥 손등형 이평선이다.

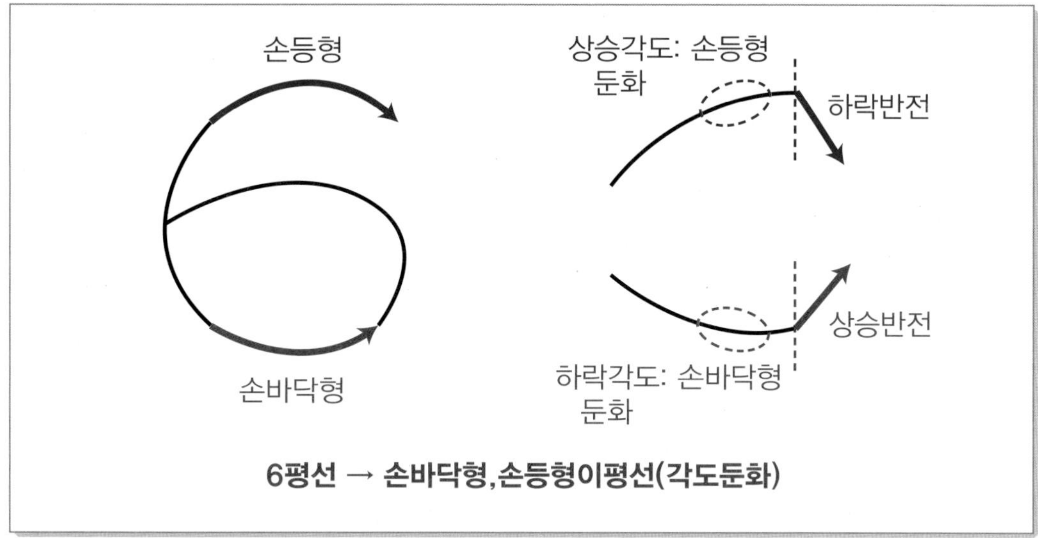

6평선 → 손바닥형,손등형이평선(각도둔화)

6평선이란 – 청룡열차 비유

6평선을 이해하려면 놀이동산에 있는 청룡열차가 급격히 아래로 하강하기 전 단계를 떠올리면 된다. 청룡열차는 아래로 급격히 방향을 바꾸기 전에 정상을 향해 올라간다. 이 때 올라가는 속도가 느려지고 점차 그 올라가는 레일곡선의 경사도 둔해진다. 어느 순간 정상에 도착했다고 느낄 때 아래로 내려가는데 이 때 하락하는 속도는 아주 빠르게 진행된다. 이 과정에서 청룡열차가 위로 올라가는 각도가 둔화되는 그 부분이 바로 손등형 구간이다.

손등형 구간

즉, 손등형은 아직까지 주가의 방향이 위로 올라가기는 하지만 그 다음 단계인 하강의 직전에 나타나는 구간이다. 따라서 상승하던 주가의 하단에 받치고 있는 이동평균선의 상승기울기가 둔해지게 되면 가지고 있는 주식을 일정 분 처분하여 리스크 관리를 시작하는 것이 필요하다.

이때 매도의 요령은 한꺼번에 다 던지는 것이 아니라 조금씩 위로 물량을 줄이는데 이것을 분할 매도라 한다.

손바닥형 구간

반대로 주가가 가파르게 하락하다가 점차 그 속도가 둔화될 때 위에서 내리누르는 이동평균선의 각도는 완만해 지는데 이때 이 이동평균선을 손바닥형이라 한다. 마치 언덕 위에서 내려가던 차가 브레이크가 고장 났을 때 내려가는 속도를 줄이기 위해 어딘가에 자꾸 부딪쳐서 속도를 줄이는 장면을 그려보면 된다. 즉, 내려가는 속도가 둔화되면서 결국은 차가 멈추는 것처럼 내려가는 주가의 하락속도가 둔화되어야 하락이 멈출 것을 예상할 수 있다. 결국 손바닥형과 손등형은 주가가 현재 움직이는 방향을 바꾸기 바로 전 단계에서 미리 시장 방향이 바뀌는 것을 알아볼 수 있는 구간이고 이것을 6평선이라 하는 것이다.

차트 6-1 KOSPI

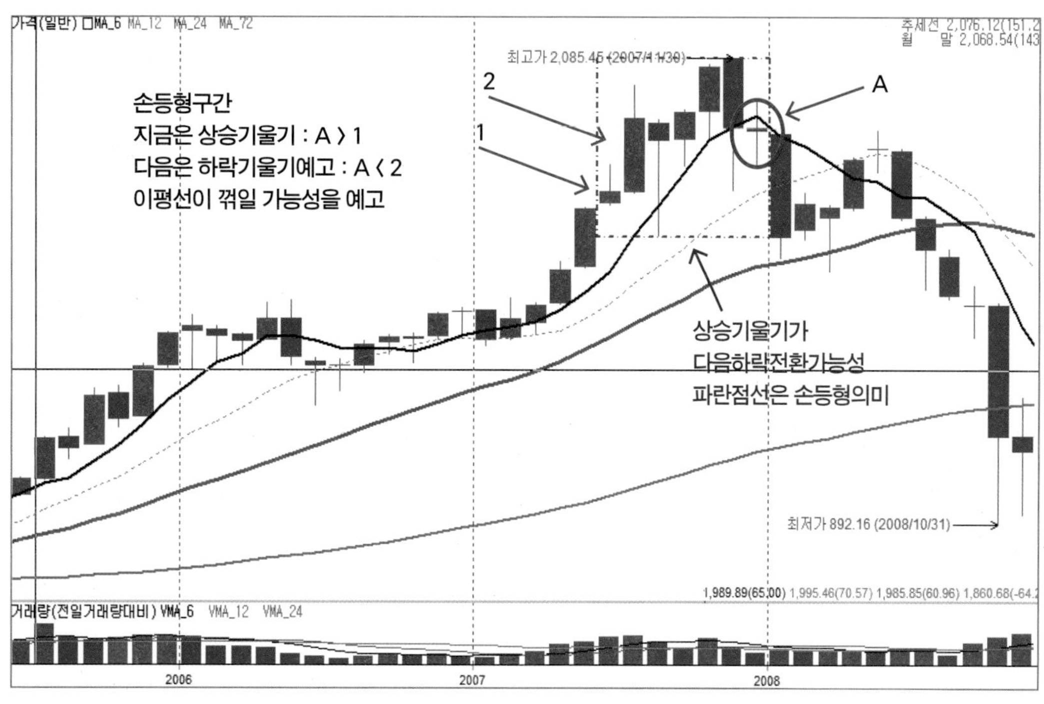

6자를 그려보면 6자가 방향을 바꿀 때 가장 윗부분과 아랫부분에서 둥그런 모양을 주고 그 다음 방향을 바꾸는데 그 패턴이 주가가 고점과 저점에서 방향 전환하는 패턴과 닮아있다. 따라서 이동평균선의 원리를 공부하면 주가의 현재의 것에 너무 빠지지 않고 다음의 바뀌는 단계를 준비할 수 있다는 점에서 주식투자의 성공을 위해서는 반드시 필요한 기법이라고 할 수 있다.

손바닥형과 손등형을 찾아낼 수 있는 방법

그렇다면 손바닥형과 손등형은 어떻게 찾아낼 수 있는 것일까? 그것은 지금의 주가와 과거의 주가를 비교할 때 캔들값 하나를 더 비교하는 것인데 이를 맥점이라고 한다. 예를 들어 지금 주가가 상승하

> **TIP 체크포인트**
>
> **상방주**
>
> 60일선을 중심으로 20일선이 N자로 뻗어 올라가는 모습을 상방주라 합니다.

고 있는데 조정을 받을 가능성이 높은 것을 단기적으로 찾아내려면 5일선의 상승 각도를 보면 된다. 5일선의 각도가 가파르게 상승하고 있으면 설령 주가가 조정을 받아도 아래에 안전그물이 있기 때문에 주가는 다시 반등을 줄 수 있다. 이때 아래에 있는 이동평균선의 기울기가 가파른지 아니면 손등형으로 둔화되고 있는지를 알아야 하는데 그건 바로 일주전의 주가를 보면 알 수 있다.

즉, 오늘이 월요일이면 전 주의 월요일 주가를 보고 오늘이 금요일이면 전 주 금요일 주가와 비교하면 된다. 이때 그 두 가격의 차이가 크면 아직 이동평균선의 각도는 가파른 것이다. 이때 지금의 주가가 전 주 5일 전의 주가보다 커서 이동평균선이 상승하고 있다고 하자. 여기에 오늘의 주가와 전 주 5일 전 외 4일 전 주가 하나를 더 본다. 즉, 오늘이 수요일이면 전 주 수요일 주가와 비교하는 것은 지금 이동평균선이 상승하는가 아닌가를 보는 것이다. 오늘 주가가 더 크면 이동평균선의 주가는 상승한다. 그런데 수요일 주가 이외에 목요일 주가 하나를 더 볼 때 목요일 주가보다 오늘의 주가가 작으면 이것이 손등형이 된다. 왜냐하면 수요일 주가 이후 내일은 목요일이니까 오늘 주가로 미리 다음날 비교의 대상이 되는 목요일 주가를 봄으로써 하루 먼저 주가의 흐름을 예측하는 것이다.

주가의 흐름을 예측하자

이럴 때 특히 중요한 것이 20일선과 월봉상 6개월선의 손바닥형 손등형이다. 20일선은 생명선이라 할 만큼 실전에서 많이 사용한다. 왜냐하면 만약 20일선이 하향으로 꺾이게 되면 한 달 동안 고생하

차트 6-2 KOSPI

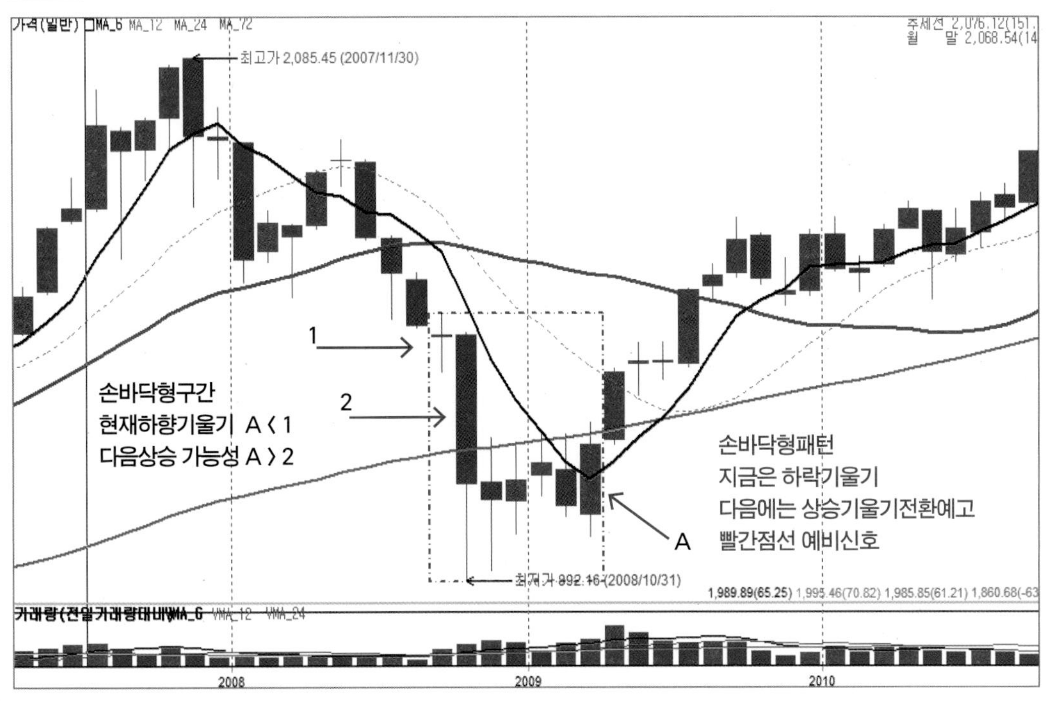

는 경우가 많기 때문이고 그렇게 되면 매월 수익 내는 것은 물 건너 가기 때문이다.

20일선 손등형이 되는지 알아보는 방법

20일선이 손등형이 되는가를 알아보는 방법은 앞의 5일선과 같다. 단지 5일선 손등형은 5일 전 주가와 4일 전 주가를 같이 보듯이 20일선 손등형 여부는 20일 전 주가와 19일 전 주가 2개를 같이 놓고 현재의 주가와 비교하면 된다. 이때 현재의 주가가 20일 전 즉, 한 달 전 주가보다 크면 지금은 괜찮지만 19일 전 주가와 비교했을 때 지금의 주가가 낮으면 다음날 들어오는 주가가 오르지 않으면 이동평균선은 꺾인다는 것이 되므로 유의해야 하는 것이다.

> **주식격언**
>
> **하루종일 시세판을 쳐다보고 있어도 돈을 벌 수 없다**
>
> 주식시세에 중독이 되면 매분 매시간 주가 변화를 알고 싶어 못 견디지만 시간시간의 주가 변화를 안다는 것은 투자에 휩쓸려 본의 아니게 뇌동매매를 하게 되므로 시세를 너무 자주 보지 않는 것이 좋다.

손바닥형이 되는지 알아보는 방법

손바닥형도 마찬가지 원리가 적용된다. 2008년 리먼 브러더스 사태가 터지면서 주가가 급락할 때 필자는 여의도 사학연금에서 A티비 방송 주관으로 강연회를 가진바 있다. 이 때 2009년 3월이 주가가 상승기조로 전환할 가능성이 높다는 진단을 내렸고 이후 주가는 2년 이상 상승을 하였다. 이 때 사용했던 기법이 바로 월봉의 손바닥형 기법이었다. 그 이후로 지금도 업그레이드 된 기법을 배우기 위해 꾸준히 강의를 듣고 계신 투자자들이 많이 있다.

6평선 기법인 손등형 손바닥형이 중요한 것은 이처럼 급락하고 있는 주가의 상승시점과 위로 올라가고 있는 주가의 고점시기를 미리 계산해볼 수 있다는 점에서 중요하다.

신호 기법 병행하기

여기에 신호 기법을 병행하는 것이다. 즉, 대략 어디 근처가 시세의 변곡점인가를 알고 그 지수대에서 월봉상 시초가 대비 올라가는 양봉이면 매수전략을 세우고 반대로 월봉상 시가 아래로 내려가는 음봉이면 매도전략을 세워야한다.

주식투자의 성공은 대응의 전략

주식투자에서의 성공은 당연히 대응의 전략이다. 대신 아무것도 모르고 있다가 갑자기 반응하는 것보다는 미리 준비하고 있다가 반응을 하는 것이 훨씬 안정적이고 준비된 전략을 시행한다는 점에서 유리하다. 결국 6평선의 원리는 현재의 주가흐름이 지속적으로 나타

차트 6-3 삼성전자

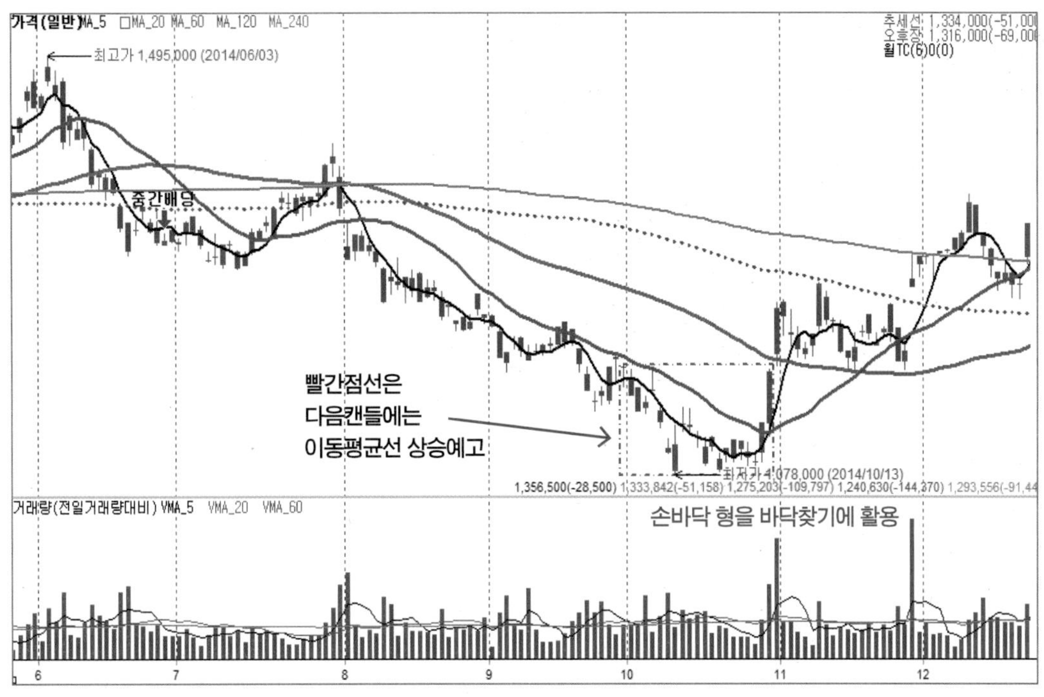

날 것인가 아니면 조만간 지금의 주가 방향과 반대로 움직일 것인가를 미리 대비하기 위한 기법이고 이것을 손등형 손바닥형 이평선이라 하는 것이다.

7평선은 주식고수가 되기 위해 필요한 이평선으로 72개월선을 포함한 7개 이평선이 고수 이평선이다

7평선의 숫자 7을 고수의 "ㄱ"자와 72의 7자로 연상하면 된다. 7평선은 주식을 어디서 매수하고 매도할 것인지 의미선을 거미줄처럼 분석할 때 필요한데 이것을 고수 이평선이라 부른다.

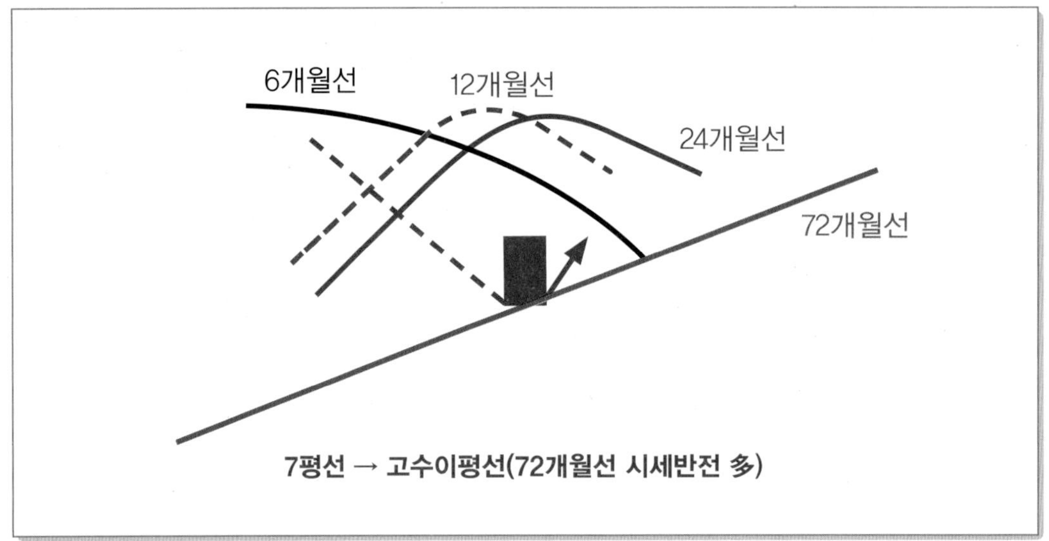

7평선 → 고수이평선(72개월선 시세반전 多)

이동평균선의 주요 역할

이동평균선은 주가가 상승할 때 어디서 저항을 받고 하락할 때는 어디가 지지가 되는지를 미리 알아본다는 점에서 그 역할이 중요하다. 이럴 때 초보투자자라도 최소한 '5일선' '20일선' '60일선' 3개는 필수적으로 알고 주식투자를 해야 하는데 5일선은 일주일, 20일선은 한 달 그리고 60일선은 3개월간의 주가흐름을 분석한 이동평균

차트 7-1 KOSPI

선이다. 이동평균선의 가장 중요한 역할은 지금의 시세가 그대로 진행될 것인지 아니면 지금의 주가가 흘러가는 방향과 다른 방향으로 바뀔 것인지를 알아내는 데 그 중요성이 있다. 예를 들어 지금의 주가가 상승하고 있어도 위에서 60일선이 하락하는 기울기로 내려가고 있으면 주가는 그 영향을 받아 60일선이 저항선으로 작용할 가능성이 높은 것이다. 이럴 때 60일선 근처에서 매도세가 출현하는 음봉이 출현하면 매도를 고려하기 시작하는 것이다.

반대로 지금의 주가가 하락을 하고 있는데 하단에서 생명선인 20일선이 상승기울기로 놓여 있으면 하락하던 주가가 20일선 근처에서 하락이 멈출 가능성이 높다. 그 때 매수세가 들어오는 신호인 양봉이 놓이면 매수를 고려하는 것이다.

TIP 체크포인트

하방주
60일선 아래로 20일선이 역N자로 내려가는 모습을 하방주라 합니다.

투자자가 알아야 할 초급 과정

주식투자를 시작할 때 '5일' '20일' '60일' 3개의 이동평균선을 초보자라도 꼭 알아야 할 가장 기본적인 이평선으로 보는 이유는 눈높이다. 아직 걷지도 못하는 아이에게 뛰도록 한다면 앞뒤로 넘어지기만 할 것이다. 일단 걸음마부터 가르치고 그 다음 빠른 걸음, 그리고 맨 마지막에서 뛰기를 순서적으로 익혀야한다. 그 걸음마에 해당하는 것이 '5일선' '20일선' '60일선'으로 이 3개의 이동평균선은 주가의 단기 흐름을 알려주는 이평선이기 때문이다.

5일선은 생명선, 20일선은 세력선

5일선은 투자자의 심리를 알려주는 심리선이라 하고 20일선은 이론상 금리선이라고 하지만 주로 세력들의 단기파동을 알려주므로 세력선이라고 한다.

특히 20일선의 흐름은 주식을 사고 팔 때 최고의 타이밍을 제공하므로 이것을 놓치면 안 된다는 개념으로 생명선이라고 한다.

60일선은 수급선

60일선은 20일선과 짝을 이뤄 이평선 분석의 가장 기본적인 2060기법을 만들어 내는데 60일선을 수급선이라 한다. 주가가 20일선을 이탈했을 때 매도를 고려해야 하는데 60일선까지 이탈하게 되면 완전히 수급이 깨진 상황으로 해석된다. 이처럼 처음 주가흐름을 익힐 땐 초급과정으로써 3개의 이평선을 알아야 할 것이다.

차트 7-2 **삼성전자**

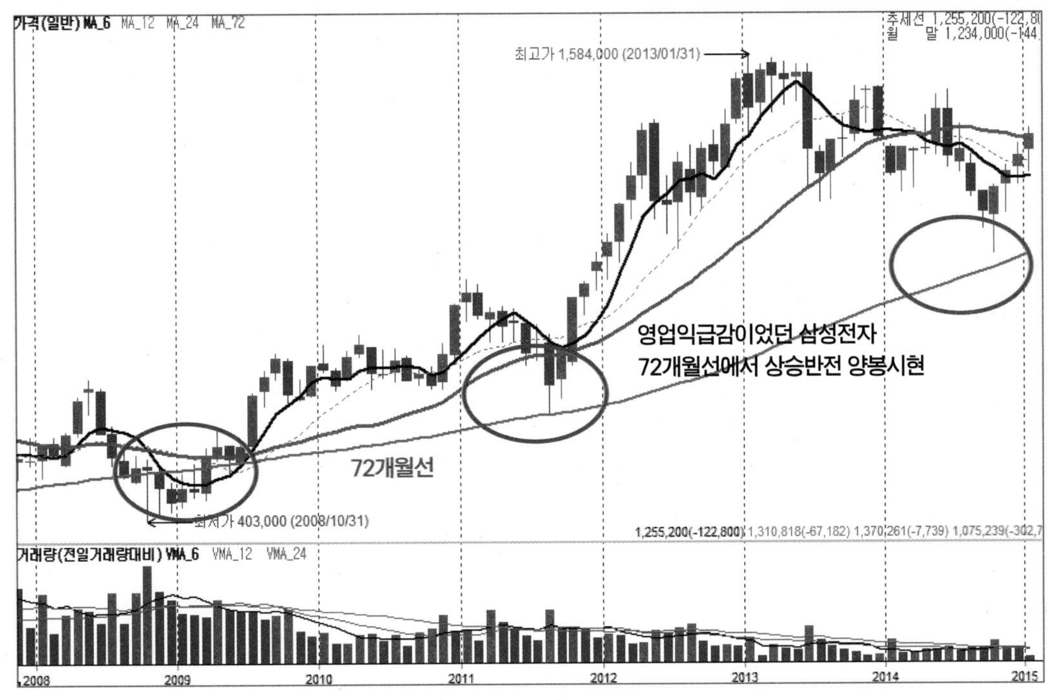

중급 이상의 투자자가 되려면

중급 이상의 투자자가 되려면 120일선과 240일선을 볼 줄 알아야 한다. 120일선은 경기선이라 하고 240일선과 함께 펀더멘탈선이라 한다. 주가 상승과 하락의 기본적인 원인은 바로 기업의 실적에 있다. 단순히 주가가 많이 하락하여서 반등을 줄 때 60일선까지는 상승 전환할 수 있지만 120일선과 240일선까지 돌리려면 기업의 실적이 뒤따라야 한다. 즉, 120일선과 240일선은 경기와 연동되고 종목으로 보면 기업의 실적과 연결되므로 좀 긴 안목으로 종목을 선정할 때는 120일선과 240일선의 분석이 필요하다. 120일선과 240일선이 정배열 상황에서 상승 기울기를 보이고 있으면 단기적으로 20일선이 꺾이면서 주가가 조정권에 있어도 주가는 다시 재상승 사이

> **주식격언**
>
> **매수은 천천히**
> **매도는 신속하게 하라**
>
> 매수은 좀 느긋한 마음으로 낮은 가격을 골라서 사야하고 조급하게 따라사는 것은 금물이다. 반대로 매도는 판다고 일단 생각했으면 가격에 불문하고 하루라도 빨리 파는 것이 좋다.

클을 보인다. 특히 120일선과 240일선 사이에 주가가 들어오면 서서히 양봉이 출현하는 경우가 많아지기 때문에 이 구간을 중심으로 내려가는 양봉 시 1 2 4의 비율로 매수가 가능하고 이 구간을 마틴게일존이라 한다.

마틴게일존이란

즉, 고평가되었던 주가가 실제 가치가 같아지는 구간으로 내려갈 때마다 2배수 베팅을 하는 더블업 베팅구간이라는 의미로 마틴게일존이라 한다. 매월 수익을 내는 가장 좋은 베팅법 중 하나는 생명선인 20일선과 마틴게일존인 '120일선', '240일선'을 중심으로 분석할 때 확률이 높아진다.

기본 베팅방법은 마틴게일존이 상승하는 가운데 20일선이 하락하다가 상승으로 전환할 때가 가장 좋은 베팅법인 것이다.

72개월선 분석하기

여기에 한 걸음 더 이동평균선의 최고 고수 수준에 다르려면 24개월선인 480일선과 고수이평선의 최고선인 72개월선을 분석하여야 한다. 이들 이평선은 앞서 언급한대로 거미줄처럼 펼쳐놓고 먹잇감을 찾는 거미처럼 매수매도의 마지막 결정판이라 할 수 있다. 고점을 찍고 장기간동안 큰 폭으로 하락하던 주가도 웬만하면 72개월선 앞에서는 방향을 돌리고 상승 전환하는 경우가 많다. 이평선 분석의 최고수가 되려면 72개월선까지 보는 습관이 있어야 하는데 실제로 급락하던 주가가 외바닥점임에도 불구하고 튕겨 올라갈 때는 하

차트 7-3 코콤

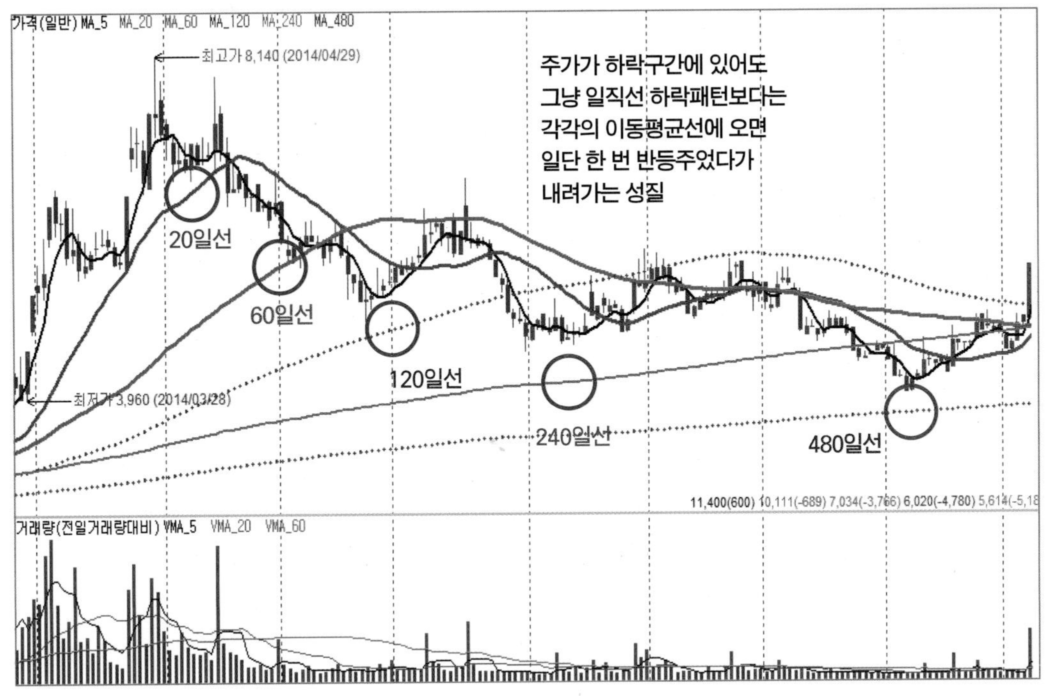

단에 72개월선이 놓여있는 경우가 많다. 주가흐름을 보면 마치 번지 점프를 하였을 때 아래로 내리꽂듯이 내려가다가 한 점에서 갑자기 위로 튕기는 장면을 연상하면 된다. 그래서 72개월선은 일명 점핑선이라고 한다. 실제 일봉으로는 도저히 지지선과 저항선이 설정되지 않을 때 뭔가 주가방향에 큰 변화가 있다면 그것은 바로 24개월선인 480일선과 72개월선을 중심으로 해서 발생하는 것이다. 따라서 현재의 주가 위치로부터 상단과 하단에 걸쳐있는 이동평균선을 샅샅이 파헤쳐 미리 준비하려면 초보일 때 필요한 '5일' '20일' '60일선' 그리고 중급 이상일 때 '120일선' '240일선'을 더하고 마지막 주가 흐름의 결정판으로 모두 분석할 때 480일선과 72개월선까지 보면 완전 마스터한다고 볼 수 있다.

이럴 때 이동평균선을 일봉에다 모두 설정해 놓으면 문제가 생기는데 바로 이평선의 스케일 차이가 크기 때문에 현재의 주가가 너무 압축된다는 점이다. 즉, 장기이동평균선의 지수가 현재주가와 차이가 클 때 한 화면에 모두 표시하려면 현재의 주가가 너무 작아진다는 점이다. 따라서 일봉에서는 '5일' '20일' '60일' '120일' '240일선'까지 디스플레이를 하고 480일선과 72개월선은 월봉에서 보는 것이 일반적으로 편리하다.

이동평균선을 마스터해야 하는 이유

이동평균선을 마스터해야 하는 이유 중 하나는 현물의 흐름에서는 물론이고 나중에 선물옵션 등 파생쪽으로 넘어갔을 때 더욱더 필요하다. 특히 선물옵션을 매매하기 위해서는 틱차트를 많이 이용하게 되는데 틱차트는 거래중심으로 그래프가 만들어지며 이동평균선 분석의 결정판이라 할 수 있다. 또한 이동평균선은 주가지도를 만들 때 중심이 되는 것이므로 주식투자의 성공을 위해서는 7평선까지 마스터한다는 목표를 세워서 체화시키는 과정이 필요하다.

8 평선

8평선에서 8은 팔팔하고 힘이 강한 이평선이라는 의미로 주가가 이평선을 따라 움직이는 것이 팔팔 이평선이다

8평선의 8은 팔팔하다는 이미지로 한자 "八"처럼 상승과 하락기울기가 강한 것을 연상하면 된다. 또한 기울기가 강한 이평선은 주가방향을 좌우하는데 이것이 8평선이다.

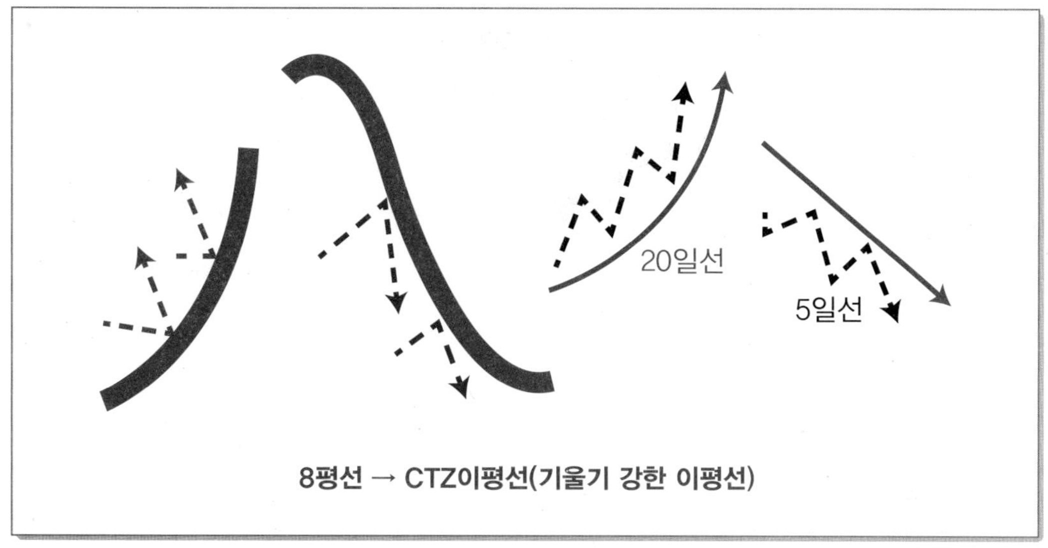

8평선 → CTZ이평선(기울기 강한 이평선)

주식을 살지 팔지 헷갈릴 때는?

주가는 상승을 하거나 하락을 할 때 큰 방향은 지속성의 성질을 가지지만 단기적으로는 수없이 위 아래로 등락을 거듭한다. 이럴 때 주가가 흔들리는 것만큼이나 투자자들의 마음 역시 갈팡질팡해 기준을 잡기가 어렵다. 과연 지금 주식을 사야하는 것인지 아니면 가지고 있는 주식을 팔아야하는 것인지. 이럴 때 그 기준점을 제공하는 것이 바로 8평선이다.

8평선이란

8평선은 이동평균선의 힘이 강한 것을 의미한다. 예를 들어 지금 주가가 하락하고 있어도 아래에 강한 상승 기울기를 가지고 있는 이동평균선이 있으면 하락하던 주가를 상승으로 돌리고 반대로 지금 주가가 상승하고 있어도 상단에 하락하는 이동평균선이 지나가고 있으면 주가는 조정을 받을 가능성이 높다. 이럴 때 현재 주가대비 각각 하단과 상단에 지나가는 강력한 기울기의 이동평균선이 바로 8평선이다.

8평선이란 기울기가 팔팔하다는 의미로 주가가 이평선을 따라 움직이는 성질을 고스란히 나타내고 있다. 따라서 주가가 상승하다가 조정을 받아도 하단에 강력한 8평선이 지나가고 있으면 조정 후 다시 재상승이 가능하다. 그렇기 때문에 주가가 흔들린다고 같이 흔들릴 필요는 없다. 설령 캔들이 이평선을 뚫고 내려가도 이평선이 하락으로 기울기가 변화하지 않으면 주가는 이평선을 따라 움직이고 이것을 CTZ이평선이라고 한다.

CTZ이평선

C는 캔들과 이평선의 크로스를 의미하고 T는 이평선 턴을 의미하며 Z는 지수대를 의미한다. 캔들이 이평선과 크로스(C)해도 이평선이 하락으로 턴(T)하지 않으면 주가는 이평선을 따라 움직이는 구간(Z)이라는 의미다. 따라서 주가가 조정을 받을 때 소위 눌림목의 베

차트 8-1 산성앨엔에스

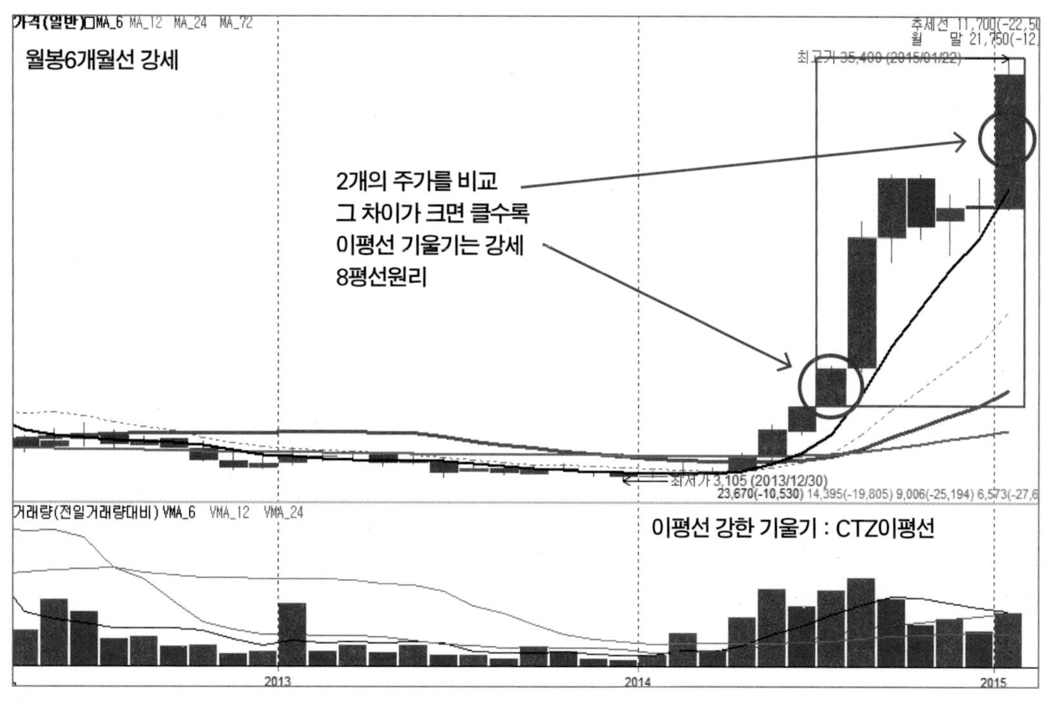

팅으로 조정 시 매수를 하려면 하단의 이동평균선이 상승으로 강하게 올라가는 팔팔이평선(CTZ)이어야 한다.

8평선의 활용법

그렇다면 8평선의 활용법은 무엇일까? 예를 들어 주가가 조정을 받으면서 5일선이 하향일 때 하단의 20일선이 강한 상승기울기의 8평선이면 그 근처에서 주가가 지지받는 것을 먼저 확인한다. 그것이 양봉이고 실제로 주식매입은 꺾인 5일선이 다시 20일선과 동방향으로 돌아설 때가 매수지만 20일선이 팔팔이평선의 성격일 때는 미리 양봉이면 선 공략이 가능한 것이다. 이 앞에 언급한 6평선은 이동평균선의 힘이 약해지는 손바닥형 손등형 이평선이므로 8평선은 6평

> **TIP 체크포인트**
>
> **중방주**
> 60일선을 중심으로 20일선이 위아래로 왔다갔다 하는 모습을 중방주라 합니다. 추세를 잡지못하고 박스권에서 움직이는 모습도 중방주라 합니다.

선과 반대의 이동평균선인 셈이다.

항시 투자를 할 때 가장 중요한 것이 매수와 매도의 결정이다. 이럴 때 이동평균선이 6평선의 성격인지 8평선의 성격인지를 체크하는 것이 성공의 열쇠다. 이평선의 힘이 약해지는 6평선일 때는 주가가 상승하고 있어도 서서히 분할매도를 해야 하고 주가가 조정을 받아도 8평선일 때는 주가의 재상승 국면을 고려하며 매매해야 한다.

8평선일 때 유의할 점

그렇다면 8평선일 때 유의할 점은 무엇인가? 그것은 바로 작은 것 2개의 이평선이 쌍바닥이거나 쌍봉을 만들 때이다. 이 작은 이동평균선이 쌍바닥이나 쌍봉을 만들면 8평선의 성격을 가지고 있던 이평선의 강도가 둔화된다는 점이다. 즉, 5일선이 하단에서 쌍바닥이면 20일선이 강하게 내려가는 8평선이었어도 점차 그 강도가 둔화되고 상승으로 전환할 가능성이 높아진다.

그럼 그 이유는 무엇일까? 그것은 바로 이동평균선의 생성원리에 있다. 이동평균선의 공식은 반평균의 이론이라고 하였다. 즉, 20명이 시험을 봤을 때 반평균은 20명의 성적을 다 더해서 20으로 나눈 값이듯이 20일선은 20일간의 종가를 다 더해서 20으로 나눈 값이다. 그러니까 만약 주가가 계속 하락하다가 어느 날 상승을 해도 그것은 전일대비 상승한 것이지만 이미 20일전의 주가는 저 멀리 있기 때문에 그 가격보다 크기란 어려운 것이다. 이동평균선이 상승하려면 전일의 20일선 평균보다 오늘 20일선의 값이 더 커야한다. 그런데 어제와 오늘 20일선의 이평선 값 차이는 그사이 19일간의 값과 양쪽 이평선의 값을 낼 때 다 포함되므로 결국 오늘 들어오는 주가와 빠져

차트 8-2 한전KPS

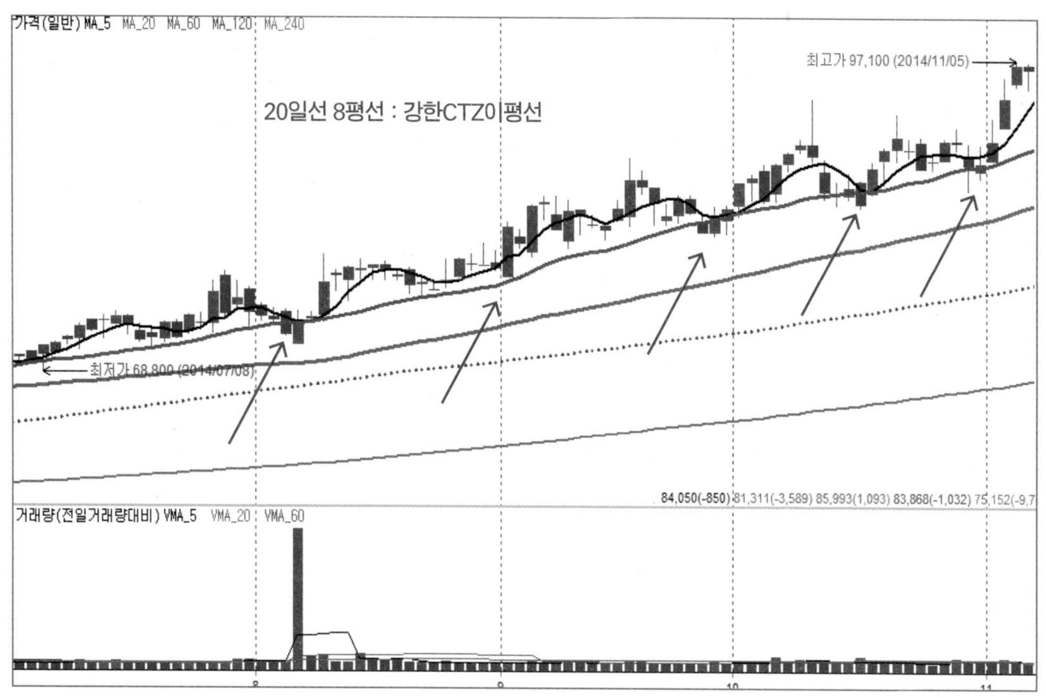

나가는 20일전의 주가차이로 결정된다. 그러니까 이동평균선이 상승 전환하려면 오늘의 주가와 이탈하는 20일전의 주가 차이가 작아지다가 어느 날 주가가 상승했을 때 오늘의 20일선 값이 이탈하는 20일전보다 더 커질 때 이평선의 기울기는 상승 전환하는 것이다.

그런데 지금 주가가 상승 전환해도 외바닥일 때는 아직 이탈하는 주가가 아주 높은 지수대로 지금의 주가와 차이가 크지만 쌍바닥을 보인다면 지금 주가와 이탈하는 주가 차이가 작으므로 이동평균선이 쉽게 돌 수 있다. 따라서 이동평균선의 힘이 강한 8평선일 때는 그 이동평균선의 방향으로 매매의 중심을 이동하는 것이 정석이다. 대신 작은 이평선이 2개가 쌍바닥이나 쌍봉을 보이면 큰 이동평균선이 8평선에서 6평선으로 손바닥형이나 손등형이 되고 그에 따른

> **주식격언**
>
> **나누어서 사고**
> **나누어서 팔아라**
>
> 투자자들은 누구나 시세에 대한 100% 확신을 가질 수 없기 때문에 나누어서 매매함으로써 시황의 변화에 따라 매매를 조정할 수 있다.

기울기의 방향을 바꿀 수 있으므로 유의해야 한다.

주식은 계속 바뀐다

계절이 겨울에서 봄으로 바뀌면 우리는 옷을 갈아입는다. 주식도 마찬가지다. 이동평균선이 하락에서 상승으로 전환하거나 상승에서 하락으로 전환하는 것은 마치 계절이 바뀌는 것과 같은 이치다. 따라서 이평선의 기울기가 바뀌면 전략을 바꿔야 한다. 특히 이럴 때 단기적으로는 생명선이고 세력선인 20일선의 방향을 주목한다. 매월 월간단위로 월급을 벌기 위해서는 20일선은 생명선이자 투자자의 밥줄인 것이다. 그리고 월봉의 6개월선은 그 주식이 여전히 괜찮은 주식인지 아니면 매수의 대상에서 제외해야 하는 주식인지를 구별시켜주는 역할이다. 따라서 큰 기조의 흐름은 반드시 월봉의 6개월선이 8평선처럼 기울기가 강한 CTZ이평선인지 아니면 손등형으로 바뀌었는지 점검이 필요하다.

장중 매매시 유용한 이평선

이번에는 장중 매매 시 유용한 이평선을 알아보자. 장중에 지금 시장의 흐름이 상행선인지 아니면 하행선인지 알아볼 때 요긴한 것이 30분봉이다. 즉, 그날 시세가 강할 때는 30분봉의 5평균선이 상승기울기이고 단기적으로라도 숨고르기 과정에 있을 때는 30-5이평선이 하락기울기에 있다. 만약 이 책을 읽은 투자자분들이 지금 선물이나 옵션을 하고 있거나 아니면 현물이라도 단기매매를 병행하는 투자자라면 장중 흐름은 30-5이동평균선의 기울기를 점검하며 매매하는 것이 필요하다. 특히 그중에서도 시가와 30분봉의 5평

차트 8-3 SK이노베이션

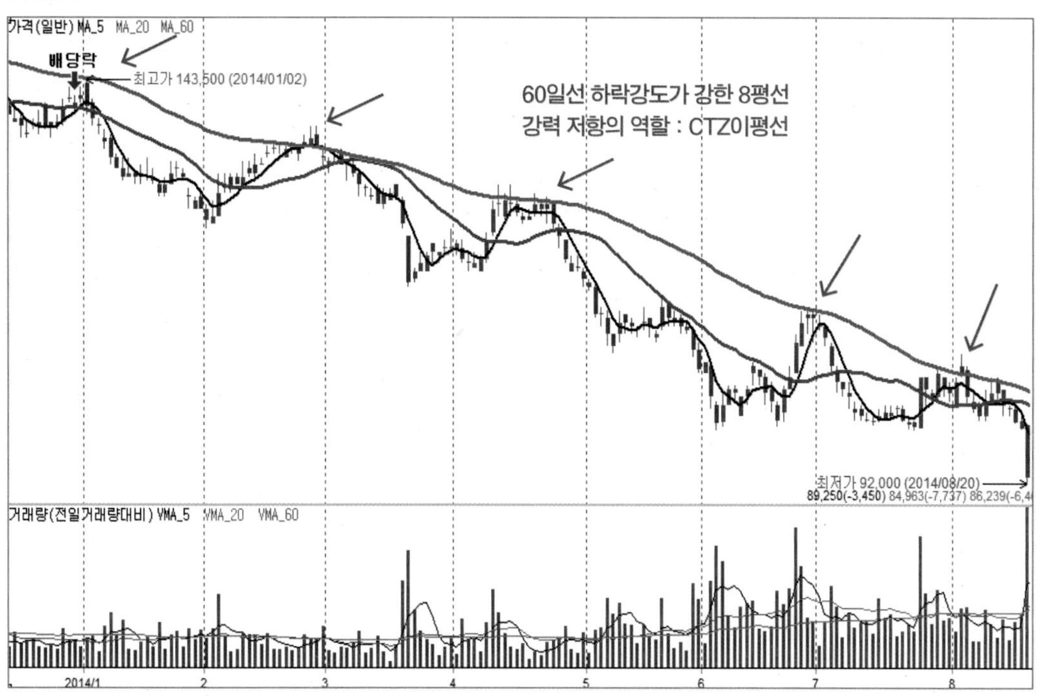

균선이 같은 방향일 때 주목한다. 시가대비 양봉인데 30분봉의 5평균선이 같이 상승일 때 윗 방향 에너지가 강하고 시가대비 음봉인데 30분봉의 5평균선이 같이 하향일 때 주가는 단기조정권에 있다. 결국 8평선은 이동평균선의 기울기가 강할 때 그 방향으로 주가의 방향을 맞춰서 매매하는 실전 매매의 중요한 이평선 기법이다.

9 평선

9캔들이 시세의 마지막인 바닥캔들과 꼭지캔들이듯이 9평선은 바닥에서 꼭지까지 이평선을 모은 종합 이평선이다

9평선은 9캔들처럼 9가 한 자리 숫자의 마지막이듯 시세의 처음부터 끝을 연상하면 된다. 주가의 바닥 – 중간 – 꼭지까지 이평선 기법의 모든 것이 9평선이고 종합 이평선이다.

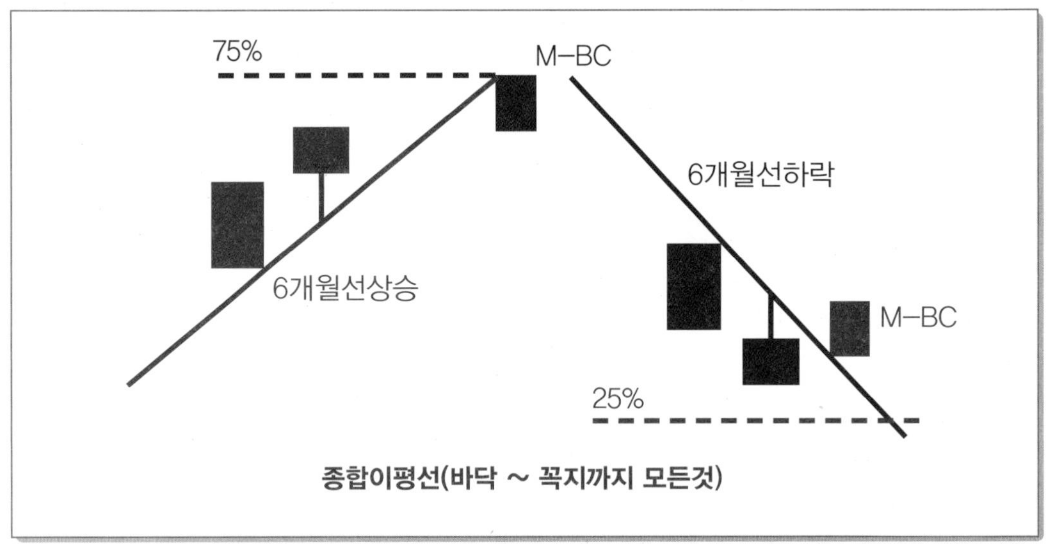

종합이평선(바닥 ~ 꼭지까지 모든것)

묻지마 투자를 주의하라

주식투자를 하다보면 일반투자자들이 가장 하기 쉬운 실수 중 하나가 시장 분위기에 휩쓸려 하게 되는 뇌동매매다. 주가가 지속적으로 올라가다 보면 투자자들은 항상 주가가 올라갈 것이란 착각과 확신에 차서 묻지마 투자를 하게 되고 반대로 주가가 공포를 느낄 정도로 하락할 때는 하락의 맨 마지막 국면에서 투매에 동참하기 쉽

차트 9-1 KOSPI

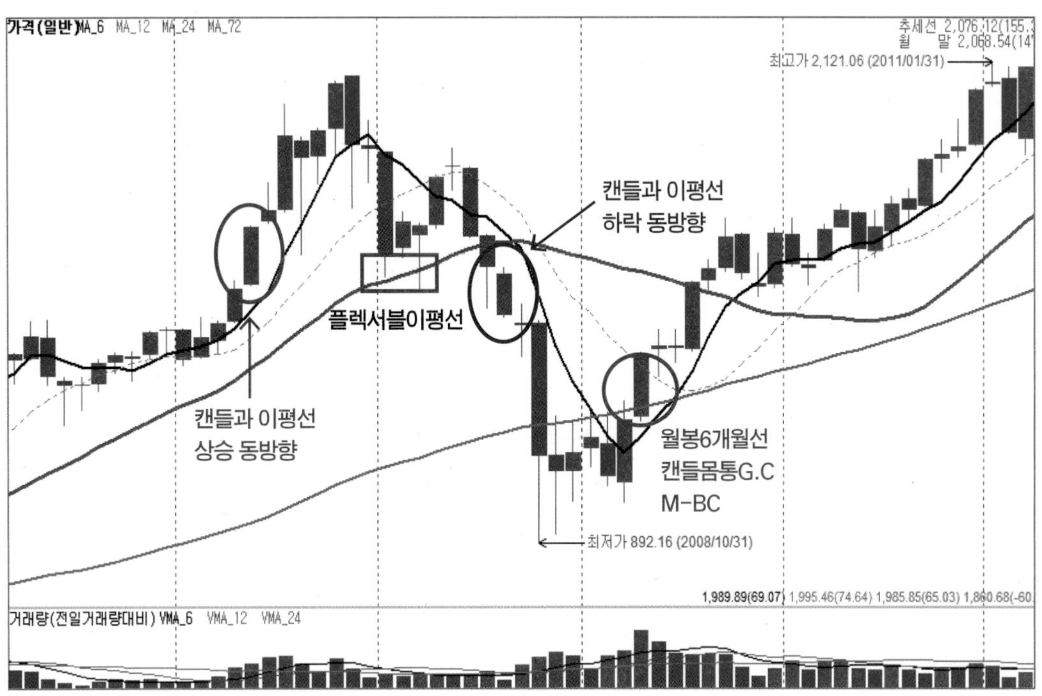

다. 일반투자자들을 확신과 공포의 맨 끝자리에 이르도록 해서 꼭지에서는 무차별 매수하게 하고 바닥에서는 투매를 유도하는 것이 시세의 성질이기 때문에 거기에 당하지 않으려면 미리 어디가 의미가 있는 가격대인지 준비하고 매매해야 한다. 이 때 사용하는 것이 바로 이동평균선의 모든 것 9평선 법칙이다.

9평선 법칙에서 알아야 할 것 1
이평선과 캔들의 동방향 매매법

9평선 법칙은 월봉의 기법을 모아 놓은 것이기 때문에 큰 흐름의 맥을 잡기 위해 반드시 필요한 것이다. 일단 9평선 법칙에서 가장 먼저 알아야 할 것은 언제가 가장 수익내기가 좋고 어디를 가장 조심

> **TIP 체크포인트**
>
> **추세**
> 일정기간동안 주가가 시장이 어느 한 방향으로 움직이려는 경향입니다. 특정 시기 추세점은 보통 5일선과 20일선을 기준으로 판단하고 골든크로스와 데드크로스 여부를 봅니다.

해야 할 것인가이다. 그것은 이평선과 캔들의 동방향 매매법이다. 이때 이동평균선은 6개월선이 기조선이다. 즉, 6개월 이동평균선이 상승하고 월봉의 캔들이 양봉으로 올라갈 때 주가는 상승의 동방향이고 투자 시 가장 이익을 볼 가능성이 높은 구간이다. 반대로 6개월선이 하락하는데 월봉이 음봉으로 내려갈 때를 하락의 동방향이라 하고 주가가 폭락하는 경우가 바로 이러한 경우다.

9평선 법칙에서 알아야 할 것 2
이평선과 캔들의 엇박자 구간매매법

두 번째로 알아야 할 것이 이평선과 캔들이 반대로 놓이는 엇박자 구간매매법이다. 이때는 동방향과 달리 월봉캔들과 이평선이 서로 반대방향이라 초보투자자들이 혼동하기 쉬운데 이럴 때는 캔들을 현재라고 해석하고 이평선을 미래라고 해석하면 된다. 즉, 월봉이 음봉이고 6개월선은 상승인 엇박자 구간을 해석하면 캔들은 음봉이라 현재는 약하지만 이평선은 상승하므로 미래에는 주가가 올라간다는 의미다. 따라서 이때는 단기적으로는 물량을 줄이면서 리스크를 우선 최소화하다가 다시 주가가 상승을 시도하는 구간에서 재공략하는 전략을 사용한다. 이때는 월초 음봉이어도 캔들상 아래꼬리가 달리게 되는데 이는 20일선이 상승 전환이거나 주봉이 양봉일 때이다.

재매수의 타이밍

월봉이란 주봉이 4개내지 5개가 모여서 되는 것이므로 월봉이 음봉일 때 주봉상 음봉이고 주가가 내려가다가 주봉이 양봉이면 그 때부터 월봉은 몸통 색깔은 음봉이지만 아래꼬리가 달린 음봉이 되

차트 9-2 한진

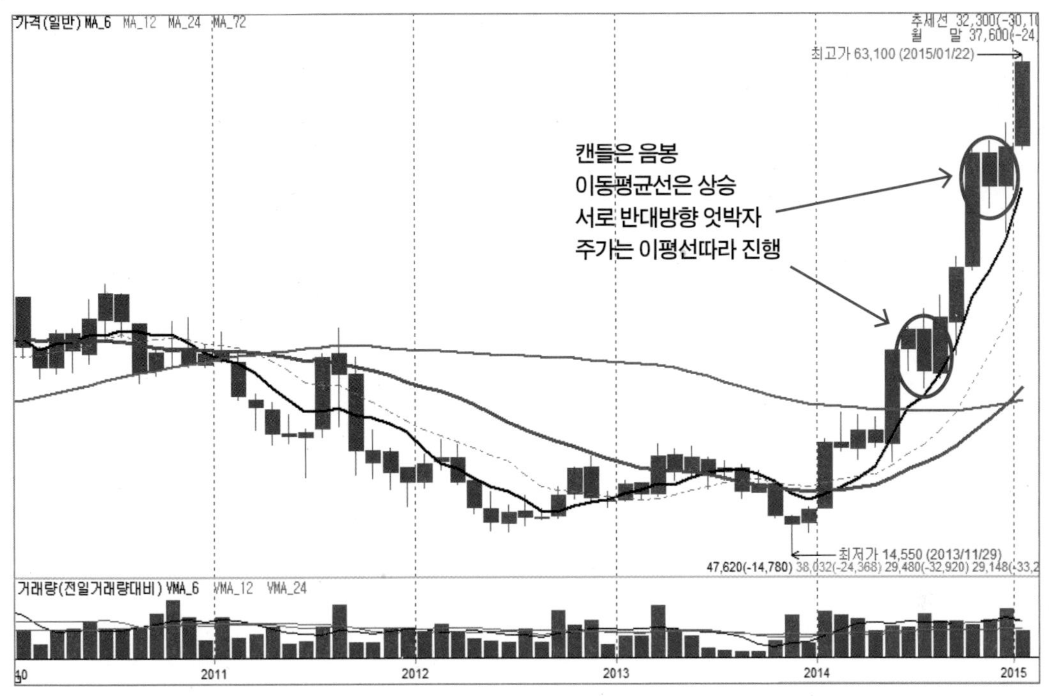

는 것이다. 재매수의 타이밍은 바로 그 아래꼬리 부분이다.

반대로 월봉 캔들은 양봉으로 올라가고 있는데 월봉이평선이 하향으로 내려가고 있으면 이 주가의 향방은 현재는 양봉이라 시세가 좋지만 이평선은 하락하므로 미래 시세는 하락한다는 것이다. 따라서 위로 반등을 이용하여 물량을 정리하는 기회로 삼아야한다. 이때 월봉캔들은 양봉이되 위꼬리 달린 양봉이 된다. 따라서 앞서 아래꼬리는 매수이듯 같은 원리로 이것은 위꼬리 부분 매도가 되는 것이다. 타이밍은 20일선이 하향으로 꺾이던지 주봉의 캔들이 음봉일 때가 월봉상 위꼬리를 만드는 구간이다.

> **주식격언**
>
> **소문에 사고 뉴스에 팔아라**
> 재료는 소문단계에서 이미 주가에 대부분 반영되어 버리는 것이 보통이기 때문에 그것이 공식적으로 발표되면 재료로서의 가치가 거의 없어진다.

9평선 법칙에서 알아야 할 것 3 대세고점과 바닥을 찾는 기법

종합 이평선 기법에서 3번째 기법은 대세고점과 바닥을 찾는 기법이다. 이때는 월봉상 투자심리도를 이용한다. 투자심리도가 75% 이상에서 음봉이면 적극적으로 매도해야 하고 특히 음봉이 연속 2개이거나 음양음으로 저점붕괴 시에는 기조가 하락으로 바뀌는 신호이다. 매수신호를 뒤집으면 매도신호가 되고 매도신호를 뒤집으면 매수신호가 된다. 방금 언급한 기법을 뒤집었을 때 투자심리도 25% 아래에서 양봉이면 매수를 적극적으로 해야 한다. 또한 양캔들 2개가 연속으로 나오거나 양음양 고점돌파 시에는 주가가 상승기조로 돌아서는 신호다. 기법 공부를 효율적으로 할 수 있는 TIP을 얘기하면 항시 매수신호와 매도신호를 대각으로 공부하는 것이다. 위의 종합 이평선기법 3가지를 살펴보면 상승의 동방향과 하락의 동방향 그리고 아래꼬리기법과 위꼬리기법 여기에 월봉꼭지와 바닥기법을 대칭으로 언급한 것이 그것이다.

기조가 방향을 바꾸는 기법 – M-BC기법

이번에는 실제로 기조가 방향을 바꾸는 기법에 대해 알아보도록 하자. 바로 M-BC기법이다. M은 월봉의 6개월선을 의미하는 것이고 BC는 몸통 크로스로써 캔들이 이평선 위로 올라가거나 내려갈 때 캔들의 몸통(Body)부분이 이평선의 위아래에 완전히 들어가는 것을 의미한다. 즉, 주가가 고점에서 꺾일 때 6개월선 아래로 월봉 음캔들의 시가와 종가가 모두 아래 놓이는 것을 하향M-BC라 하고 반대로 주가가 하락하다가 시세를 반전시킬 때 월봉의 6개월선 위로

차트 9-3 KOSPI

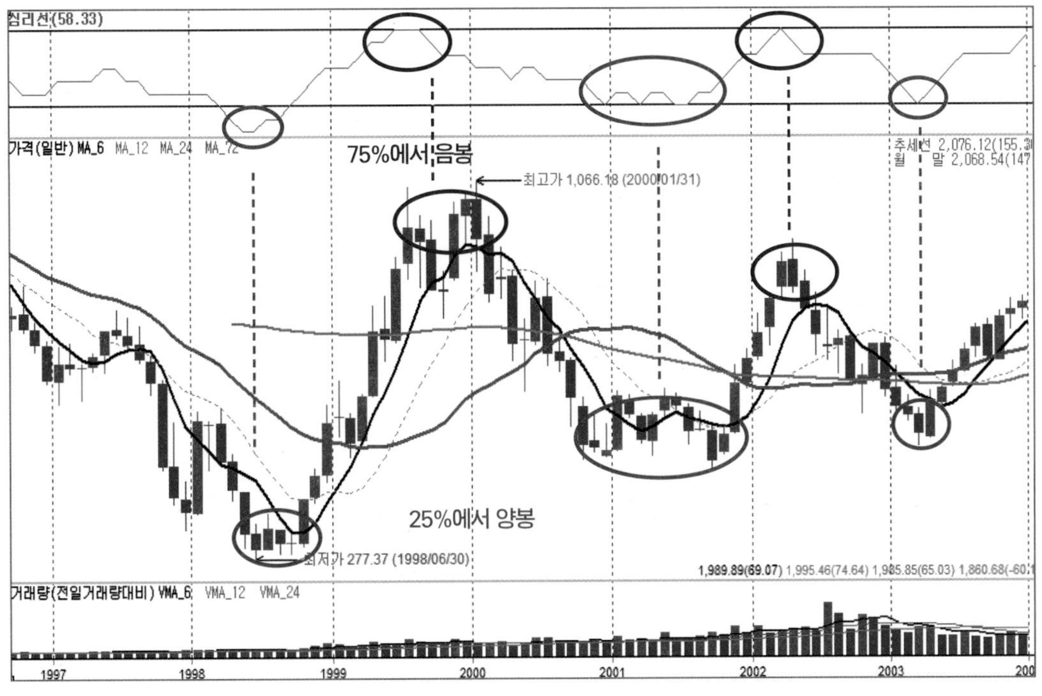

월봉 양캔들의 몸통이 완전히 올라타는 것을 상승M-BC라 한다. 이 M-BC기법부터는 실제로 시세가 방향을 바꾸는 실전신호이므로 이 때부터 완전히 주식시장의 계절이 바뀔 가능성에 철저히 대비하는 것이 필요하다. 이다음 과정은 6개월 이평선의 방향전환이다. 따라서 M-BC기법은 이동평균선의 기울기가 변화하기 직전의 기법이다. 일단 초보와 중급의 투자자라면 9평선 법칙까지 이해했을 때 투자 시 아주 유용하게 활용할 것이다.

투자 고수가 알아야 할 기법

그럼 이번에는 9평선의 고난도인 고급과정을 하나만 소개하기로 하자. 이것은 고수용이므로 이해가 안 된다 해도 시간이 지나면서 자연적으로 알게 되는 것이므로 특히 초보투자자의 경우는 이런 것이 있구나 정도로 이해하면서 보면 될 것이다.

플렉서블 이평선 기법

9평선의 가장 고난도는 월봉상 6개월선이 움직이는 시세와 반대 방향의 반전시세를 포착하는 기법으로 플렉서블 이평선 기법이다. 일봉으로 비유하자면 5일선이 꺾여서 내려가고 있는데 하단에 20일선이 상승하고 있으면 5일선 기준으로는 하향하고 있으니까 매도지만 20일선 기준으로 보면 주가가 조정을 받아도 그 위에 있으니까 매수존에 있는 것이다. 이때 20일선이 플렉서블 이평선에 해당한다. 월봉상 6개월선이 하락하면 펀더멘탈이 무너지는 것이므로 매도지만 하단에 6개월선보다 큰 '12개월선'이나 '24개월' '72개월선'이 상승기울기로 올라가고 있으면 그 근처에서 주가가 반전되는지 확인하는 것이 필요하고 그 근처에서 일단 한 번은 주가가 반등을 주었다가 내려가는 것이므로 추격매도는 자제하는 것이 기본이다.

통상 캔들은 월봉상 가장 가까이 있는 6개월선의 영향을 받지만 크게 하락하다보면 더 큰 이동평균선과 만나게 되고 이때 플렉서블 이평선에서 시세가 그 앞의 시세와 반대로 움직이는가를 확인하는 과정이 반드시 필요하다. 이때 가장 먼저 나타나는 것이 플렉서블 이평선 근처에서 캔들의 변화이고 하락하던 주가라면 월봉상 양캔들이 나오게 되는 것이다. 이러한 구간은 6개월선이 하락기울기이고 12개월선 등 플렉서블 이평선은 상향 기울기라 서로 엇박자 구간에 있다. 이럴 때는 두 개의 이평선이 모두 한 방향으로 되기 전까지 캔들의 색깔에 따라 단기 매매하는 방법을 취한다.

0평선은 이동평균선 중 가장 기본이 되는 것으로 이동평균선의 탄생 배경인 추세 이평선을 의미한다

0평선은 0이 동그라미 모양이므로 원리를 의미하는 원을 연상하면 된다. 주식투자에 성공하려면 큰 흐름이 어떤 방향인지 알아야 하는데 큰 시세의 원리가 추세 이평선인 0평선이다.

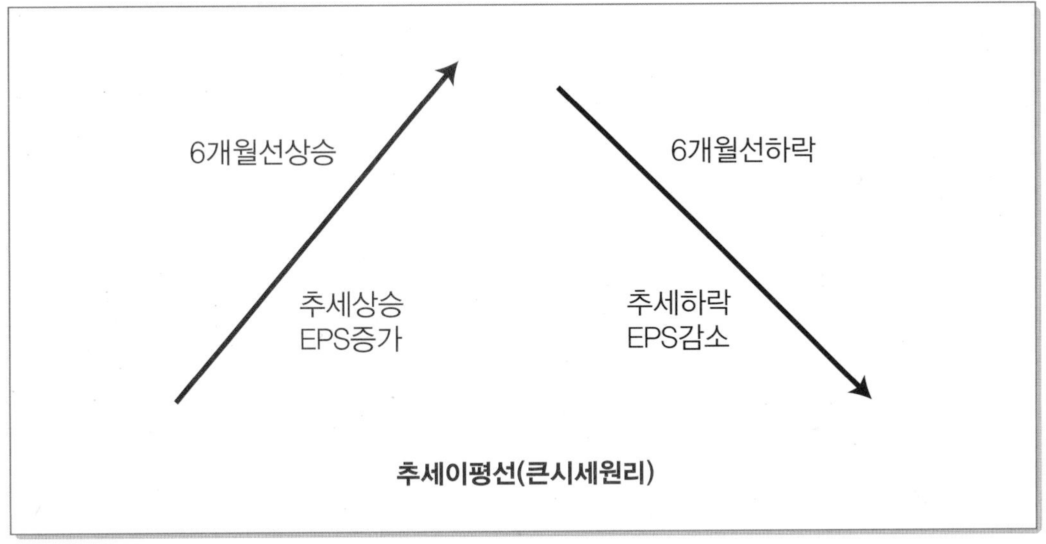

주식투자가 어려운 이유

주식투자가 어려운 것은 주가가 위아래로 쉼 없이 왔다 갔다 하기 때문이다.

만약 시세가 한번 위로 움직였을 때 계속 위로 움직여 주고 반대로 아래로 방향을 향했을 때 지속적으로 내려간다면 주식투자는 정말 쉬울 것이다. 왜냐하면 주가가 하락하다가 상승으로 전환하는 첫

날 주식을 사면 되고 거꾸로 상승하다가 하락으로 바뀌는 첫 시세에서 주식을 팔면 되기 때문이다. 하지만 주가는 이렇게 움직이지도 않고 또 그렇게 움직인다 해도 다른 문제가 발생하게 되는데 그것은 거래가 거의 형성되지 않는다는 것이다. 상승 전환할 때는 모두가 주식을 사려고 하고 하락 전환할 때는 모두가 주식을 팔려고 내놓을 것이기 때문이다.

실제로 주가는 위로 가기도 하고 아래로 조정을 받아 하락하기도 하며 순간적으로 반등을 주는 등 어느 방향으로 튈지 모르는 개구리처럼 튀는 방향을 잡기가 어렵다. 그렇다면 이것을 해결해주는 방법은 없을까? 바로 그것이 추세선 판단법이다.

추세선 판단법

추세선 판단법이란 주가가 순간적으로는 위아래로 혼란스럽게 오르내리지만 긴 시세의 흐름이 어디를 중심으로 움직이는가를 찾아내는 방법이다. 예를 들어 주가가 상승하다가 조정을 받더라도 상승폭대비 하락폭이 작고 상승하는 날에 비해 조정 받는 날이 작으면 그 추세는 분명 상승추세라고 할 수 있을 것이다.

반대로 하락을 많이 하는 것에 비해 반등폭이 작으면 추세는 하락추세라고 할 수 있을 것이다. 그럴 때 그것을 한 눈에 알아보기 편한 것이 바로 이동평균선의 기울기다. 즉, 이동평균선의 기울기가 상승하고 있으면 상승추세에 맞는 전략을 사용해야 하고, 반대로 하락하고 있으면 하락추세에 맞는 전략을 사용해야 한다.

차트 0-1 메디톡스

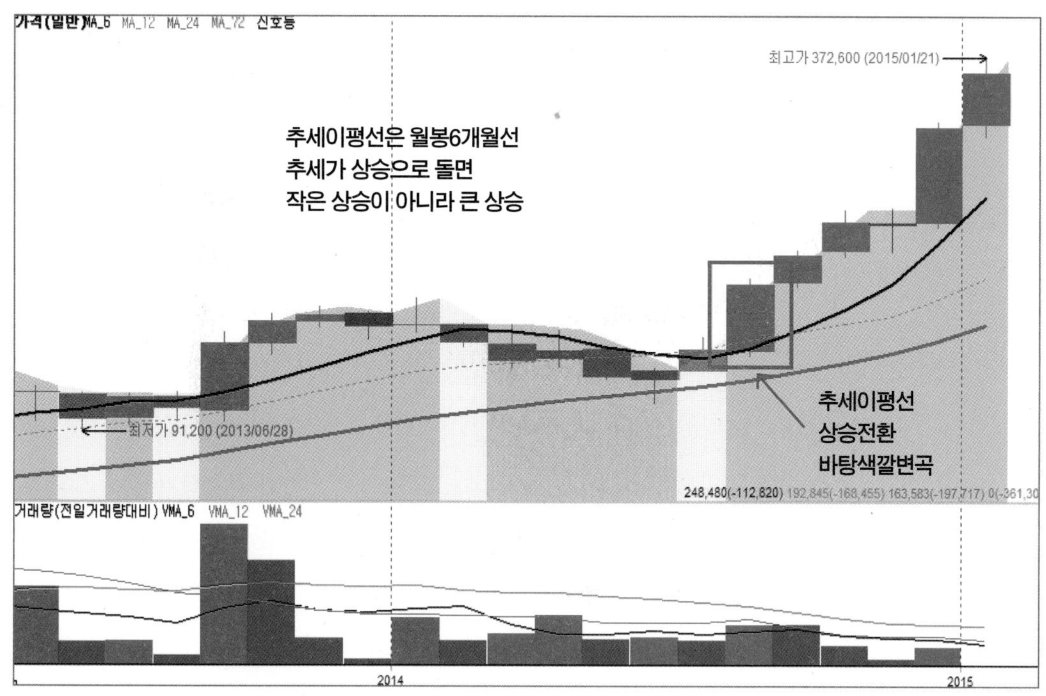

이동평균선은 어떻게 만들어지는가

그렇다면 추세를 의미해주는 이동평균선은 어떻게 만들어지는 것인가? 그것은 매일 매일의 시세를 이용하여 만드는데 만약 5일 이동평균선이면 5일간의 시세를 다 더해서 5로 나눈 값이고 20일 이동평균선이면 20일간 거래된 시세를 더해서 20으로 나눈 값이다. 다시 말해 일정 기간 동안의 평균 주가인 것이다. 여기서 더해지는 매일 매일의 주가는 종가를 사용한다. 이동평균선의 가격은 단지 어느 한 날 상승이나 하락한 것이 중요한 것이 아니라 평균적인 흐름이기 때문에 추세를 의미한다.

이동평균선은 마치 한 반의 반평균과 같다. 한반이 60명인 학생이

TIP 체크포인트

기조
주식시장은 본질가치와 경제변수 투자주체들이 심리, 수급에 의해 어떤 흐름을 갖게 되는데 이흐름을 말합니다.

시험을 봤을 때 그 반의 반평균은 당연히 60명의 성적을 다 더한 다음 60으로 나누면 되는데 이동평균선도 마찬가지 공식으로 구한다.

이동평균선의 상승과 하락

그렇다면 이동평균선이 상승한다거나 하락한다는 것은 어떤 의미일까? 보통 주가가 하락하거나 상승한다는 것은 전일종가 대비를 의미한다. 그러니까 어제 가격대비는 올라갈 수도 있고 내려갈 수도 있으니까 이것은 들쑥날쑥 수시로 변한다. 대신 이동평균선을 전일 종가와 비교하는 것이 아니라 그 이동평균선의 빠져나가는 주가와 비교하는 것이다. 즉, 5일 이동평균선이면 새로이 거래되는 가격과 일주일 전의 가격을 비교하고 20일선이면 한 달 전의 주가와 비교하는 것이다. 그러니까 이동평균선의 흐름은 전일의 종가가 아니라 일정기간 전의 주가와 비교되는 것이기 때문에 한번 하락하면 지속 하락하는 경우가 많고 상승하게 되면 방향성을 가지고 지속 상승하는 경우가 많다. 특히 5일전주가보다 20일전주가, 20일전주가보다 60일전주가와 비교할 때 지속성이 오래간다.

추세라고 얘기하는 이동평균선은 며칠인 걸까?

그렇다면 추세라고 얘기하는 이동평균선은 며칠 이동평균선을 의미하는 것일까? 그것은 일봉으로는 120일 이동평균선이고 월봉으로는 한 달이 20일이니까 6개월 평균선 기울기가 이에 해당한다.

120일 이동평균선을 사용하는 이유는 바로 120일선이 경기선이기 때문이다. 기업으로는 펀더멘탈선이라 할 수 있는데 주가란 결국 경기 사이클을 따라서 선행하는 것이기 때문에 추세이평선은 120

차트 0-2 **SK이노베이션**

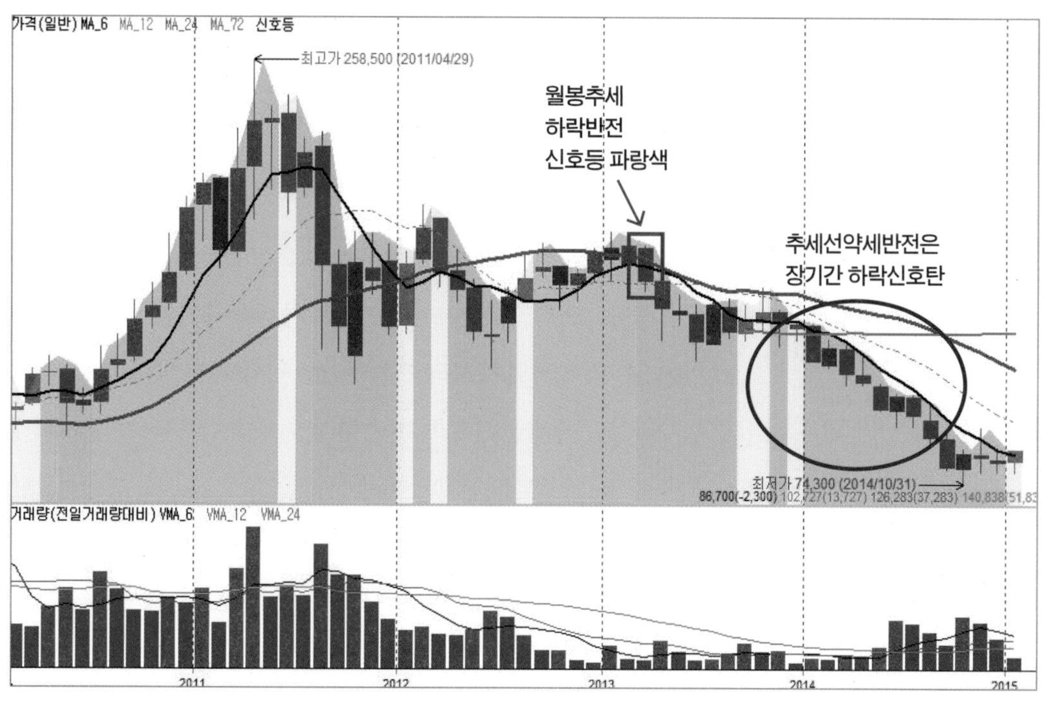

일 이동평균선을 사용한다. 만약 여러분들이 자제분이나 나중에 손자손녀에게 주식을 가르치려면 가장 먼저 월봉의 6개월 평균선 원리를 가르치라고 권하고 싶다. 작은 시세는 놓쳐도 큰 흐름은 놓쳐서는 안 되기 때문이다. 따라서 주식을 매입하려할 때 일단 그 종목이 지금 단기적으로 올라오고 있어도 추세가 하락인 종목은 반등에 불과하다.

반대로 지금 단기적으로 주가가 조정을 받고 있어도 상승추세인 종목은 조정이후 다시 주가가 상승할 가능성이 높다. 추세가 상승추세라는 것은 그 기업이 이익을 꾸준히 내는 업체이기 때문이다. 특히 주목할 것은 변곡을 잡아내는 일이다. 주가가 하락기조의 패턴을 보

> **주식격언**
>
> **뉴스를 과신 말고 기사는 행간을 읽어라**
>
> 신문이나 방송의 뉴스는 같은 내용의 뉴스를 신문사나 방송국에 따라서 보도하는 각도가 다르고 오보나 추측기사, 각색기사 등이 많으며 사실을 있는 그대로 전달하지 못하는 것이 뉴스이므로 너무 과신해서는 안된다. 또한 신문기사는 곧이 곧대로 읽지 말고 행간에 숨겨진 또 다른 의미를 해석하는 안목을 길러라.

이다가 상승패턴으로 전환하게 되면 그것은 상승초기라는 것이 된다. 국내 경기가 사이클 상 확장기가 31개월이므로 경기사이클처럼 2년간 상승흐름을 탈 가능성이 높다.

반대로 상승기조에서 하락기조로 전환되면 경기 사이클 상 수축기가 18개월이므로 약 1년 반 정도는 주가가 약세기조를 보일 가능성이 높다는 것이므로 추세의 전환시점은 꼭 놓치지 말아야 하는 것이다. 따라서 이동평균선 자체가 만들어진 목적 중 하나가 단기시세가 아닌 큰 흐름의 맥을 알고자 하는 것이므로 다른 이동평균선보다 추세를 알려주는 0평선은 가장 먼저 마스터해야 할 이동평균선인 것이다.

이동평균선의 성질 1 – 손바닥형

이동평균선의 성질 중 중요한 것을 하나 더 공부해보자. 바로 그것은 손바닥형과 손등형이다. 손바닥형이란 지금 당장 이동평균선이 상승 반전하지는 않았지만 다음 캔들을 그릴 때 상승 반전할 가능성이 높다는 것을 의미하는데 이것은 지금 형성되는 시세가 6개월 전 주가와 비교하면 아직 작지만 그 다음 비교의 대상이 되는 5개월 전의 주가와 비교하면 상승 반전하는 구간이다. 즉, 지금의 시세가 다음 달에 그대로 보합만 되어도 다음 달에는 하락 이동평균선이 상승으로 반전된다는 것이다.

이동평균선의 성질 2 – 손등형

마찬가지로 손등형은 지금 당장은 상승기울기의 이동평균선이 하

차트 0-3 서울반도체

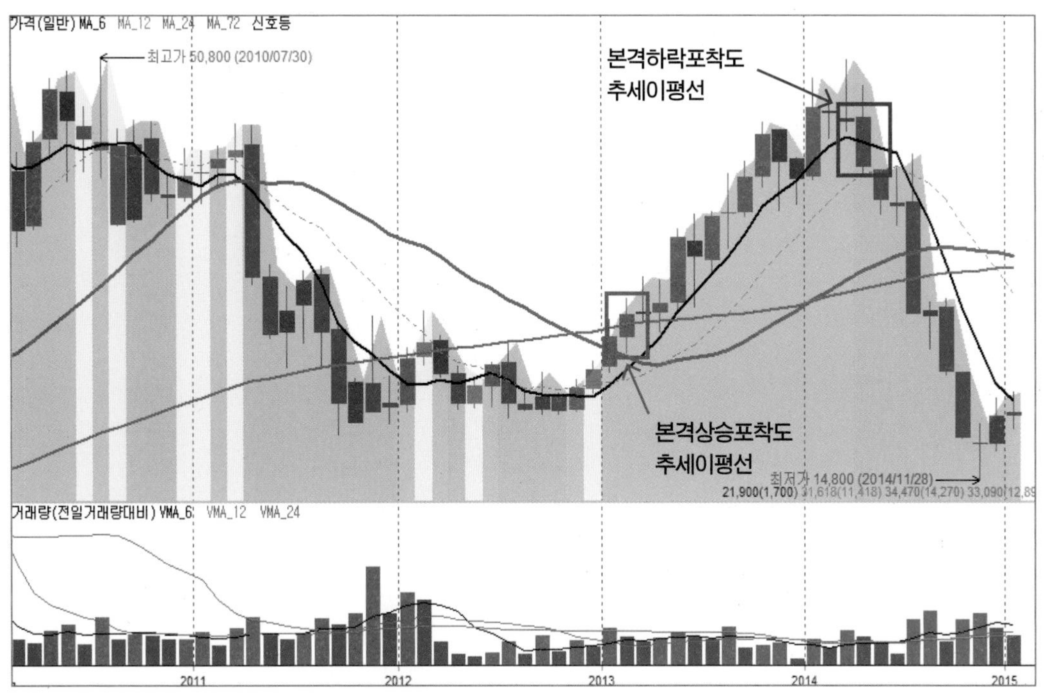

락으로 꺾인 것은 아니지만 다음 달 주가가 지금의 주가와 보합만 되어도 하락으로 꺾일 것을 예고하는 패턴이다. 비가 오는 타이밍을 이동평균선이 꺾인 시점으로 본다면 먹구름이 끼어서 비가 올 것을 미리 예고하는 것이 바로 손등형인 것이다. 이렇듯 이동평균선은 생긴 것은 과거 데이터를 평균하여 생긴 것이지만 오히려 활용은 미래의 것을 예측한다는 점에서 그 위력이 크고 그중 추세이평선인 0평선은 매수매도를 결정할 때 가장 먼저 봐야할 이평선이다.

연상법 일
일봉만 보면 봉된다
월봉 보고 기조 파악하라

연상법 이
이십일(20)선 위에서 대박이 시작되고
이십일(20)선 아래에서 쪽박이 시작된다

연상법 삼
삼박자 매매법은 종목발굴법이고
'120일선', '20일선', '월봉캔들' 3가지다

연상법 사
사(4)대 급등주 패턴은 중장기 매집형으로
60일선 쌍바닥에 20일선 쌍바닥 패턴이다

연상법 오
오(5)파동은 마지막 파동으로
큰 파동의 주가방향을 반대로 바꾼다

연상법 육
육각형 매매법은 6단계 매도법으로
자신의 보유종목 매도시점을 체크하는 것이다

연상법 칠
주식투자에서 7번방의 선물은
7자의 꺾임 부분 같은 변곡점 진입이다

연상법 팔
팔팔한 종목은 핑크고래가 있고
꺾이는 종목은 블루고래가 있다

연상법 구
구좌관리는 월간단위로 하고
월 단위베팅은 상대강도로 한다

연상법 십
이익금의 10%는 헤지하고
10%의 손실은 손절매한다

3
PART
연상법 투자10계명

일봉만 보면 봉된다 월봉 보고 기조 파악하라

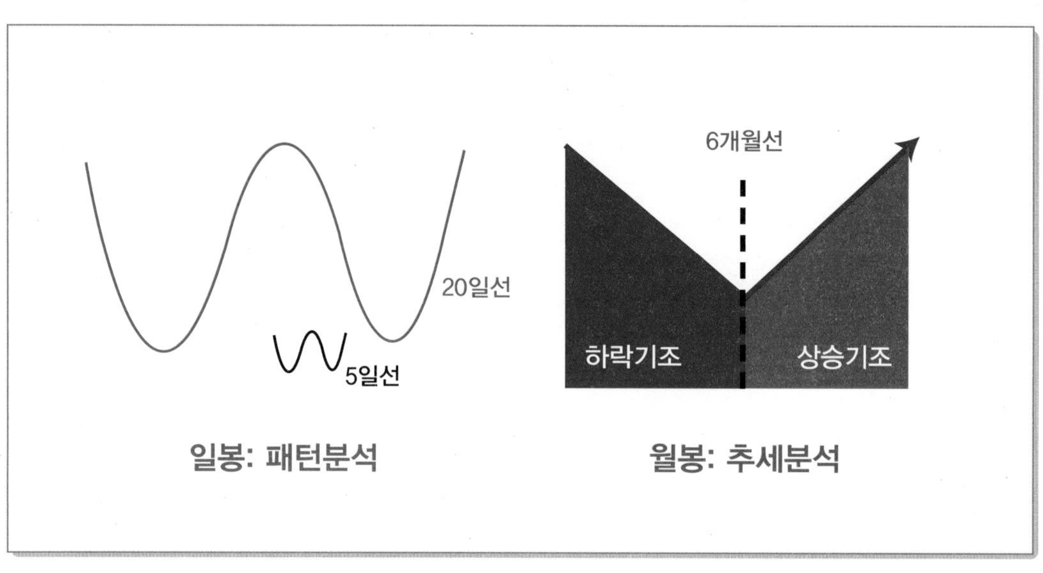

큰 시세의 흐름을 알아라

일봉은 일반투자자들이 보는 가장 대표적인 차트이다. 문제는 일봉만 보다보면 너무 단기적인 시세에 휩싸일 가능성이 높고 눈앞에 움직이는 시세에 속아서 큰 흐름을 놓치는 실수를 범하기 쉽다는 데 있다. 유능한 어부는 조류의 흐름을 알 듯이 성공하는 투자자가 되기 위해서는 큰 시세의 흐름을 알아야 한다. 그러기 위해서는 반드시 월봉을 알고 투자해야 한다.

차트 1-1 현대중공업

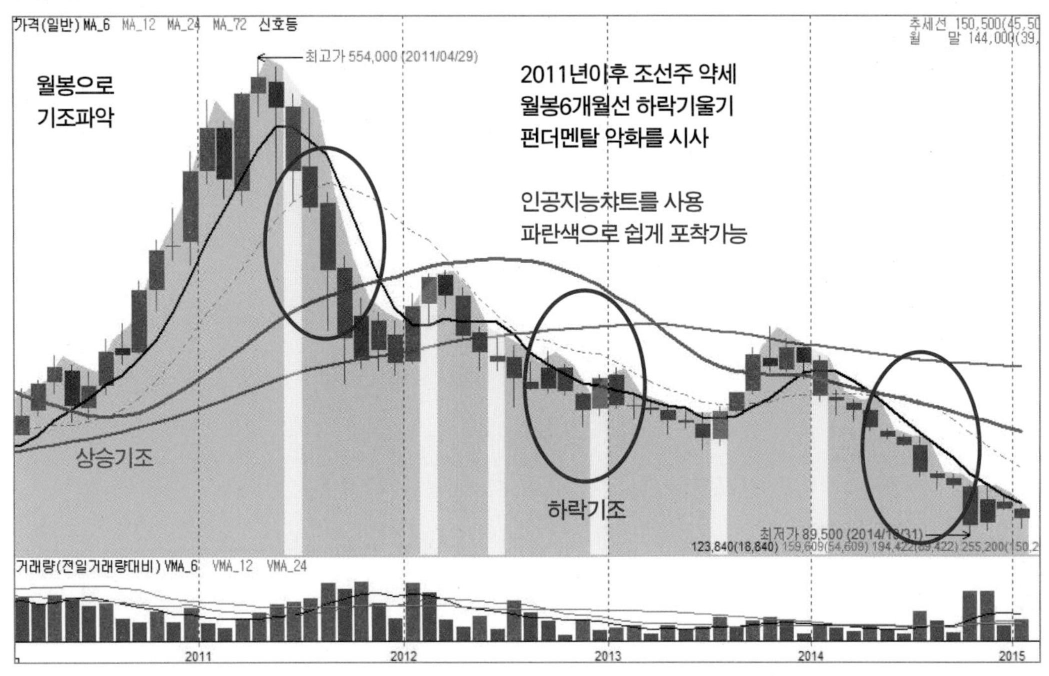

월봉이란

월봉이란 일봉이 하루에 캔들 하나를 그리듯이 한 달에 캔들 하나를 완성한다고 보면 될 것이다. 매월 초 시작되는 가격이 월초 시초가가 되고 월말 가격이 종가가 되어 캔들의 몸통을 형성하게 된다. 월중의 고점과 저점은 각각 위꼬리와 아래꼬리를 형성하는 것이다. 월봉은 작은 눈앞의 시세보다는 큰 흐름을 보는 데 아주 효과적이다. 기본적으로 월봉에서 사용해야 하는 이동평균선은 6개월선으로서 일봉의 120일선에 해당한다. 주식시장이 열리는 기간으로 볼 때 한 달은 20일이므로 경기선에 해당하는 것이 월봉상으로는 6개월선이다.

TIP 체크포인트

쌍매물 돌파
한번 상승에 20일선과 60일선을 동시에 돌파하는 것을 말합니다.

시세를 좌우하는 세력

어떤 주식을 사고자 할 때는 일단 먼저 6개월선의 기울기가 상승하고 있는지 하락하고 있는지를 봐야한다. 왜냐하면 6개월선은 그 회사의 펀더멘탈을 대변하기 때문이다. 시세를 좌우하는 것은 일반 투자자가 아니고 기관이나 외국인 그리고 이른바 큰 손이라 불리는 세력들이다. 이들이 종목을 선정하는 기준은 회사가 돈을 많이 벌어서 향후 주가가 길게 상승할 수 있는 종목들이다. 왜냐하면 많은 수량을 매집하고 고점에서는 많은 양의 주식을 팔아야 하므로 매수의 평균단가는 저점대비 어느 정도 위일 수밖에 없고 매도평균단가도 고점대비 일정 분 아래일 수밖에 없다. 그렇기 때문에 마음 놓고 주식을 사고팔려면 실적이 우량하여 주가가 긴 기간 큰 폭으로 상승할 가능성이 높은 주식이 타깃이 될 수밖에 없다.

주가의 저평가 여부를 따질 때

주가의 저평가 여부를 따질 때 대표적으로 PER이 사용되는데 이것은 그 회사가 1주당 벌어들이는 순이익(EPS) 대비 현재의 주가가 몇 배에서 거래되고 있는가를 알려주는 지표이다. 예를 들어 PER이 10배라고 하면 그 회사는 1년간 벌어들이는 이익대비 10배의 가격에 거래된다는 얘기가 된다. PER은 일정한 수준을 유지하고 있기 때문에 이 숫자가 높으면 고평가된 주식, 낮으면 저평가된 주식이라 한다.

PER 공식

공식은 PER = 주가 / 주당순이익(EPS)이다. 따라서 주가가 크게 상승하기 위해서는 분모의 주당 순이익(EPS)이 높아야 한다. 이런

차트 1-2 아모레퍼시픽

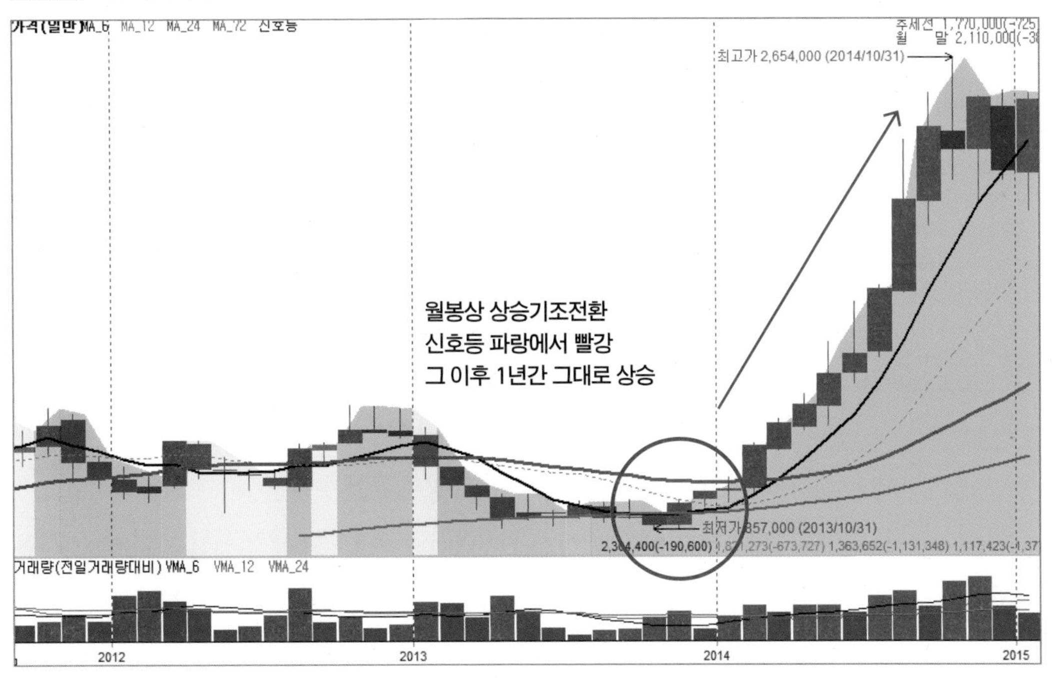

회사들의 대부분은 월봉의 6개월선이 상승 기울기를 갖는다. 단지 주가가 많이 하락했다는 이유로 상승을 할 때는 20일선이나 맥시멈 60일선까지는 돌릴 수 있지만 월봉상 6개월선의 기울기는 돌리지를 못한다. 따라서 어떤 주식을 매수할 때는 일단 기조가 살아 있어야 하고 회사가 이익을 많이 내는 것 중에서 골라야 세력들과 같은 주식을 매수할 확률이 높아지는 것이다. 따라서 매수의 첫 단추는 월봉을 보고 결정해야 한다. 그러나 대다수의 일반투자자들은 일봉에만 매달리고 있다.

일봉의 활용법

일봉은 어떤 쪽으로 활용하는 것인가? 그것은 패턴분석 할 때이다. 예를들어예를 들어 단기적으로라도 주가가 상승다운 상승을 하려면 한 달선인 20일선의 기울기가 상행선이어야 한다. 특히 그러한 가운데 20일선이 쌍바닥 패턴이면 진바닥이라 하고 60일선이 상승 전환하게 된다. 그 외 33패턴 책에서 소개했듯이 세력패턴을 찾을 때 일봉을 사용하면 된다. 대신 그 이전 시세의 흐름을 알기 위해서는 월봉을 보는 것이 필요하다.

> **주식격언**
>
> **재료가 반영되지 않으면 팔아라**
>
> 주식시세는 수급(需給)관계가 기본이고 재료는 부차적인 것이다. 호재가 반영되지 않으면 수급관계가 나쁜 증거로 장차 하락할 가능성이 많으며 악재가 둔감하면 시장은 매수세력이 우세한 증거이므로 주가는 상승할 가능성이 많다.

월봉의 중요분석법 1 – 추세선

그럼 월봉 중 중요한 분석법은 무엇이 있는가?

첫째 가장 기본은 6개월선의 기울기로서 추세선을 나타낸다. 월봉에서는 이외에도 '12개월' '24개월' 그리고 '72개월'선을 세팅값으로 해서 사용하면 큰 시세분석에 편리하다.

월봉의 중요분석법 2 – 캔들변곡 활용법

두 번째 중요한 것이 월봉의 캔들변곡 활용법이다. 캔들변곡이란 월봉상 6개월선이 상승 전환한 상황에서 월봉의 캔들이 양음양으로 N자형을 만드는 것이다. 캔들변곡의 의미는 6개월선이 그 동안 시세의 상승을 방해하는 저항선에서 지지선으로 역할이 전환되었다는 것을 의미한다. 현물에서 가장 많이 사용되는 것 중의 하나가 역할 전환이다. 주가가 움직일 때 저항선에서 지지선으로 역할이 전환되지 않으면 주가는 위아래를 왔다 갔다 하는 가두리를 형성한다. 대신 역할 전환이 되면 주가는 고점돌파를 하게 될 것이다. 그래서 월봉상의 캔들변곡은 종목 선정의 기법으로써 확률이 높고 특히 무엇보다도 찾아내기 편한 기법 중 하나이다.

차트 1-3 롯데케미칼

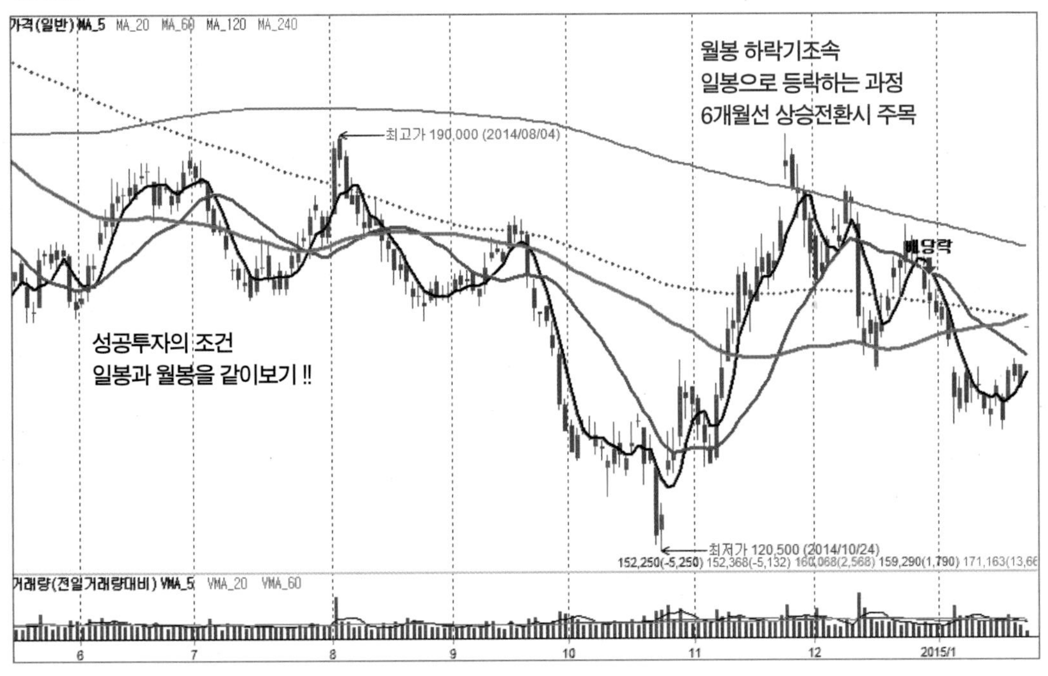

월봉의 중요분석법 3 – 9/12 법칙

월봉에서 세 번째 기법은 9/12 법칙이다. 이것은 역사적 바닥과 고점을 찾아낼 때 사용하는 기법으로 주가가 지금까지 12개월 즉, 1년 동안에 몇 개월 상승하였는가를 백분율로 하여 25% 아래면 바닥권, 75% 이상이면 천정권으로 본다. 이럴 때 중요한 것은 신호를 같이 보는 것이다. 즉, 9/12 법칙은 지수가 바닥권인가 천정권인가 그 근처를 알려주는 것이고 그 중 어디에서 매수세와 매도세가 나오는가를 확인하는 것이 필요하다. 이럴 때 바닥에서 매수세가 들어올 때는 월봉상 양봉을 주고 천정권에서 매물이 나오기 시작할 때는 월봉상 음봉을 주게 된다. 특히 역사적 바닥과 고점을 찾을 때는 월봉이 하나가 아니라 2개일 때를 의미 있게 받아들인다. 예를 들어 지수가 25% 바닥권에 진입한 후 월봉이 양봉이면 매수의 신호인데 양봉이 연속 2개가 나오거나 양음양의 순서로 나오면서 고점돌파가 되었을 때 대바닥을 찍은 것으로 간주한다. 이것은 월봉차트에서 보조지표인 투자심리도를 같이 보면 되기 때문에 분석법이 아주 간단하다.

성공적인 투자를 하기 위해서

매월 성공적인 투자를 하기 위해서는 일단 매수부터 잘해야 한다. 이럴 때 먼저 월봉을 보고 큰 흐름을 잡아서 상승기조인 종목만 매수의 일차 대상으로 삼는 것이 중요하다. 그래야 설령 진입하는 시점이 다소 잘못되었다 해도 주가는 큰 흐름을 따라서 상승기조를 이어갈 수 있는 것이다. 그러한 종목 중 현재 주가의 패턴이 세력패턴인 상방패턴을 찾아낼 줄 알면 된다. 결국 일봉만 봐서는 단타성 매매만 하게 되고 시세의 안전판이 없다는 점에서 반드시 월봉분석으로 큰 흐름인 기조를 파악하는 것이 우선 되어야 한다.

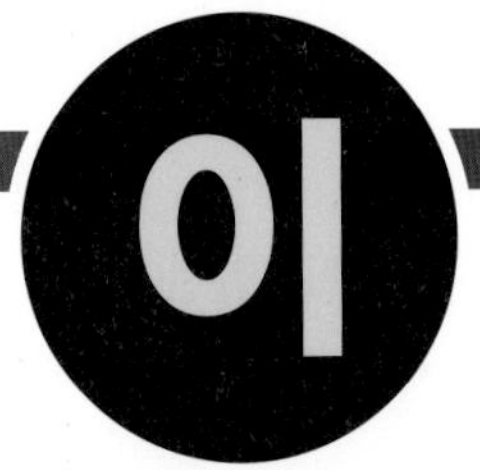

이십일(20)선 위에서 대박이 시작되고 이십일(20)선 아래에서 쪽박이 시작된다

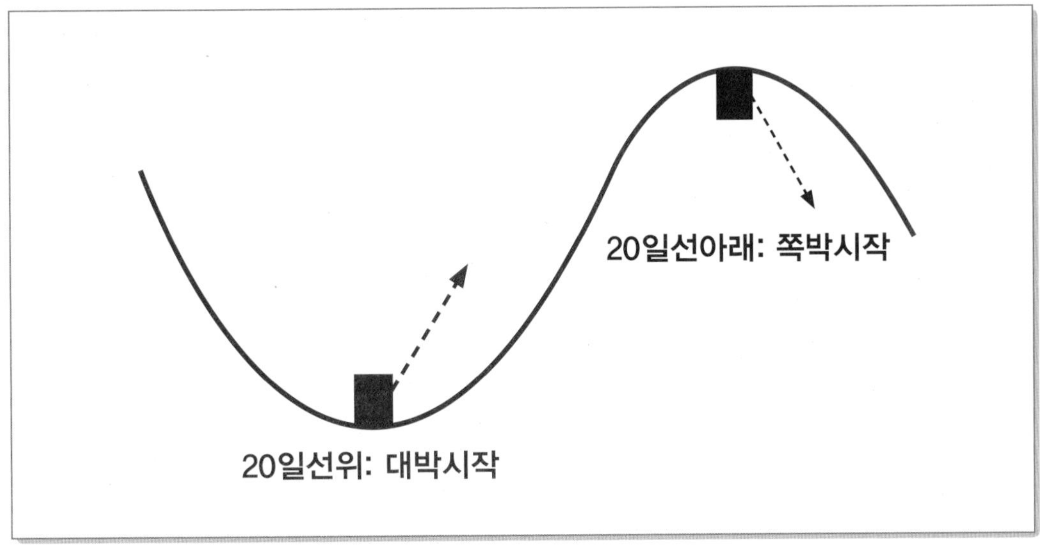

실전에서 가장 많이 접하게 되는 이평선 – 20일선

투자자들이 실전에서 가장 많이 접하게 되는 이동평균선 중 하나는 바로 20일선이다. 20일선은 한 달을 대표하는 이동평균선으로 금리선이라 불리지만 그보다는 세력선 생명선 등으로 더 잘 알려져 있다. 이동평균선으로 시세를 분석할 때는 2가지를 많이 사용하는데 하나는 추세선이고 다른 하나는 파동선이다.

추세선(기준선)이란

추세선이란 시세가 어떤 방향으로 가는지를 알려주며, 120일선이나 240일선이 추세선에 해당하는 것으로 이것이 매수의 대상이 되는지, 되지 않는지의 기준을 제시해주기 때문에 기준선이라고도 한다. 추세선은 주가가 나아가는 방향을 알려주므로 일관성 있는 움직임을 보인다. 즉, 한 번 상향이면 지속적으로 위로 올라가는 성질이 있고 반대로 기울기가 하향이면 계속 내려가는 성질이 있다. 따라서 추세선은 직선의 움직임인 스트레이트의 성질이 있다.

파동선이란

반면 파동선은 지그재그로 움직인다. 대표적인 파동선이 바로 20일선이다. 투자자들의 목표가 매월 일정 분 안정된 수익을 올리는 것이라면 한 달 선인 20일선을 반드시 참조해야 하는데 20일선 위로 주가가 올라가면 매수의 시점으로 사용하고 반대로 20일선 아래로 내려가면 매도선으로 사용한다.

20일선을 매수와 매도의 타이밍선으로 사용하는 이유

그렇다면 왜 20일선을 종목의 매수와 매도의 타이밍선으로 사용하는 것일까? 그 이유는 20일보다 짧은 단기선을 사용하다보면 타이밍은 빠르지만 속임수가 많이 발생하고, 그렇다고 20일선보다 긴 이동평균선을 사용하다보면 타이밍 상 너무 느리기 때문이다.

이동평균선은 통상 하나를 사용하는 것이 아니라 단기선과 중장기선을 같이 놓고 분석하는데 그 이유는 단기선은 포착이 빠른 장점이 있는 반면 속임수가 많다는 단점이 있고 중장기 이평선은 속임수

차트 2-1 종근당바이오

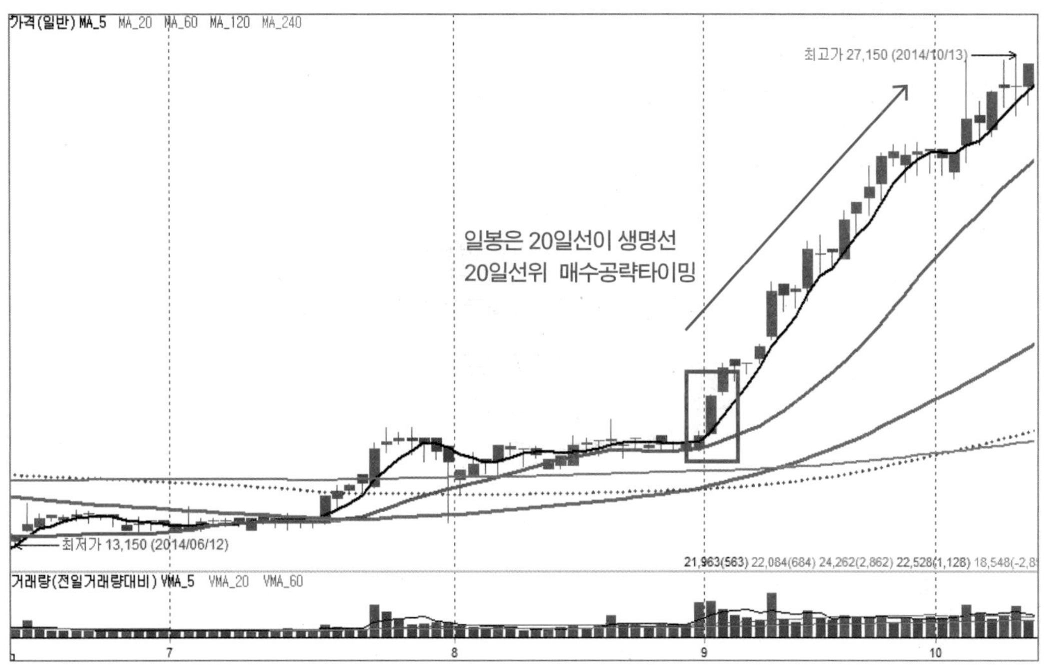

는 적지만 상대적으로 타이밍이 느리다는 단점이 있다. 따라서 단기선에서는 속도를 보고 중장기선에서는 신뢰성을 분석한다. 그럴 때 하나의 기준으로 사용하기 편리한 것이 20일선이다. 이것은 통상 주가 관리가 한 달 단위로 이뤄지는 현상과 관련이 있다. 왜냐하면 펀드매니저나 펀드수익률은 월중보다는 월말이 중요하고 그래서 생겨난 용어가 바로 윈도우 드레싱이다.

20일선은 관성의 선

수익의 목표가 한 달 중심으로 체크되는 것이라면 20일선의 사용은 아주 필연적이라 할 수 있다. 어떤 종목이 대박이 터졌다면 그 종목의 시작은 20일선 위에서 시작한다. 반대로 급락하는 종목도 마

TIP 체크포인트

투터치
5일선에 두번 지지를 받는 것입니다.

찬가지로 급락의 시작은 20일선 아래에서 시작하고, 20일선의 상황을 포착하는 것이 중요하다. 그래서 20일선은 관성의 선이라 한다. 관성이란 방향을 정하기가 어렵지 한번 방향을 정하면 그쪽 방향으로 쭉 움직이려는 성질을 의미한다.

20일선의 활용법 1 – SD패턴

그렇다면 관성의 성질을 가지고 있는 20일선은 어떤 활용법이 있는가? 20일선 활용법을 보면 실전에 아주 중요한 것들이 있는데 일단 새로운 파동을 시작하기 전의 패턴인 기간조정패턴, 이른바 SD패턴이다. 주가는 상승을 하게 되면 반드시 조정을 받게 되고 그 조정을 거쳐야 새로운 상승파동을 시작한다. 주가가 조정을 받을 때는 가격이 크게 하락하는 가격조정과 이와는 달리 횡보패턴을 보이고 주가는 별로 하락하지 않는 기간조정이 있다.

일상생활에서 SD패턴의 비유

마치 축구공이 하늘에서 떨어질 때 땅으로 내려오는 그 상황은 가격조정에 해당하고 땅에 닿은 다음 통통 튕기는 과정을 기간조정의 과정이라 할 수 있다. 증시 격언 중 "떨어지는 칼날을 잡지마라."는 것이 있는데 이것은 주가가 가격조정을 받을 때 함부로 매수에 나서지 말라는 의미다. 칼이 땅에 꽂혀서 드르륵 떨리는 순간이 기간조정에 해당하는 것이고 매수의 진입여부는 바로 그러한 순간에 진입을 결정하는 것이다. 따라서 20일선의 활용법 중 기울기가 완만하게 옆으로 눕는 SD과정은 성공적인 종목발굴을 위해서는 반드시 알아야 할 기법이다.

차트 2-2 현대제철

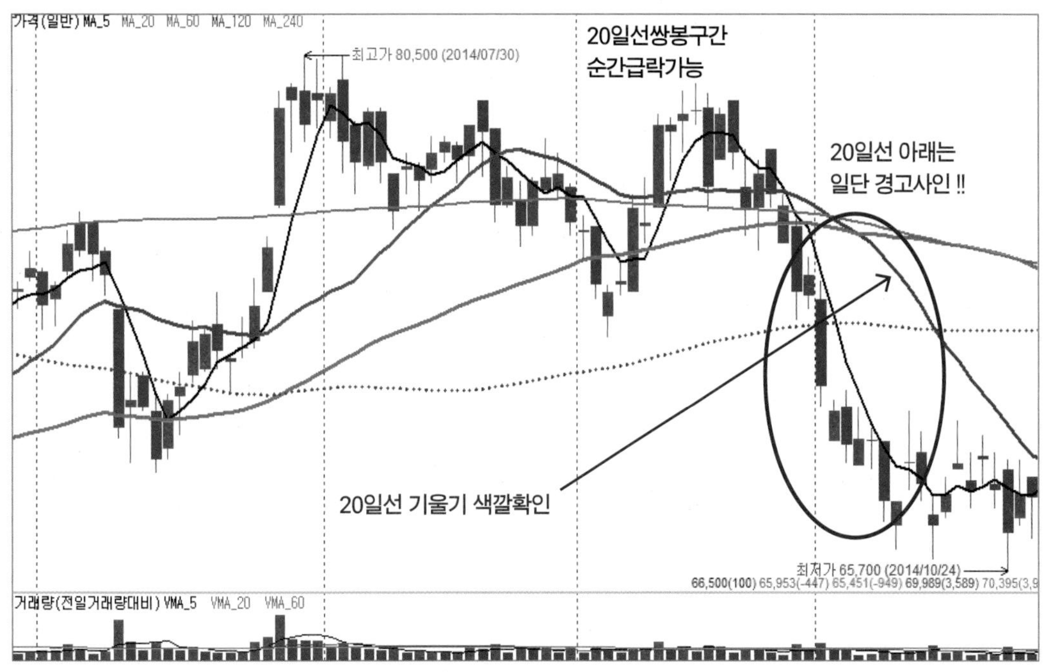

20일선의 활용법 2 – 5일선 쌍바닥 · 쌍봉기법 사용

두 번째는 20일선의 先공략법으로 5일선 쌍바닥이나 쌍봉기법을 사용한다는 점이다. 20일선 위로 올라타거나 내려가면 본격적인 시세가 나타나는 경우가 많으므로 선 공략의 필요성이 나오는데 이때 5일선의 쌍바닥 · 쌍봉을 활용한다.

몸통 크로스(BC)란

매수를 예로 들었을 때 실전에서 사용을 많이 하는 것이 바로 몸통 크로스(BC)다. 즉, 일반적인 크로스의 시가는 이평선을 만족하지 않고 종가에 올라가는 것인데 몸통 크로스는 시초가부터 20일선 위이거나 그 근처에서 시작하고 종가도 당연히 20일선 위로 마감하

> 주식격언
>
> **천정권의 호재는 팔고 바닥권의 악재는 사라**
>
> 주가는 오르는 힘이 다하면 저절로 떨어지고, 장기간 바닥을 굳힌 후 서서히 오르기 시작하는 주가는 어떤 악재가 나와도 오른다. 그러므로 천정권에서 큰 호재로 주가가 폭등하면 팔아야 하고 바닥권에서 악재로 주가가 폭락하면 사야된다.

는 것이다. 이것을 20BC라고 한다. 즉, 20일선이 횡보하다가 주가가 상승을 시작할 때 시가부터 20일선 위에서 시작하고 종가도 양봉으로 마감할 때 주가패턴은 환상적이 된다. 그 이유는 주가가 횡보하면서 이미 가격조정과 기간조정을 거쳤다는 것이고 20일선 위에 완전히 올라탔다는 얘기는 지금부터 시세가 시작될 가능성이 높다는 것을 의미한다. 특히 매수도 중요하지만 마지막의 승부는 결국 누가 이익을 잘 챙기고 빠져 나오느냐 이므로 20일선 아래 몸통 데드 크로스가 나올 때는 상당히 조심해야 한다.

20일선의 활용법 3 – 혼자보단 둘

세 번째는 20일선은 혼자 있을 때보다 2개가 같이 있을 때 그 위력이 강하다. 바닥에서 20일선이 쌍바닥을 보일 때 이것을 진바닥이라 한다. 주식을 매수할 때 되도록 월봉상 6개월선이 상향인 종목을 매수하는데 미니멈(매수의 최소) 조건은 월봉상 상승기조가 아닐 때라도 그나마 단기적으로 관심의 대상으로 삼을수 있는 것은 20일선이 2개가 놓여있는 진바닥일 때다. 그 이유는 20일선을 공략할 때도 5일선이 쌍바닥이면 20일선이 상향선으로 돌듯이 20일선이 쌍바닥이면 60일선이 상향선으로 전환할 가능성이 높기 때문이다. 최소한 주식을 매수할 때 그 주식은 60일선이 상승으로 전환해야 평균단가와 비용 등 이것저것을 제외하고 이익을 낼 가능성이 높아진다.

반면 매도는 매수와는 달리 20일선이 외봉이어도 리스크 관리가 우선이다. 매수는 들어가지 않으면 본전이니까 좀 더 좋은 조건의 주식을 선정하기 위해 기본이 20일선 쌍바닥으로 60일선이 턴하는 종

차트 2-3 KH바텍

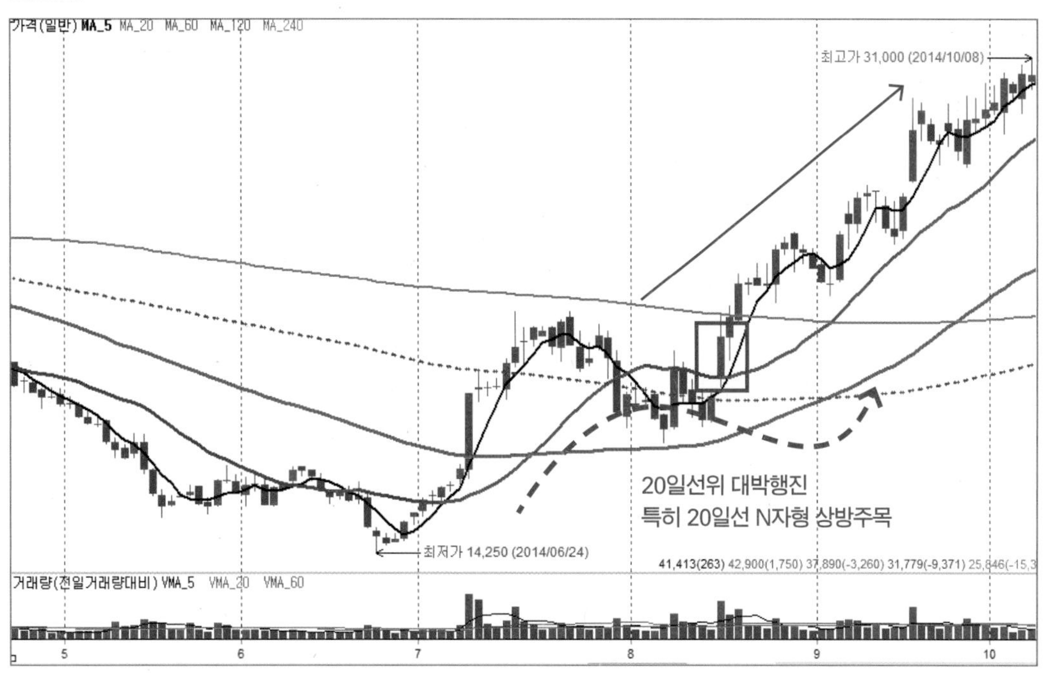

목이 최소한의 조건이지만 매도는 해야 할 자리에서 하지 않으면 보유 주식의 손해가 발생하므로 주가가 20일선을 이탈하면 리스크를 관리하는 마인드가 필요하다. 결국 대박주들의 시작은 20일선 위에서 시작하고 시세의 마감도 20일선 아래에서 마무리되는 것이다. 그렇기 때문에 주가가 20일선 위로 올라타면 사야하는 것이 아닌가 반드시 점검해야 하고 반대로 20일선 아래로 내려가면 매도를 해야 하는 것은 아닌지 검토가 필요한 것이다.

삼박자 매매법은 종목발굴법이고 '120일선', '20일선', '월봉캔들' 3가지다

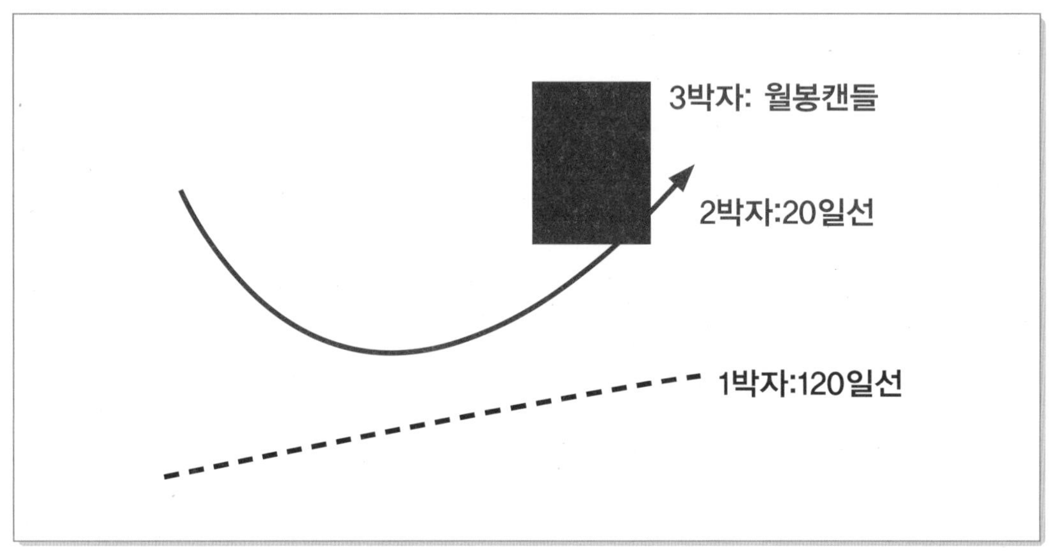

투자에 성공하기 위한 첫 단추

투자에 성공하기 위한 첫 단추는 무엇일까? 당연히 매수할 종목을 잘 선정하는 일일 것이다. 투자에서 성공한다는 것은 주식을 매수한 가격보다 더 높은 가격에 팔고 나오는 것이기 때문에 좋은 주식을 고르는 일이 가장 최우선이다.

어떤 주식을 사야할까?

그렇다면 어떤 주식을 사야할 것인가? 일단 그 종목은 수익을 많

차트 3-1 한샘

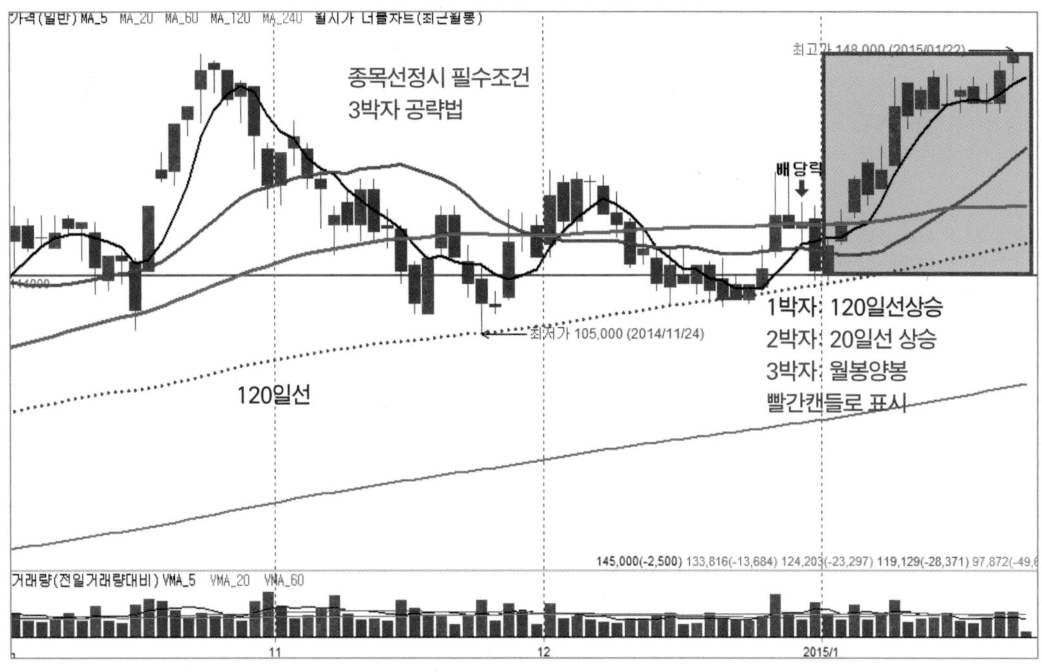

이 내는 회사여야 할 것이고 시세에 영향력이 큰 기관이나 외국인 이른바 큰 손의 매집대상이 되어야 한다. 이러한 특징을 갖는 종목은 패턴 상 3가지 조건을 갖추고 있는데 그것이 바로 삼박자 패턴이다.

삼박자 패턴이란

삼박자란 3가지 조건을 의미하는 것으로 첫째 120일선의 기울기이고 두 번째 20일선, 그리고 세 번째가 월봉 상 양봉의 조건이다. 이 3가지는 각각 그 의미를 지니고 있는데 120일선이 지니고 있는 것은 펀더멘탈적 측면이다. 흔히 120일선을 경기선이라 하는데 단기적으로 주가가 하락하여 생기는 주가 공백 시 주가가 반등을 줄 때 하향하던 이동평균선도 같이 상승 전환하는 경우가 생긴다. 통상 기술적으로

> **TIP 체크포인트**
>
> **TPO**
> 60일선의 쌍봉 (쌍바닥)을 말합니다.

반등을 줄 때 20일선까지는 쉽게 반전한다. 60일선의 경우도 흔하지는 않지만 가능은 하다. 하지만 120일선은 웬만해서는 기울기가 변하지 않는다. 120일선이 상승으로 기울기를 바꾼다는 것은 실적이 개선되면서 향후 주가가 크게 상승할 가능성이 있을 때 나타나는 독특한 현상이다. 따라서 어떤 종목을 매수한다고 하는 것은 코스피나 코스닥의 2000개 가까운 종목 중에서 상승할 가능성이 높은 종목의 우선순위를 매기는 일이다. 이 때 가장 우선하는 조건은 펀더멘탈이며 그것이 양호한 종목의 특징은 120일선의 상승 기울기인 것이다.

삼박자 패턴의 두 번째 조건

두 번째 조건은 20일선의 기울기다. 20일선은 우리가 흔히 세력선 혹은 생명선이라 하는데 생명선이라는 표현은 필자가 만든 것으로 30년 가까이 주식시장에서 활동하면서 느낀 의미이며 이제는 하나의 표준 단어가 되었다. 20일선이 중요한 것은 주식을 사거나 팔 때 진입의 시점과 출구전략의 중요한 타이밍을 제공하기 때문이다. 주가가 하락하다가 반등을 줄 때 다른 것은 무시해도 20일선 위로 올라타면 혹시 지금이 매수의 타이밍이 아닌가 한 번쯤은 고려해 봐야 한다. 왜냐하면 20일선은 방향성을 가지고 있어서 20일선 위로 주가가 올라타면 단기 흔들림이 있어도 일정 부분 위로 지속적으로 가려는 성질이 있기 때문이다.

반대로 보유하고 있던 주식이 20일선 아래로 내려가면 매도의 시점이 아닌지 살펴봐야 한다. 이때 원래 정석적인 타이밍은 20일선의 기울기 변곡이다. 즉, 매수는 20일선의 상향 기울기일 때이고 매도는

차트 3-2 SKC

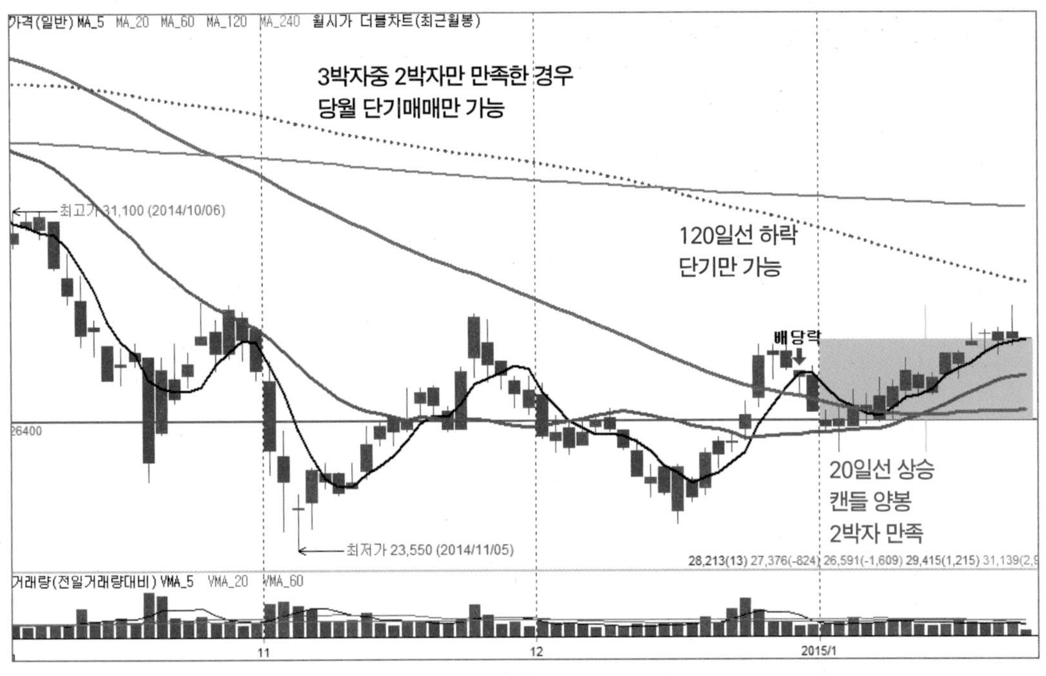

20일선의 하향 기울기일 때이다. 이와 같은 개념으로 사용할 수 있는 것이 몸통 크로스이다. 몸통 크로스란 캔들의 시가와 종가로 이루어진 캔들의 몸통부분이 이동평균선에 완전히 포함되는 모양을 의미한다. 즉, 주가가 하락하다가 상승할 때 시가와 종가가 모두 20일선 위 양봉이면 20일선 몸통 크로스가 되고 이것은 20일선이 상승하는 것과 같은 의미가 되기 때문에 매수의 시점이 되는 것이다. 특히 20일선이 상승할 때 하단에 120일선과 240일선이 받쳐주고 있으면 강력한 매수신호가 된다. 마찬가지 원리로 20일선이 하향할 때 몸통 데드 크로스가 매도의 타이밍이며 이 또한 매수와 반대로 위에 120일선과 240일선이 하향하며 내려가는 상황에서 발생하면 강력한 매도신호가 되는 것이다.

주식격언

달걀은 한 바구니에 담지마라

주식시장에는 성격이 다른 여러종류의 주식이 거래된다. 안정적인 자산주, 꿈이 있는 성장주, 저가부실주 등은 그 움직임이나 패턴이 있어서 한 두 종목에 집중하면 성공할때에는 크게 남기지만 실패하면 크게 손해본다. 그러므로 적당한 종목수로 나누어 분산투자하는 것이 종목선택의 기본이다.

삼박자 패턴의 마지막 조건

세 번째 삼박자의 마지막 조건은 월봉 캔들이다. 이것은 매월 수익을 내고 월급을 마련하는 것이 목표라면 더더욱 중요한 체크 포인트다. 월봉상 양봉이라는 것은 매월 시작하는 시초가 대비 주가가 위로 올라왔다는 것이다.

월초대비 주가가 위로 올라가야 하는 이유

그럼 왜 월초대비 주가는 위로 올라가야 하는 것일까? 그것은 우리가 매수하고자 하는 종목이 그 달의 주도주가 되어야 수익을 낼 수 있기 때문이다.

주도주가 갖춰야 할 조건

그렇다면 주도주란 어떤 조건을 갖춰야 하는 것일까? 그것은 당연히 지난달 말 종가보다 상승해야 하고 이번 달 새로이 시작한 월초 시초가보다 주가가 올라가야 한다. 왜냐하면 그래야 그 종목을 매수해서 이익을 낼 수 있지 월초에 매수하고 그 이후 월말 쪽으로 가며 매도해서 수익을 내야 하는데 주가가 월초 가격보다 아래에 있으면 높은 가격에 팔 수 없기 때문이다. 그러므로 당연히 주가는 전월 종가대비 높아야 하고 월초 시가보다도 위로 올라가야 하는 것이다. 결국 주식을 매수할 때는 이러한 3가지 조건을 만족해야 기본적으로 매수의 조건을 갖추었다고 할 수 있을 것이다. 이럴 때 나머지 조건을 추가적으로 만족하면 그 종목은 더욱 투자에 성공할 가능성을 높여주는 것이다.

차트 3-3 **한진**

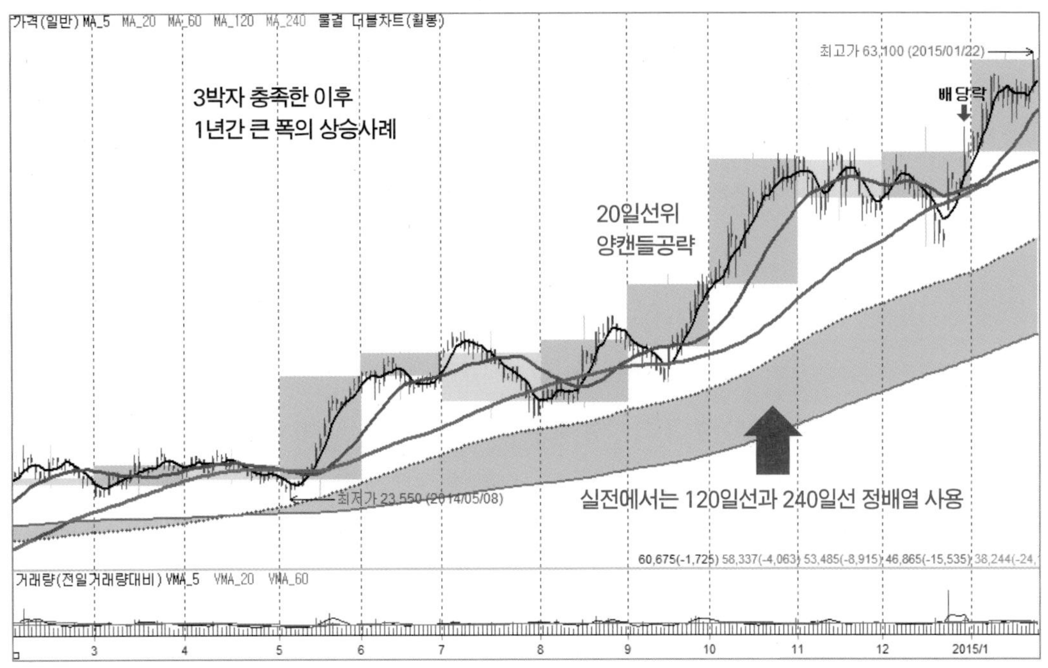

시장을 움직이는 세력동향

주가를 분석할 때 주된 지표 외에 보조지표가 있듯이 삼박자의 조건이 갖춰진 종목은 나머지 조건을 같이 체크할 필요가 있는데 그것이 바로 실제 시장을 움직이는 세력동향이다. 주식시장에서 세력이란 일반과 상대적인 개념으로 기관과 외국인들이 이에 속한다. 예를 들어 어떤 종목이 3박자의 조건을 갖춘 상태라고 할 때 1차 매수 대상종목에 포함된다.

거래량에도 색깔이 있다

그런데 그러한 조건을 갖추도록 만든 매수의 주체를 기관과 외국인들이 동시에 만들었다면 어떨까? 당연히 그 종목의 상승 가능성은 그만큼 더 높은 것이 된다. 이 때 이것을 가리켜 "거래량에도 색깔이 있다."고 한다. 필자가 만든 인공지능 차트를 보면 단순하게 전일대비 거래가 많으면 빨강이고 작으면 파랑이 아니라 기관과 외국인들, 다시 말해 세력들이 매수하면 거래량의 색깔은 빨강으로 표시되고 반대로 매도하면 파랑으로 표시되도록 만들었다. 이것은 일부 증권사의 HTS에 제공되어 있을 뿐만 아니라 모바일 폰에서 무료로 다운로드 받아서 쓸 수 있다. 이러한 거래량 색깔 분석 기법은 대형주의 경우 가장 중요한 분석법 중 하나다. 왜냐하면 우리가 흔히 작전주라고 하는 것은 자본금 규모가 작은 중소형주에서 나오지 대형주에는 작전주가 있지 않으며, 또한 자본금 규모가 커서 유통물량이 너무 많고 시가총액이 큰 종목은 일일이 그 물량을 다 받아내면서 작전하기가 거의 불가능하기 때문이다. 그렇기 때문에 대형주의 경우는 주가가 제대로 상승다운 상승을 하려면 기관과 외국인들의 매수가 필요한 것이고 따라서 대형주는 거래량의 색깔이 중요한 것이다. 중소형주의 경우라도 시가총액이 큰 종목은 삼박자의 조건을 갖추고 기관과 외국인들의 매수세가 들어오는 거래량 색깔이 빨간 종목 - 기관 외국인 순매수 - 이 최우선적으로 매수의 타깃이 된다는 점을 주목해야 할 것이다.

사(4)대 급등주 패턴은 중장기 매집형으로 60일선 쌍바닥에 20일선 쌍바닥 패턴이다

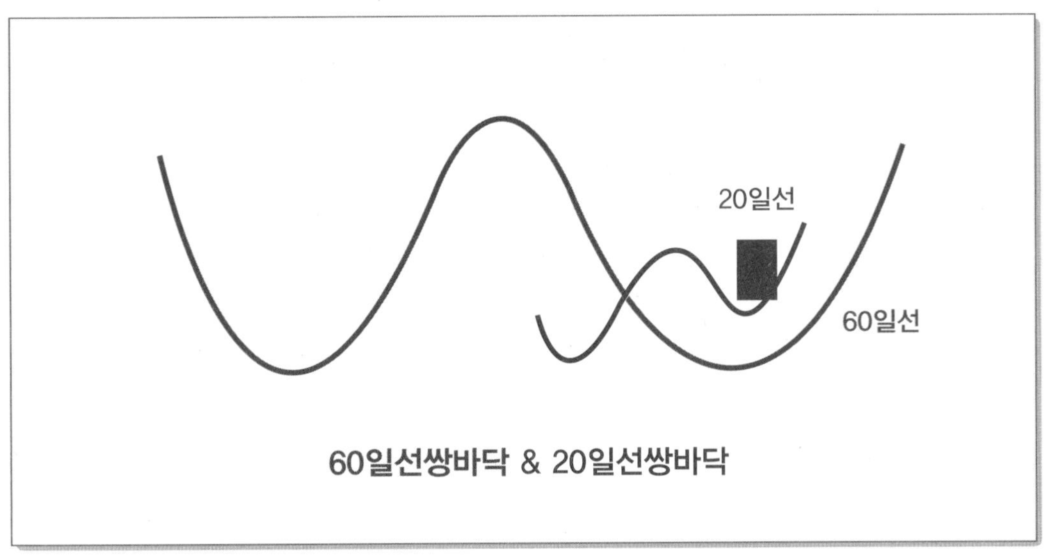

60일선쌍바닥 & 20일선쌍바닥

4대 급등주 패턴

필자가 주식의 매집 패턴 중 가장 선호하는 것이 몇 가지 있는데 그 중 하나가 바로 4대 급등주 패턴이다. 4대 급등주 패턴이란 주가가 매집국면에서 본격 상승으로 갈 가능성이 높은 4가지 패턴을 의미한다.

4대 급등주 패턴은 어떻게 이뤄지는가?

그렇다면 4대 급등주 패턴은 어떻게 이뤄지는가? 일단 기본형이 주가가 본격 상승하기 전 매집의 국면에서 나타난다. 즉, 추세선을 모두 깨고 주가가 내릴 만큼 내린 상황에서 세력들의 매집이 시작되는 것이 첫 번째 현상이다.

매집의 기간 – 원차트 법칙

이때 가장 의미가 있는 것은 바로 매집의 기간이다. 매집의 기간이 길면 길수록 매집 물량도 많고 그만큼 공을 들인 것이기 때문에 주가가 상승할 때도 이와 비례해서 움직인다. 이것을 원챠트 법칙이라고 하는데 첫 번째 바닥의 저점과 두 번째 바닥의 저점 사이의 길이가 길면 길수록 위로 뻗어 올라갈 때 많이 상승하는 특징이 있다는 의미다. 패턴 상 이럴 때 60일선이 쌍바닥을 만들게 된다. 그래서 4대 급등주 패턴의 기본형은 일단 60일선 쌍바닥을 찾는 일이다.

4대 급등주 패턴은 일반 투자자들이 찾으려야 찾을 수 없는 이른바 못 찾겠다 꾀꼬리 같은 패턴이다. 왜냐하면 거의 일반 투자자들은 종목의 그래프를 볼 때 기간을 길게 보기 보다는 짧게 해서 단기적인 흐름을 보는 데 맞춰져 있다. 기간을 짧게 해서 보면 60일선은 고사하고 20일선의 쌍바닥도 제대로 찾기 어렵다. 왜냐하면 20일선의 쌍바닥 패턴을 보려 해도 최소한 4개월 이상으로 놓고 봐야하고 6개월선이면 기본이 1년 이상 된 그래프를 봐야하기 때문이다.

일반 투자자들이 그래프를 짧게 보는 이유

그럼 왜 일반 투자자들은 그래프를 짧게 놓고 볼까? 그것은 그래프를 길게 해서 보면 지금의 주가가 잘 안 보인다고 생각하기 때문

차트 4-1 SKC C&C

이다. 다시 말해 현재의 주가가 어떤가를 좀 더 자세히 보고 싶은 것이다.

주봉의 중요성

여기서 바로 주봉의 중요성이 나오는데 주봉은 일봉에서 그려지는 1주일을 하나의 캔들로 나타내기 때문에 일봉을 길게해서 보는 효과가 있다. 그러나 월봉은 한 달을 하나의 캔들로 압축하다보니까 일봉의 모양과는 다르게 나타난다. 다시 말해 월봉에서 일봉의 패턴과 같은 모양을 찾는다는 것은 어려운 일이지만 주봉은 일봉과 주가 흐름이 비슷하기 때문에 쉽게 일봉의 패턴을 읽을 수 있다. 주봉은 일봉의 흐름을 주간 단위로 압축해서 만든 것이기 때문에 마치 A4

TIP 체크포인트

TP1
5일선이 20일선 위 N자 / 60일선 위 5일선 N자 (20일선 아래 5일선 역N / 60일선 아래 5일선 역N)

용지에 나와 있는 내용을 손바닥 안에 놓고 볼 수 있는 메모지 크기로 축소한 것이라고 보면 된다. 대신 주봉을 볼 때 주의할 것은 반드시 일봉과 같은 이동평균선 기울기를 세팅하고 이동평균선 색깔도 같은 것을 사용하라는 것이다. 그래야 일봉이 축소 카피된 느낌으로 쉽게 알아볼 수 있다. 따라서 주봉의 이동평균선 값은 사용자에 따라 다르겠지만 일봉의 '20일' '60일' '120일' '240일'선을 대신한다는 점에서 '4주' '13주' '26주' '52주'선으로 세팅하여 보면 된다. 특히 주봉을 보는 이유는 일봉에서 찾기 어려운 60일선의 쌍바닥과 쌍봉을 찾을 수 있다는 점에 주목해야 한다. 그 다음 중요한 것이 20일선의 쌍바닥이다. 여기서 중요한 것은 60일선이 외바닥에서 턴할 때는 20일선이 외바닥이든 쌍바닥이든 상관이 없다. 하지만 60일선이 쌍바닥을 만드는 순서일 때는 20일선이 쌍바닥이어야 의미가 깊다.

60일선의 속성

그럼 왜 60일선이 첫 번째 바닥을 만드는 구간이 아닌 두 번째 쌍바닥을 만드는 구간에서 20일선의 쌍바닥이 필요한 것일까? 그것은 바로 주가의 속성 중 작은 것 2개가 있을 때 큰 것 1개가 턴할 수 있다는 것이기 때문이다. 예를 들어보자. 만약 20일선을 주가가 깨고 내려갈 때 위에서 이미 5일선이 쌍봉을 만들었다면 20일선마저 깨고 내려갈 때 그것은 가능성이 높은 매도신호다. 그런데 만약 20일선 아래로 주가가 내려가더라도 위에서 5일선이 외봉으로 내려가다가 20일선을 깨면 자칫 속임수에 걸리기 쉽다. 즉, 주가는 다시 상승하던가 아니면 내려가더라도 20일선을 이탈한 다음 그냥 빠지는 것이 아니라 다시 들어주면서 5일선을 쌍봉으로 만든 다음에 내려가

차트 4-2 KT

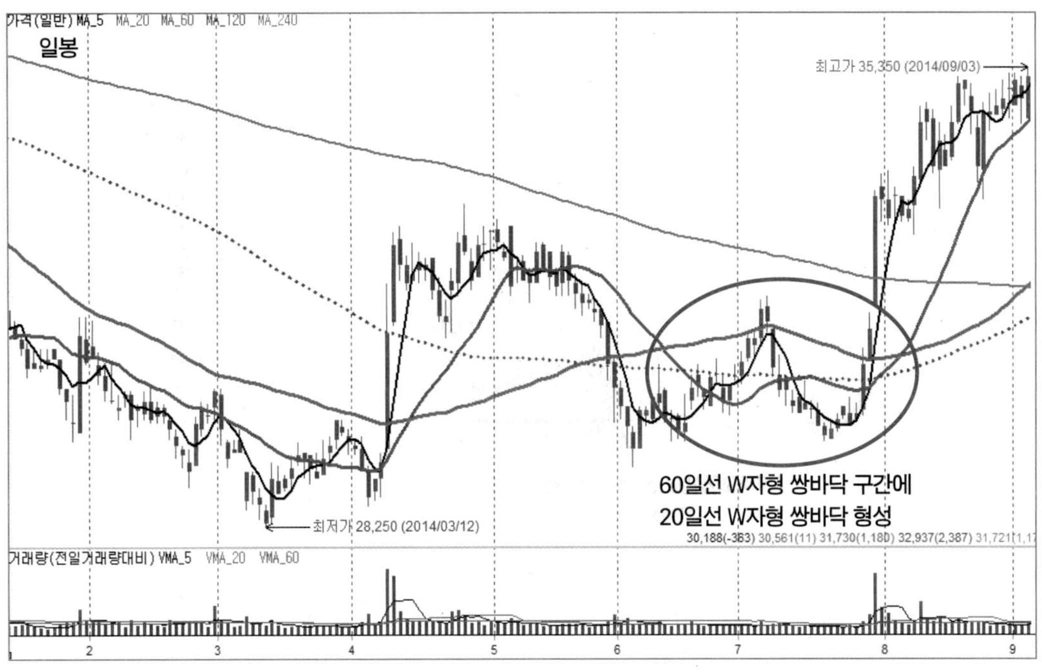

는 경우가 많다. 이것이 5일선 역N패턴인 것이다. 즉, 주가는 위에서 내려갈 때도 M자형이든 역N자형이든 5일선의 쌍봉이 필요한 것이다. 마찬가지로 60일선이 쌍바닥의 위치에서 상승할 때 만약 20일선이 외바닥에서 올라가면 주가는 상승하다가 다시 한 번 조정을 주는 경우가 많다. 위와 같은 원리로 20일선과 비교할 때 큰 것에 해당하는 60일선을 의미 있게 하려면 20일선이 2개 즉, W자가 아니라면 N자의 쌍바닥을 만들기 위해서도 일단 내렸다가 가야 하는 것이다.

4대 급등주의 기본형

4대 급등주 패턴 중 가장 기본형은 60일선이 쌍바닥의 W자형에 20일선도 쌍바닥의 W자형이다. 이럴 때는 주가가 아직 추세선인

> **주식격언**
>
> **모두가 좋다는 종목은 피하는 것이 좋다**
>
> 모든 사람이 다 좋다는 주식은 모든 사람이 다 이미 주식을 사 놓고 주가가 오르기만은 기다리고 있는 상태라고 볼 수 있다. 모든 사람이 주식을 다 사놓았기 때문에 더 이상 살 사람이 없어 주가가 오르기 어려울 뿐만 아니라 주가가 오르면 모든 사람이 다 팔려고 하기 때문에 주가는 오리려 떨어지기 쉽다.

120일선이나 240일선보다 아래에 있을 때다. 4대 급등주 패턴이 주목받는 것이 추세선보다 아래에 있어도 이 패턴이 추세선 위로 올라갈 가능성이 높기 때문에 선매수를 할 수 있다는 점이다. 원리는 당연히 120일선이라는 큰 것 하나를 작은 것인 60일선이 쌍바닥이면 돌릴 수 있기 때문이다. 외우지 말고 원리를 이해하는 것이 중요한 이유가 이것이다. 5일선 2개가 20일선을 돌리듯 20일선 2개는 60일선을 돌리고 마찬가지 원리로 주가가 120일선 아래에 있다 해도 60일선 쌍바닥은 120일선을 상승 전환시키는 것이다. 그래서 4대 급등주가 중요한 매집패턴 중 하나가 되는 것이다.

특히 4대 급등주 패턴 중 60일선의 패턴이 W자형의 쌍바닥이 아닌 N자형일 때 의미가 크다. 60일선이 W자형일 때는 120일선을 돌리려고 하는 것이지만 120일선이나 240일선 위에서 N자형일 때는 역할 전환을 받은 상황에서 지속적으로 추세선이 위로 상승한다는 것을 의미하기 때문이다. 이럴 때 60일선이 240일선과 골든 크로스(G.C)를 주었을 때 빅골드라고 하고 이것은 향후 주가가 크게 상승할 가능성을 의미한다. 반대로 60일선이 240일과 데드 크로스(D.C)를 줄 때 빅데드라고 하고 주가가 크게 내려갈 가능성에 대비하는 것이 필요하다.

4대 급등주 패턴의 중요성

4대 급등주 패턴은 뒤집으면 4대 급락주가 된다. 지난 2008년 리먼사태가 터지기 전에 대표적으로 4대 급락주 패턴이 나온 바 있다. 따라서 4대 급등주 패턴은 주가의 큰 흐름을 볼 때 반드시 필요하고

차트 4-3 LG하우시스

이 기법은 현물뿐만이 아니라 선물과 옵션 등 파생을 할 때도 아주 요긴하게 사용되는 패턴이라는 점에서 꼭 공부해 내 것으로 만들어 놓을 필요가 있다.

오(5)파동은 마지막 파동으로 큰 파동의 주가방향을 반대로 바꾼다

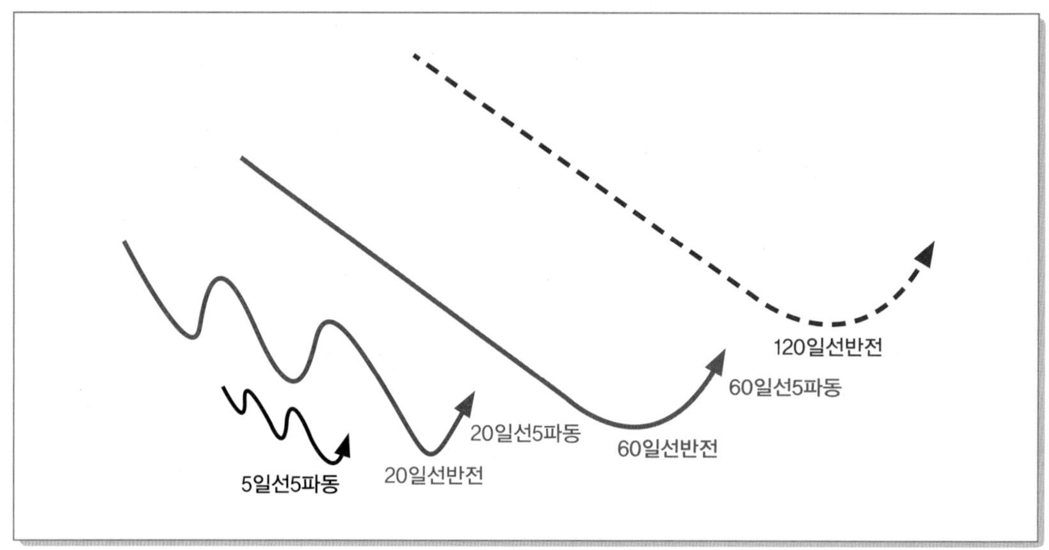

주가의 방향을 바꾸는 5파동

5파동은 주가가 정상적으로 움직이는 파동일 때 지금의 주가 방향을 반대로 바꾼다는 점에서 주목된다. 그럼 5파동이란 도대체 무엇이기에 주가의 방향을 바꾸는 것일까? 5파동을 알려면 먼저 파동을 알아야 하는데 파동이란 간단히 얘기하면 주가가 상승과 하락을 번갈아 가면서 나타내는 흐름을 의미한다. 이렇게 주가가 서로 다른 방향으로 상승과 하락을 할 때 다른 방향으로 움직이는 것을 한 개의 파동으로 계산한다. 따라서 5파동은 주가가 움직이는 방향이 상

차트 5-1 게임빌

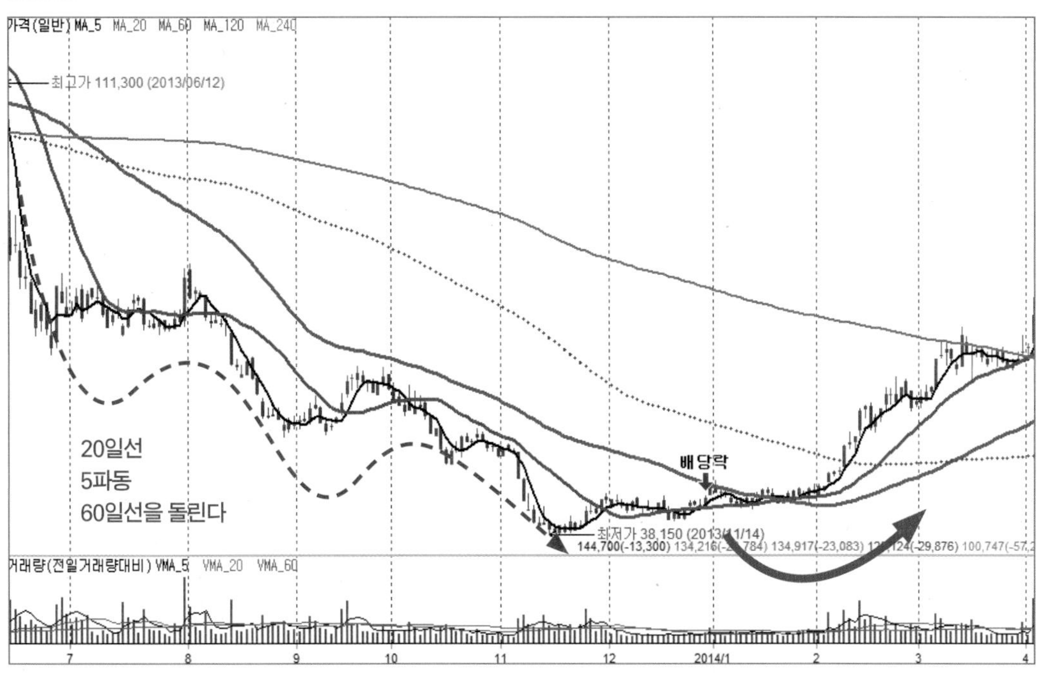

승과 하락을 합쳐서 5번이라는 얘기이고 상승의 5파동이면 상승은 3단계 상승이라는 얘기다. 이렇게 5번 시세가 바뀌는 5파동이 형성되면 그 5파동보다 큰 파동 1개의 사이클이 마감된다는 것이고 결국 주가는 방향을 바꾸게 되는 것이다. 예를 들어 5일선이 5파동이면 20일선 1개의 파동이 마감되는 것이고 20일선의 방향을 바꾼다는 의미가 되는 것이다. 주식투자에서 성공한다는 것은 매수시점과 매도시점을 잘 찾아낸다는 것이고 그러려면 시세의 방향이 바뀌는 것을 알아야 한다. 이럴 때 5파동 기법은 아주 중요한 역할을 한다.

5파동의 원리

이 5파동의 원리는 우리 몸에 비유하면 이해하기 쉽다. 우리 몸

> **TIP 체크포인트**
>
> TP2
> 20일선이 60일선 위 N자 60일선 아래 20일선 역N)

은 하나인데 각 부분을 보면 얼굴, 양쪽 팔, 양쪽 다리의 5개 부분으로 나누어진다. 즉, 작은 것 5개가 모여서 큰 것 하나가 되는 것이다. 그 작은 것도 또 나누면 더 작은 5개가 되는데 얼굴을 보면 머리, 눈, 코, 입, 귀 5부분으로 나눌 수 있고 손도 주먹을 펴면 5개의 손가락으로 나눌 수 있는 것을 연상하면 된다. 5파동이 하나의 큰 파동을 바꾼다고 할 때 정상파동이라는 것을 전제로 하였다.

연장파동과 미완성 파동

이번에는 정상파동 이외에 다른 파동을 알아보자. 일단 정상파동이 아닐 때는 2가지 경우가 있는데 하나는 연장파동이고 다른 하나는 미완성 파동이다. 연장파동이란 말 그대로 5파동보다 더 길게 상승하는 것으로 '7파동' '9파동'등이 그것이다. 특히 실전에서 많이 사용하는 것은 미완성 파동인데 이것은 5파동보다 작은 3파동에서 큰 파동 하나가 마감되는 것을 의미한다. 주식을 조금이라도 공부한 투자자라면 아마도 엘리어트 파동론에 대해 들은 적이 있을 것이다.

엘리어트 파동론

엘리어트 파동론에 보면 주가는 가는 방향의 파동은 5파동인 것에 비해 반대 방향으로 움직이는 파동은 3파동이다. 즉, 상승파동의 경우라면 상승 시 주가는 5파동으로 상승하지만 조정은 3파동이면 마감하고 다시 상승할 때 5파동으로 상승한다. 주가가 항상 정상파동만 보이면서 움직이면 매매 타이밍을 정하기는 쉽지만 누구나가 아는 것이 되어버리기 때문에 거래가 일어나지 않을 것이다. 따라서 주가는 정상파동과 연장파동 그리고 미완성 파동을 섞어서 움직인다.

차트 5-2 KOSPI

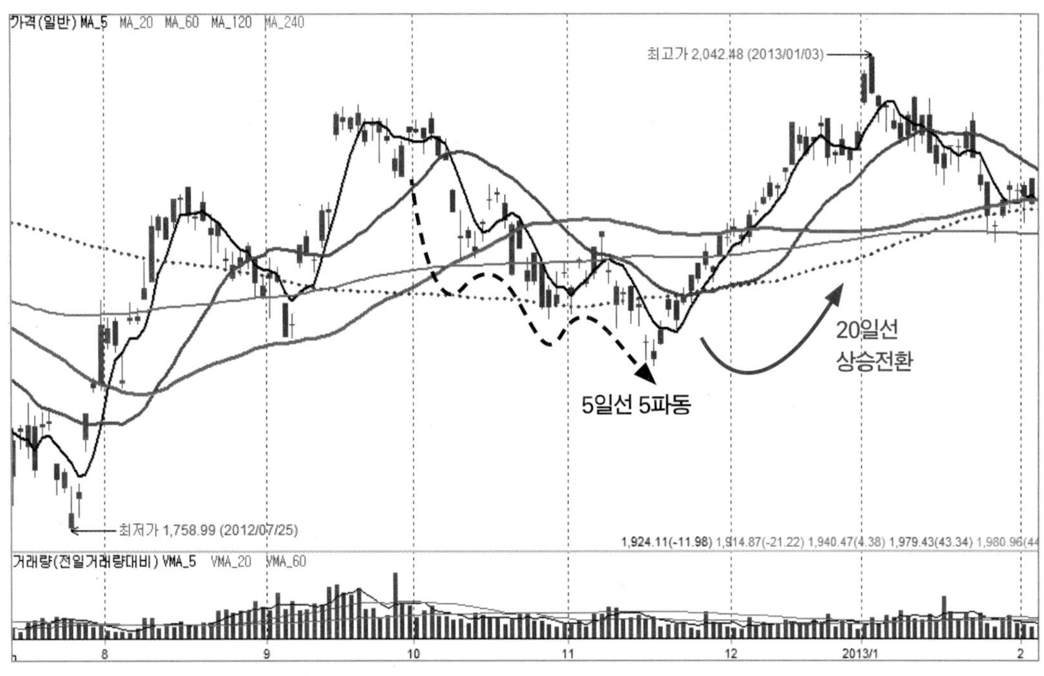

5파동 기법의 활용

그렇다면 5파동 기법은 어떻게 활용하는 것인가? 일단 주가가 5파동까지 진행되었다면 방향이 전환될 것을 대비하는 것이 우선이며, 미완성 3파동은 지난 것으로 파악해야 할 것이다. 또한 주가는 연장파동의 경우 잘 나타나지 않기 때문에 5파동일 때 일정 분 먼저 주가의 방향이 바뀐다는 것을 염두에 두고 전략을 세워야 한다.

5파동 기법으로 많이 사용되는 것

5파동 기법으로 많이 사용되는 것은 5일선 5파동을 비롯해서 20일선과 60일선 5파동이다. 당연히 5일선 5파동은 20일선을 변화시키고 20일선 5파동은 60일선을 바꾸며 60일선 5파동은 전체 기조

> **주식격언**
>
> **시대적 요구에 부합되는 미인주를 발굴하라**
>
> 어느시대에 있어서나 그 시대의 이상과 꿈을 대표하는 기업이나 업종이 있다. 만인이 좋아하고 만인이 흥분할 수 있는 시대적 기업이나 업종이 있다면 그 주식은 증권시장에서 인기주로 부상하게 된다. 모든 투자자들에게 가장 미인으로 보이는 주식이야말로 가장 잘 올라간다.

를 바꾼다는 점에서 덩치가 큰 5파동 기법은 상당히 주목하면서 매매해야 한다. 이것을 실전에 활용하면 매수는 5파동일 때 잘 들어가지 않으며 반대로 하락 5파동으로 주가가 하락하면 투매를 자제하는 것이 필요하다. 이때 상대적으로 5일선 5파동에서 매수와 매도를 조심해야 한다. 왜냐하면 5일선 5파동은 곧 시세를 바꿀 예정이므로 5파동 째 흐름에 들어가면 속임수에 걸려들 가능성이 높다. 대신 20일선이나 60일선은 5파동 째 꺾일 때는 당연히 5일선 5파동보다 크니까 조심해야 하지만 5일선보다 긴 파동이라는 점에서 현재 움직이는 방향으로 어느 정도는 움직일 것을 감안해야 한다. 즉, 5일선 5파동 상승일 때는 위로 분할 매도를 하며 보유주식의 이익을 챙기는 것이 가능하지만 20일선과 60일선 5파동일 때는 아직 그쪽 방향으로 어느 정도 시세가 지속될 수 있으므로 그냥 던지는 것보다는 시세를 확인하고 매도하는 전략이 필요하다.

5파동을 카운트할 때 유의할 점

이번에는 5파동을 카운트할 때 한 가지 유의할 점을 알아보자. 그것은 바로 접었다 펴지는 갈매기형 파동이다. 갈매기형 파동은 일반적인 파동에 비해 방향을 바꿀 때 주가의 저점과 고점이 크게 차이가 나지 않고 작게 나타난다는 점에 주목해야 한다. 다시 말해서 파동으로 계산되는 일반적인 유형은 상승과 하락이후 다시 상승하였다가 꺾일 때 완전히 앞의 고점을 돌파한 상황에서 만들어내는 파동이다.

반면 갈매기형 파동은 앞의 고점을 다음 파동이 돌파하였어도 살짝 위에 있었을 뿐 앞의 상승을 완전히 돌파한 것은 아닌 상태다. 이

차트 5-3 SK하이닉스

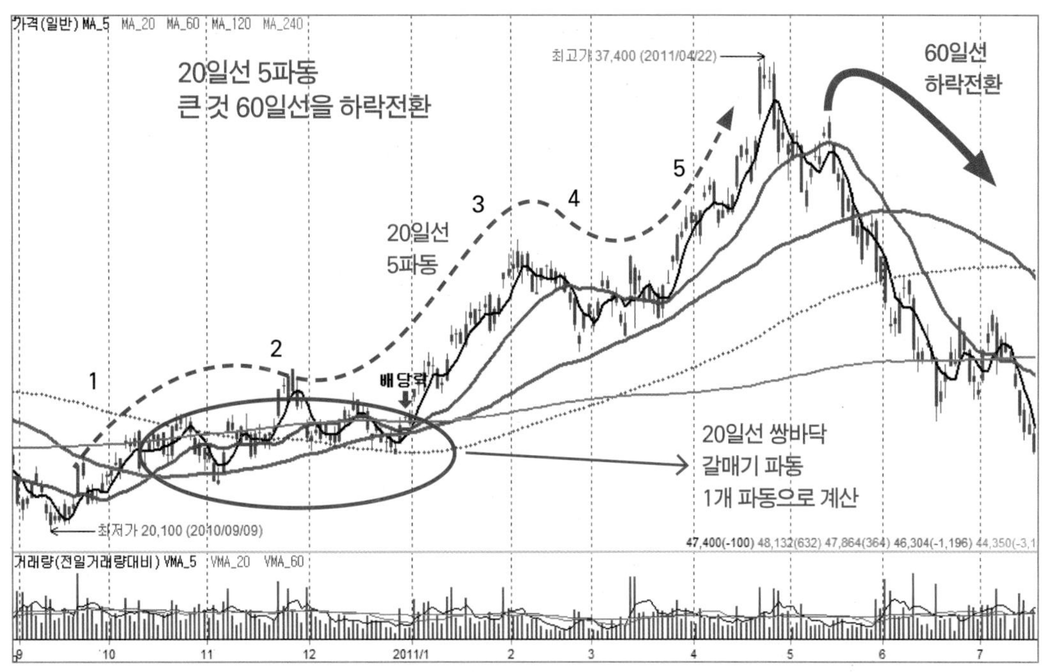

럴 때 단순히 등락이 거듭된 것을 다 계산하면 5파동이어도 갈매기형 파동은 하나의 파동으로 계산되기 때문에 일반 파동일 때는 5파동으로 계산되어도 갈매기형일 때는 3파동 상승에 해당하는 것이다.

갈매기형 파동이 나오는 이유

그렇다면 갈매기형 파동은 왜 나오는 것일까? 이것은 중간 매집이라고 보면 된다. 일반적으로 주가가 그냥 N자만 그리면서 움직이는 주가의 패턴보다 중간에 이른바 주름처럼 접었다 펴지는 갈매기 파동이 나오면 주가는 더 상승한다. 왜냐하면 그만큼 매집을 더한 상황이고 기간조정을 받았기 때문에 주가가 더 상승할 조건을 만든 것이다.

갈매기형 매집과 일반 매집의 차이점

갈매기형 패턴의 매집이 일반 매집과 다른 것은 일반 매집형은 역배열 상태에서 나오지만 갈매기형 패턴은 정배열에서 나온다는 점이다. 예를 들어 20일선 아래 5일선이 쌍바닥이면 이것은 5일선과 20일선이 역배열 된 상황이다. 그런데 이것이 갈매기 패턴이 되면 5일선 쌍바닥의 위치가 20일선 아래가 아니라 20일선 위가 되는 것이다. 이럴 때 5일선 갈매기를 새끼갈매기형이라 하고 20일선의 쌍바닥이 60일선 위 정배열에서 나타나는 것을 어미갈매기라 한다.

다양한 갈매기형 패턴

이외에도 갈매기형은 미 다우지수에서 나타난 60선 갈매기와 월봉의 6개월선이 24개월선 위에서 나타나는 패턴 등 다양하다. 결론적으로 주가가 정상적일 때 주가는 5파동으로 움직이는 특성이 있고 이때 중간에 갈매기형 패턴이 나오면 더욱 움직이는 방향으로 길게 가는 성질이 있다는 것을 알고 투자하는 것이 필요하다.

내가 관심이 있어서 들어가려고 하는 종목과 내가 보유하고 있는 종목은 항시 파동이 어디에 있는가를 확인하는 습관이 매월 투자수익을 올리는 데 중요한 것이다. 이럴 때 60일선은 몇 파동 째이고 20일선과 5일선도 각각 어느 위치에 있는 파동인가를 알아야 매수매도의 실행여부와 매매의 강도를 조절할 수 있다.

육각형 매매법은 6단계 매도법으로 자신의 보유종목 매도시점을 체크하는 것이다

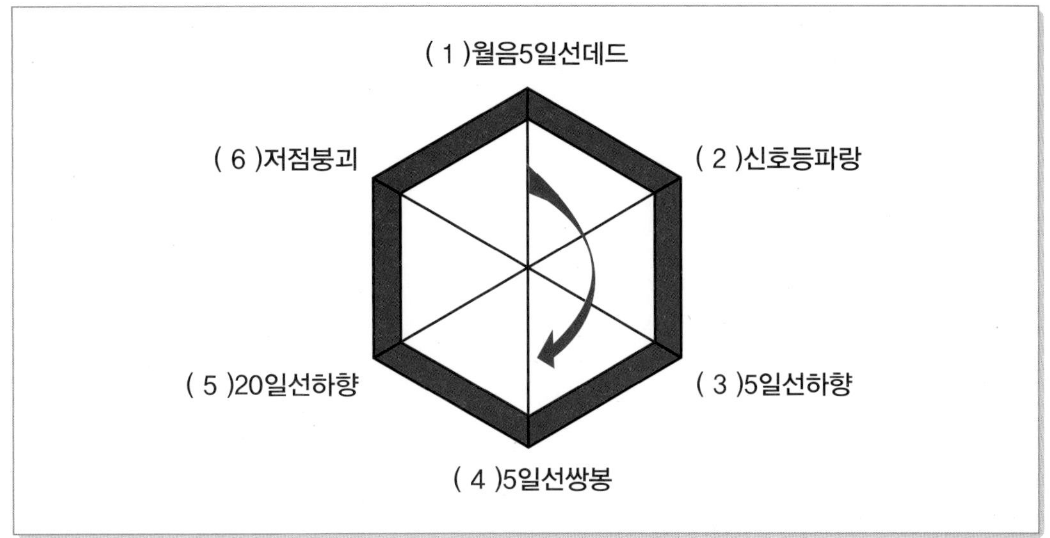

육각형 매도법이란

육각형 매도법이란 시세가 꺾이는 과정을 6단계로 분류하여 단계별로 주식의 비중을 줄이는 매도방법을 말한다. 주식을 매도할 때 단계별로 나누는 이유는 만약 어느 시점에서 한꺼번에 주식을 매도했을 때 그 시점이 잘못된 타이밍이어서 다시 위로 올라갔을 때 더 이익을 낼 수 있음에도 그러지 못하는 단점을 커버할 수 있고 또 반대로 어느 한 순간에 주가가 급락을 할 때 주식을 전량 보유하고 있는 단점을 커버할 수 있기 때문이다. 결국 매도를 할 때 분할로 하면 더 올라가도 헤지(위험 관리)가 되고 순간 급락을 줘도 헤지하는 결과가 되기 때문이다. 주식의 매도는 정말 중요하다.

육각형 매도법이 필요한 이유

주식을 매수할 때는 손익이 나오지 않지만 매도하게 되면 정확하게 이익과 손실이 계산되기 때문에 사람의 심리가 작용해서 매수보다 매도가 어려운 것이다. 그래서 매수를 잘하면 주식 1단이라고 하고 매도를 잘하면 그보다 높은 주식 3단이라 한다. 그만큼 더 고수의 영역이란 얘기다. 일반적으로 주식투자자는 이익이면 쉽게 팔지만 손실일 때는 망설이게 된다. 그러다보니 이익은 조금보고 손실일 때는 키우니까 투자수익을 올린다는 것이 쉽지 않게 된다. 이것을 커버하고 매도의 시점과 비중을 기계적으로 준비하여 무색무취의 마음으로 행하는 것이 바로 육각형 매도법이 필요한 이유인 것이다.

효율적인 주식 매도

그럼 어떻게, 어떤 단계로 주식을 매도 하는 것이 효율적인 것인가? 일단 먼저 주식투자의 목표가 매월 일정한 수익을 내는 것이기 때문에 매매의 단위도 월간 단위로 하는 것이 좋다.

그럼 매도란 시세가 약하게 변하려고 할 때 하는 것이므로 첫 매도구간은 그 주식이 전 달대비 하락하면서 월초 주가대비 아래로 내려가는 음봉일 때다. 이때 주의할 점은 하단의 5일선을 이탈할 때이다. 그런데 이때 물량을 다 던지지는 않는다. 왜냐하면 그 아래 20일선이 상승하고 있으면 주가는 내려가다가 다시 20일선에서 지지를 받아서 다시 상승할 수 있기 때문이다.

차트 6-1 현대차

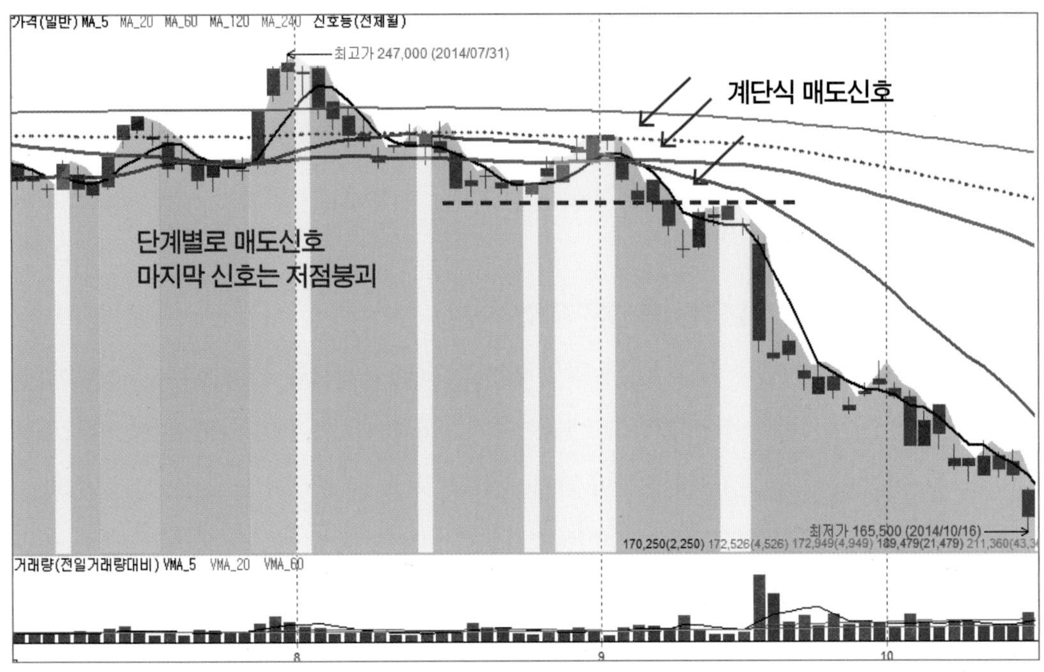

주식을 줄이는 이유

그럼 전량 주식을 홀딩하지 왜 주식을 줄일까? 그것은 어디선가 20일선을 이탈할 때 그 시작은 20일선보다 더 빠른 신호를 주는 5일선을 이탈할 때가 첫 번째 과정이기 때문이다. 다시 말해 20일선이 살아있는 한 그것이 속임수일 수 있으니까 다 매도하지는 않지만 5일선을 이탈하는 것이 고점을 찍고 꺾어지는 첫 단추일 수 있으므로 일부분은 매도를 해두는 것이다. 이럴 때 그 일부분은 투자자마다 그리고 투자금액마다 다를 수 있는데 기본적으로 보유주식의 1/6을 매도한다.

왜 1/6일까?

그럼 왜 1/6을 매도하는가라는 질문을 할 텐데 그것은 주가가 꺾

TIP 체크포인트

TP3
60일선이 240일선 위 N자 (240일선 아래 60일선 역N)

이는 과정을 분석해보니까 6단계 과정으로 나눠지기 때문이다. 만약 주가가 꺾이는 과정이 6단계가 아니라 3단계 과정이면 1/3을 매도하는 것이 타당하고 10단계 과정으로 꺾이면 1/10을 매도하는 것이 합리적일 것이다.

2단계 과정은 무엇인가?

그럼 6단계 과정 중 다음 2단계 과정은 무엇인가? 그것은 5일선을 이탈할 때 캔들이 5일선에 걸쳐있는 것이 아니라 5일선 아래로 캔들의 몸통이 담기는 5일선 몸통 크로스이다. 원래 기본적으로 매도는 캔들이 이동평균선을 이탈할 때가 아니라 이동평균선이 꺾일 때이다. 왜냐하면 캔들은 단발성이지만 이동평균선은 지속성의 성질을 가지고 있기 때문이다. 즉, 이동평균선이 상승하다가 꺾이면 주가는 그 방향으로 움직이는 성질이 있기 때문이다. 여기서 2/6 즉, 1/3을 매도한다. 그 다음 주가가 꺾이는 순서는 당연히 5일선 하향 전환이다. 일단 월초 아래에서 5일선이 하향하면 전체 보유주식의 1/2 정도는 매도하는 것이 안전하다. 그 다음 과정이 중요한데 그것은 새로운 신호가 발생한 것이 아니라 5일선이 꺾일 때 어떤 패턴인가를 보는 것이다. 이는 5일선이 외봉이면 3/6 즉, 1/2을 매도하지만 만약 5일선이 꺾일 때 쌍봉이면 4/6 곧, 2/3를 매도하는 것이다.

이때 5일선이 외봉으로 꺾이는가 아니면 쌍봉으로 꺾이는가가 왜 중요한가라는 점인데 그것은 바로 20일선이 꺾이는 데 영향을 주는가 아닌가의 차이이다. 작은 것 2개는 큰 것을 무너뜨리는 성질이 있는데 5일선이 쌍봉일 때 생명선인 20일선을 무너뜨리는 상황이 나올 가능성이 5일선 외봉일 때보다 높으니까 더 많이 매도하는 것이다.

차트 6-2 삼성SDI

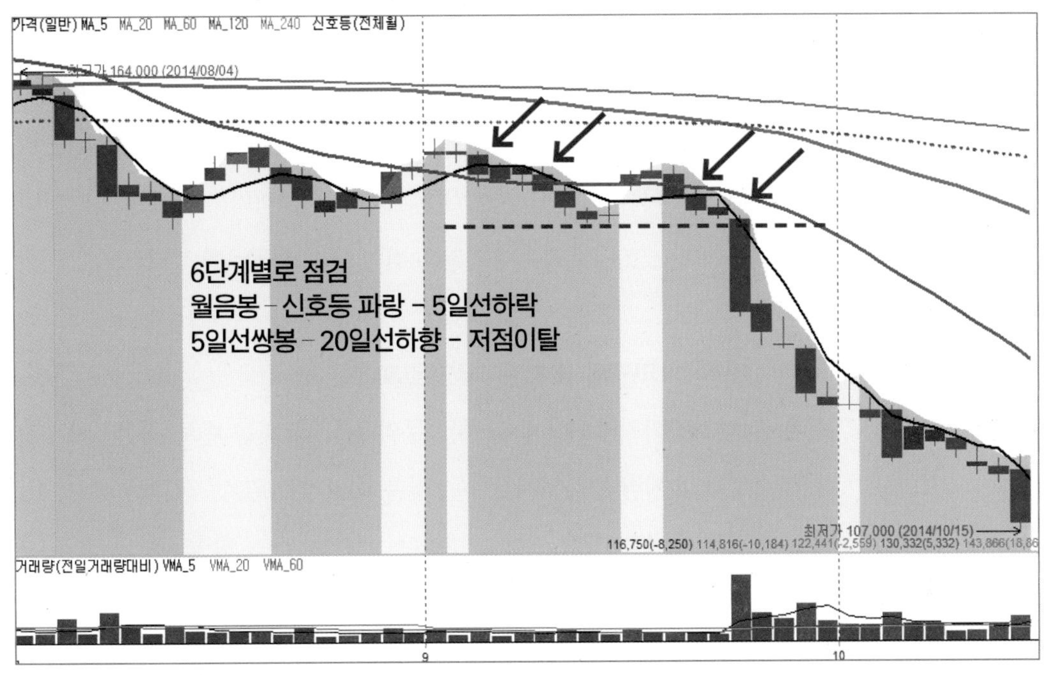

5번째 단계 매도법이란?

그 다음 5번째 단계 매도법에 드디어 20일선이 등장한다. 5/6매도는 20일선이 하향으로 전환될 때이다. 그런데 만약 위에서 주가가 하락할 때 5일선이 쌍봉으로 꺾이는 과정을 거쳤다면 20일선이 꺾이지 않아도 20일선의 캔들 몸통이 잠기는 20일 몸통 크로스에 5/6매도를 해도 된다. 그 이유는 그만큼 다음 과정에서 20일선이 꺾일 확률이 높기 때문이다. 여기서 중요한 것을 하나 점검할 것이 있다. 만약 20일선이 꺾이기 전 단계에서 단계별로 매도를 전혀 하지 않았다 해도 그것은 선택의 문제이다. 어떤 투자자는 하고 어떤 투자자는 안할 수도 있다는 것이다. 그런데 20일선의 꺾임 단계에서는 선택의 문제가 아니라 필수의 매도단계라는 것이다. 이 20일선은 앞의 월음봉이

주식격언

매매기준은 주가 수준보다 대세흐름을 봐야한다

주가의 수준을 가지고 매매기준을 삼아서는 안된다. 대시세의 시작이라고 생각하면 주가가 아무리 많이 올라도 따라 사야 하며 천정을 치고 하락하는 시세에서는 주가가 아무리 싸도 매입해서 는 안된다. 주가 수준보다는 주가의 흐름을 봐서 매매해야 한다.

나 5일선 꺾임과는 차원이 다른 매도신호인데 그것이 바로 관성의 성질을 가지고 있다는 것이다. 관성이란 한번 방향을 정하기가 어렵지 방향이 정해지고 나면 그 방향을 계속 유지하려는 성질을 가지고 있다는 것이다. 따라서 20일선 매도신호 이전까지는 행동하지 않았다 하더라도 20일선의 꺾임과정은 절대 무시해서는 안 된다.

마지막 6단계 과정은 무엇일까?

그럼 마지막 6단계 과정은 무엇일까? 그것은 바로 저점붕괴이다. 주가가 저점을 붕괴시킨다는 것은 어떤 의미일까? 그것은 상승했던 것보다 하락이 더 크다는 것이다. 주가는 가는 방향으로 길게 간다. 상승기조로 가면 상승이 길고 조정이 짧으며 하락기조로 가면 하락이 길고 반등은 짧게 움직인다. 주가가 저점을 이탈한다는 것은 이제부터 주가는 상승궤도가 아니라 하락궤도로 움직인다고 하는 결정적인 신호를 알려 주는 것이다.

이동평균선의 하향각도

특히 저점을 이탈하면 이동평균선에 중요한 영향을 끼치게 되는데 그것은 바로 이동평균선의 하향각도가 가파르게 바뀐다는 점이다. 왜냐하면 이동평균선이란 최근의 주가를 더해서 그만큼의 숫자대로 나눈 것인데 주가가 저점을 이탈한다는 것은 당분간 주가가 다시 반등을 줘도 빠져나가는 주가보다 낮기 때문에 이동평균선은 지속적으로 하락한다는 얘기고 주가는 반등을 줄 때마다 하락하는 이동평균선에 저항을 받게 된다. 그래서 실제로 많은 투자명인들의 투자기법도 고점을 돌파하면 매수이고 저점을 깨면 매도신호가 되는 것을 담고 있다.

차트 6-3 KOSOI

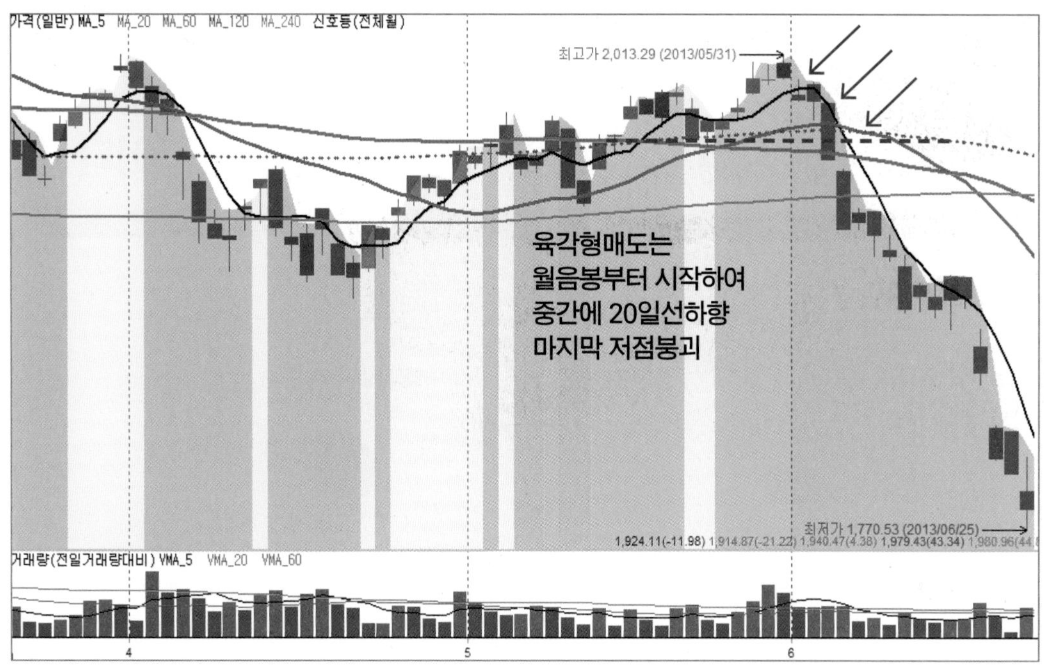

이 6단계 과정 이후는 마지막에 월봉의 개념이 있다. 월봉의 6개월선이 꺾이는 것은 기조다. 다만 상승하던 주가를 6개월선이 꺾이기 전까지 전량 가지고 있다가 6개월선이 꺾일 때 매도를 하려고 하면 너무 고점대비 주가가 하락한 상황이 되어 실제로 매도하기가 어렵다.

월간단위로 수익을 올리려 할 때

따라서 6각형 매도법은 월간단위로 수익을 올리려고 하는 전략을 구사할 때 반드시 활용해야 하는 매도기법이고 만약 6개월선이 살아있을 때 재매수는 역으로 20일선이 상승전환 할 때 진입하면 된다. 결국 6각형 매도법은 내가 가지고 있는 주식을 통계적으로 그리고 심리상 안정적으로 매도할 수 있는 분할매도법인 것이다.

주식투자에서 7번방의 선물은 7자의 꺾임 부분 같은 변곡점 진입이다

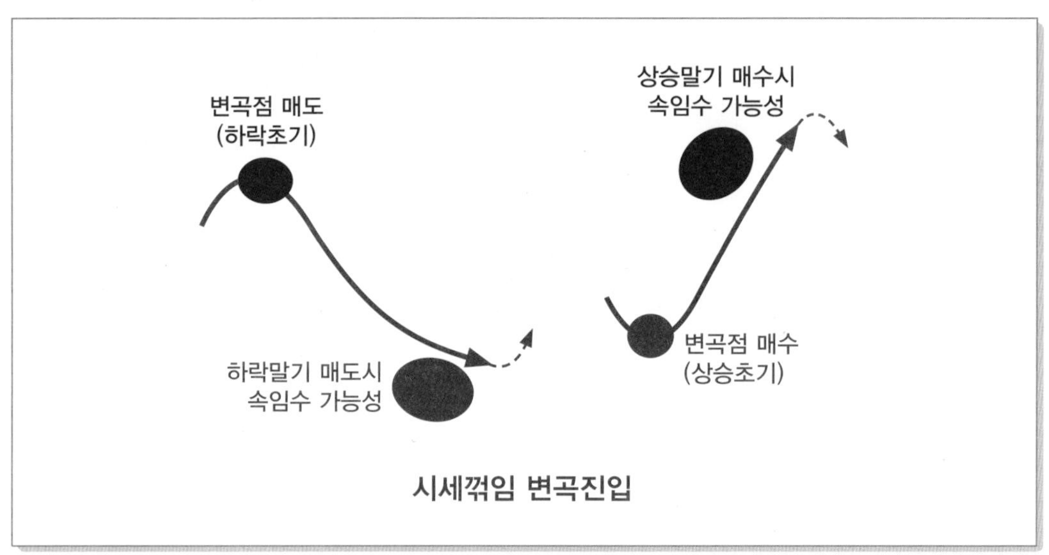

시세꺾임 변곡진입

어떤 시점에 진입할까?

주식투자에 성공하기 위해서는 어떤 주식을 사는가도 중요하지만 어떤 시점에서 진입하느냐는 타이밍도 중요하다. 아무리 좋은 주식이어도 주가가 너무 과도하게 상승한 상태에서 진입하면 단기적으로 고점일수도 있고, 수익을 올려도 원하는 만큼의 수익을 올리기 어렵기 때문이다. 특히 매도의 경우는 이미 종목은 결정되어 있는 것이므로 어떤 시점에서 매도하는가가 투자수익에 결정적인 것이다. 그 타이밍의 포인트는 바로 시세의 변곡점 진입에 있다.

차트 7-1 **웹진**

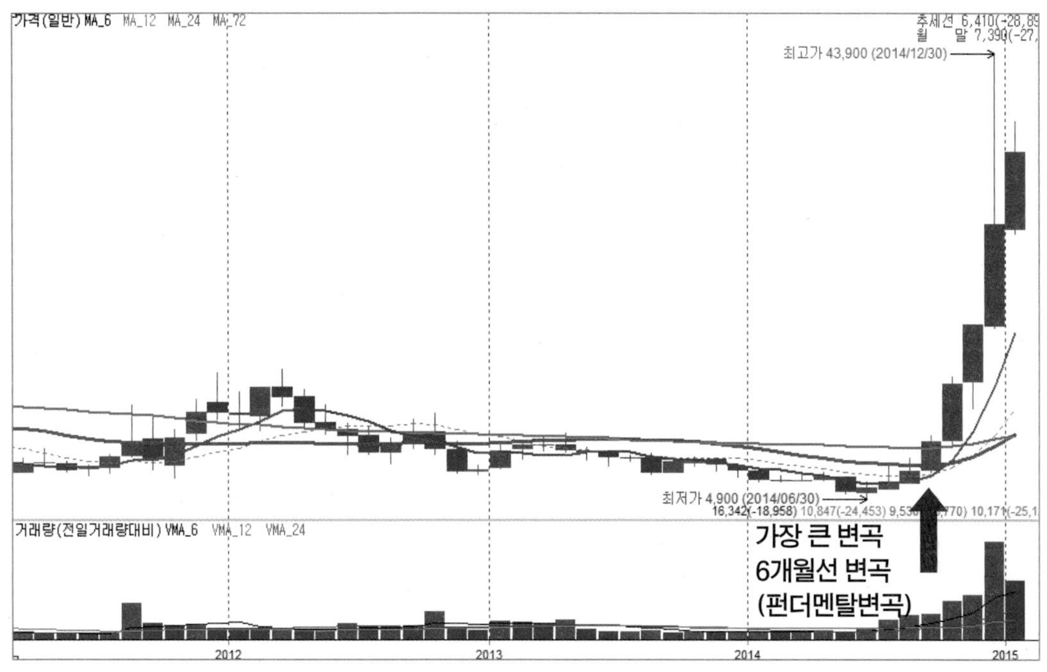

시세의 변곡점 진입

변곡점이란 새로운 시세의 시작을 의미한다. 밥상으로 비유하자면 이미 먹다 남은 것을 먹는 것이 아니라 새로이 밥상을 받은 격이 바로 변곡점 진입에 해당한다. 문제는 변곡점이 왔을 때 투자자들이 쉽게 기존의 전략을 바꾸기가 어렵다는 데 있다. 예를 들어 주가가 장기간 하락하는 과정에 있다가 상승기조로 바뀌는 변곡점이 왔어도 이미 그 이전에 99번 하락하다가 한번 상승으로 돌아섰기 때문에 지금의 시세 전환이 정말 맞는 신호인지 아니면 속임수인지 구별하기 어려운 것이고 매도의 경우도 주가가 지속적으로 상승하는 동안 단기적으로 조정을 받아도 다시 상승하는 것을 반복하였기 때문에 지금 주가가 조정을 받는다고 해서 이것이 시세의 하락 변곡점인지 알기가 어려운 것이다.

> **TIP 체크포인트**
>
> **5TT, 60TT**
>
> TT는 투턴을 의미합니다. 5TT는 5쌍봉이거나 5쌍바닥을 의미하고, 60TT는 60쌍봉이거나 60쌍바닥을 의미합니다.

어떤 것을 변곡으로 정할까?

따라서 주가의 변곡점 매매 타이밍은 수익을 올리기 위해서 정말 중요한데 문제는 어떤 것을 변곡으로 정하는가이다. 아무리 좋지 않은 주식이어도 제대로 된 타이밍에 진입하면 하락세를 타는 가운데도 반등이 있기 때문에 수익을 줄 수 있다. 그런데 더 좋은 것은 이왕이면 좋은 주식 중 매수타이밍을 고르면 주가가 크게 가는 주식이라 수익을 올리기가 더 쉽다는 것이다.

좋은 주식이란?

그럼 좋은 주식이란 어떤 주식일까? 당연히 기업의 설립목적이 수익의 창조에 있으므로 이익을 많이 내는 회사이다. 그럴 때 그것을 그래프에서 찾아내면 바로 월봉의 6개월선 변곡이다. 따라서 첫 번째 중요한 변곡점은 월봉상 6개월선의 변곡이다. 여기서 중요한 것은 그 다음에 나타나는 변곡점이다. 왜냐하면 6개월선은 변곡점이 자주 나오지 않기 때문이다. 경기의 사이클에 따라 변화하기 때문에 한번 방향을 정하면 상당히 오랜 기간 동안 그 방향으로 움직이게 된다.

변곡을 잡아 진입하는 방법

그럼 6개월선 변곡이 없으면 어떻게 변곡을 잡아 진입하는가? 최선이 아니면 차선책이다. 즉, 6개월선이 변곡점 없이 상승하고 있으면 그 다음은 60일선의 변곡이다. 매수라면 60일선이 하락하는 기울기였다가 상승으로 전환할 때가 결국 최고의 타이밍이 되는 것이다.

차트 7-2 게임빌

빅머니 유입형 패턴

이때 특히 패턴 상 아주 중요한 자리가 있는데 바로 빅머니 유입형 패턴이다. 이것은 240일선 위로 60일선이 골든 크로스(G.C)를 주었다가 하락으로 조정을 받은 이후 다시 60일선이 240일선 위에서 N자형으로 턴하여 변곡하는 타이밍이다. 이 변곡의 자리는 주가가 본격적으로 상승을 알리는 자리여서 빅머니 유입형이라고 한다. 역으로 주가가 본격적으로 하락할 때 60일선의 역N자형 변곡이 나오므로 주목해서 봐야한다.

60일선이 변곡이 없을 때 다음 변곡의 자리

마찬가지로 60일선이 변곡이 없으면 다음 변곡의 자리는 어디인

> **주식격언**
>
> **기업분석에 지나치게 치중하지 마라**
>
> 기업내용이 좋은 주식을 언젠가는 오르고 기업내용이 나쁜 주식은 언젠가는 떨어진다. 그러나 주가는 기업내용과 일치하는 기간은 짧고 항상 기업내용과 동떨어진 상태에서 형성된다. 지나치게 기업내용에만 치중하면 시장의 흐름을 따라가지 못해서 투자에 크게 성공하지 못한다.

가? 6개월선이 상승으로 전환한 이후 지속적으로 상승중이고 이번에는 60일선도 상승을 지속하고 있으면 같은 원리로 60일보다 짧은 20일선이 하향으로 내려가다가 상승으로 변곡하는 자리가 되는 것이다. 이 패턴은 자주 발생한다는 점에서 주목해야 한다. 즉, 변곡의 타이밍을 찾을 때 월간 단위라는 점에 포커스를 맞추면 20일선 변곡은 상당히 중요성이 커지는 것이다. 특히 20일선보다 빠른 변곡점은 특별한 경우가 아니면 빠른 만큼 속임수도 많아서 20일선 변곡은 상당히 그 중요성이 커지게 되는 것이다.

5일선의 경우는 5일선 외바닥보다는 쌍바닥이라는 조건이 가해져야 변곡점이라는 의미가 있다. 왜냐하면 5일선의 외바닥 변곡은 속임수가 많아서 사용하기 부담스럽기 때문이다. 더 빠른 변곡인 캔들의 경우는 단순한 캔들보다 장대캔들이 되어야 변곡의 의미가 있다.

성공투자의 습관

그러니까 결국 주식을 매수하거나 매도할 때 그냥 마구잡이로 사거나 팔지 말고 기다렸다가 변곡의 타이밍이 올 때 진입하는 습관이 성공투자의 습관이 되는 것이다. 통상 일반투자자들은 주가가 급등하거나 급락을 할 때 물불 안 가리고 묻지마식 베팅을 하는 경우가 많다. 항시 늦게 들어가서 손해나기보다는 너무 서둘러서 손해 보는 경우가 많다는 것을 기억하면 변곡점을 기다렸다가 들어가는 습관이 얼마나 중요한가를 알 수 있는 것이다.

변곡점에 들어갈 때 주의할 점 1

다만 변곡점에 들어갈 때 주의할 것이 2가지 있다. 하나는 되도록

차트 7-3 AK홀딩스

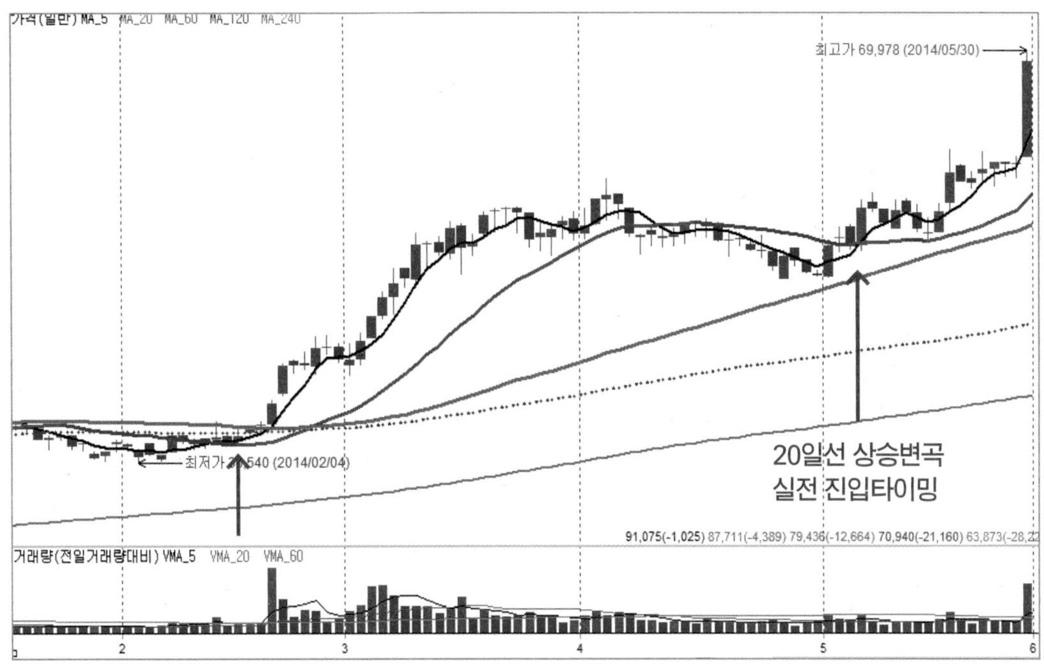

매수는 상승초기 변곡점을 이용하라는 것이다. 주가가 한 번 상승한 다음 조정을 주고 다시 상승을 하는 이른바 3파동 공략법이 상승초기 진입에 해당한다. 그런데 만약 4파동 조정 이후 다시 주가가 상승할 때 진입하게 되면 그것은 5파동 변곡에서 진입하는 것이므로 리스크가 커지게 된다. 따라서 매수의 진입은 2파동 조정 이후 3파동을 공략해야 성공 확률이 높다는 것을 잊지 말아야 한다.

물론 5파동 변곡이 의미가 없다는 것은 아니다. 그러나 필자의 경험상 진입은 조금이라도 의심이 가거나 확률이 떨어지는 곳은 들어가지 말아야 한다는 것이 30년 가까이 주식시장에 있으면서 느낀 경험이다. 왜냐하면 베팅에 들어가서 성공했다 실패했다를 너무 반복하게 되면 정말로 진입할 타이밍에서 머뭇거리게 되고 매도도 너무 일찍하게 될 가능성이 있기 때문이다. 자꾸 속임수에 걸리기 때문에 길게 갈 것도 짧게 끊어내기 때문이다. 따라서 매수의 변곡은 2파와 3파 사이가 가장 적절하다.

변곡점에 들어갈 때 주의할 점 2

다음 두 번째 변곡점 진입할 때 조심할 것은 바로 변곡이 속임수가 될 때이다. 변곡할 때 주가는 이른바 N자형 상방패턴을 만들게 된다. 그런데 주가가 앞 고점을 돌파하지 못하고 쌍봉으로 꺾이게 되면 그 변곡은 속임수가 되는 것이다. 따라서 변곡의 천적은 쌍봉이라는 것을 명심하고 변곡에서 진입했어도 쌍봉패턴이 나오면 먼저 안전을 생각하는 습관을 기르기를 권한다. 이것이야말로 성공투자의 지름길이라 하겠다.

아생연후에 살타

수익을 보는 것은 먼저 손해 보지 않는 것에서 출발한다. 바둑에서 자주 인용되는 "아생연후에 살타" 즉, 남을 치기 전에 내가 먼저 확실히 살아있는가를 확인하고 공격해야 하듯이 안전을 먼저 확보하는 것이 우선이지 무조건 베팅을 해서 모 아니면 도식의 베팅은 자제하는 것이 필요하다. 이 2가지만 유의한다면 베팅의 최고 타이밍은 3파동 변곡점 진입이라는 점에서 좋은 승부의 핵심이 될 것이다. 좋은 주식을 최고의 타이밍에 잡는다는 것이 바로 변곡 진입의 목표가 되는 것이다.

팔팔한 종목은 핑크고래가 있고 꺾이는 종목은 블루고래가 있다

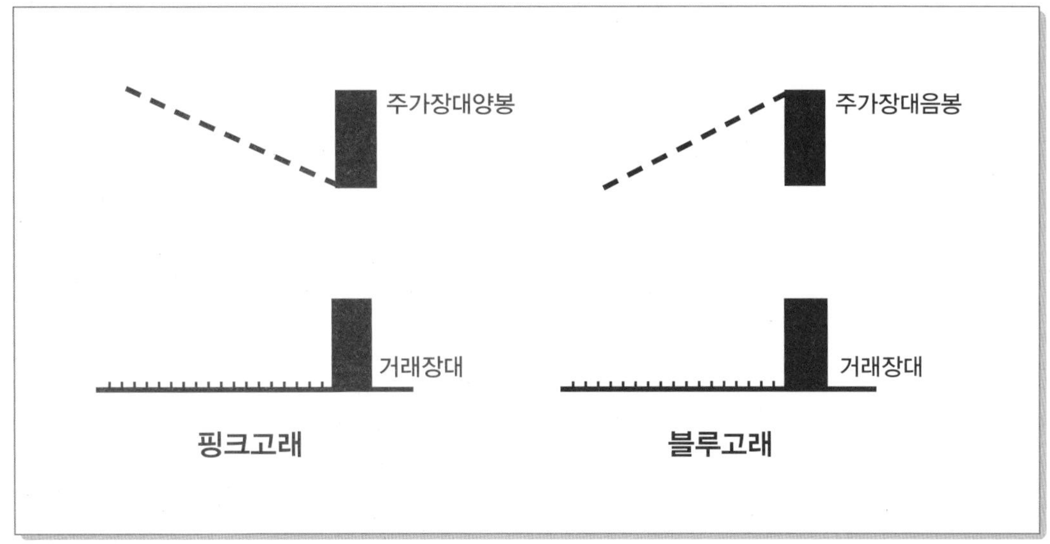

탄력적으로 오르는 주가가 가진 공통점

주가가 탄력적으로 올라가는 종목은 중요한 공통점을 가지고 있다. 주가가 장대양봉을 보인다는 것과 거래량을 대량으로 동반한다는 것이다.

핑크고래 패턴

이렇게 주가가 장대캔들을 주고 거래도 급증하면서 장대 거래량을 동반하는 패턴을 핑크고래 패턴이라고 한다. 이를 핑크고래라고 칭하는 것은 고래가 숨을 쉴 때 몸 밖으로 장대 같은 분수를 뿜어내는 모양과 흡사하기 때문에 붙여진 이름이다. 핑크고래 패턴은 주로 바닥권이나 상승초기에 나타날 때 주목해야 하는 패턴으로 세력의 진입을 시사한다는 점에서 중요한 패턴이다.

핑크고래 패턴이 나오는 이유

그럼 왜 팔팔하게 올라가는 종목은 핑크고래 패턴이 나오는 것일까? 일단 먼저 주가의 장대캔들은 일반인이 만들 수 없기 때문이다. 일반투자자들은 주식을 매수한 다음 상승을 하게 되면 곧바로 이익을 실현하겠다는 생각을 하게 된다. 왜냐하면 매수를 한 다음 주가가 상승할 때 팔지 못해서 하락하는 경우를 많이 당하다보니 매도의 기준은 주가가 하락으로 반전될 타이밍이어서 매도하기보다는 일단 매입단가 대비 남으면 팔겠다는 생각이 자동으로 들게 되는 것이다. 그런데 장대캔들이란 시초가 대비 주가가 위로 강하게 많이 뻗어가는 것이므로 단순히 남으면 파는 일반투자자가 만드는 패턴은 아닌 것이다. 이러한 패턴에 거래량까지 대량으로 동반하면 그것은 신뢰성이 더욱더 커지는 패턴이 된다.

만약 거래가 작게 이루어지면 그것은 세력들이 들어왔다기보다는 단기적으로 물량공백이 있을 때 나타나는 패턴이다. 거래가 대량으로 동반하면서 주가가 강하게 장대로 뻗는다는 것은 시세에 대한 확신이 없으면 불가능한 것이다.

핑크캔들은 바닥에서도 주목되는 패턴이지만 주가가 상당기간 박스권에 갇혀 있다가 이러한 패턴이 나오면 꽤 의미가 있다. 왜냐하면

차트 8-1 고려아연

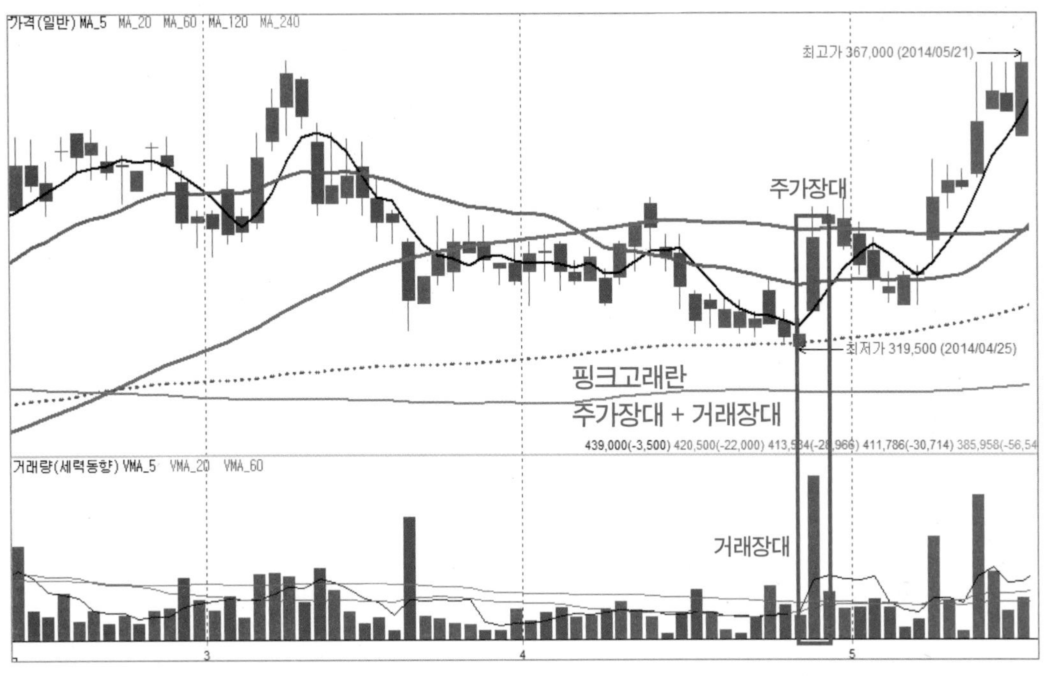

주가가 고점과 저점사이를 오가면서 상당기간 가두리권을 형성하게 되면 당연히 일반투자자들의 입장에서 볼 때 직전고점에 오면 팔고 싶지 주식을 사고 싶지는 않을 것이다. 그런데 주가가 장대캔들을 주고 거래가 대량으로 동반하면서 박스권의 상단을 돌파한다면 그것은 세력의 강한 매수 베팅이 들어온 것으로 해석할 수 있는 것이다.

트윈캔들

특히 이때 장대캔들이 하나가 아닌 2개가 나오면 그 신뢰도는 더욱 높아지게 되는데 이러한 장대캔들을 트윈캔들이라 하고 그 위력은 상당히 강하므로 주목되는 패턴이다. 그 이후 주가는 박스권으로 횡보했던 그 기간만큼 강하게 상승하는 경우가 많다. 이것을 원차트 법칙이라 했다. 반대로 이것이 꼭지에서 뒤집혀 나올 때는 세력이 빠져나가는 패턴이고 그것을 블루고래라 한다.

TIP 체크포인트

변곡의 4구간

주가는 이동평균선의 위치와 기울기에 따라 4구간으로 나눌 수 있습니다. 위치가 정배열이면서 상향이면 1번 정배열이지만 단기선이 하향이면 2번 반대로 위치가 역배열이면서 둘다 하향이면 4번 역배열이지만 단기선이 상향이면 3번이라고 합니다.

이중 실전에 활용도가 높은 것이 변곡의 1번과 4번으로 역배열에서 정배열의 골든크로스이후 단기선이 N자형일때 변곡의 1번이고 정배열에서 역배열로 데드크로스이후 단기선이 역N형일때 변곡의 4번이라합니다.

블루고래 패턴

블루고래란 고점대에서 주가가 장대양봉이 아닌 장대음봉을 주고 거기에 거래가 대량으로 실리면서 세력이 이탈하는 것을 알리는 패턴이다. 일단 먼저 상승이나 하락할 때 장대캔들이 나타나면 그만큼 각도가 가파르다는 점에서 일반의 베팅이 아닌 세력의 패턴이 되는 것이다. 거기에 거래까지 대량으로 동반되므로 당연히 시세의 반전을 가져올 수 있는 것이다. 특히 이 패턴이 주목되는 이유가 있다. 통상 주가가 본격적으로 상승하거나 하락할 때 주가는 쌍바닥이나 쌍봉패턴을 준다. 물론 핑크고래나 블루고래도 쌍바닥과 쌍봉구간에서 나오는 경우도 많다. 하지만 설령 이러한 패턴이 외바닥이나 외봉에서 나오더라도 간과하지 말고 시세가 반전되는 신호일 수 있다는 점을 염두에 두고 매매해야 한다는 점이다.

핑크고래와 블루고래를 쉽게 알아보려면

여기서 하나의 TIP을 소개한다. 어떤 종목이 핑크고래나 블루고래 패턴이 나왔을 때 이것을 쉽게 알아보는 방법은 그날 그 종목의 거래를 분석했을 때 기관과 외국인들의 매매가 어떠했는가를 보면 된다. 이때 핑크고래인 경우 기관과 외국인들이 둘 다 매수이고 블루고래의 경우 둘 다 매도이면 얘기할 것도 없이 그 쪽 방향으로 전략을 짜면 된다.

차트 8-2 LG생명과학

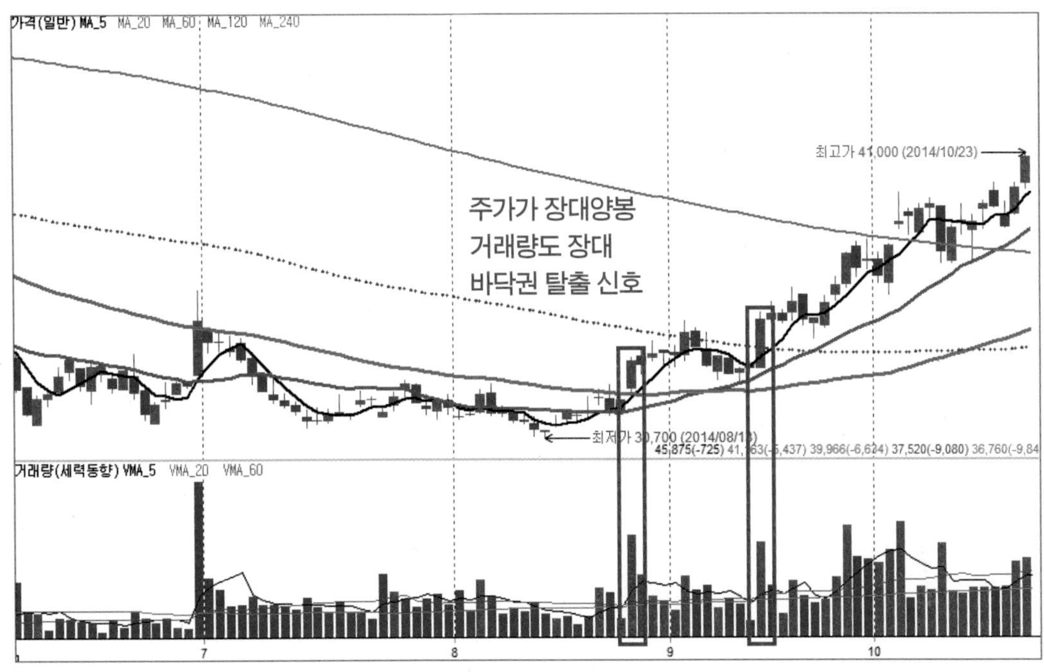

기관과 외국인들의 매매가 서로 다를 때

문제는 이들의 매매가 서로 다를 때 어떻게 해야 할 것인가 인데 그럴 때는 기관과 외국인들의 두 합이 어떤 방향인가로 결정한다. 즉, 기관과 외국인들의 매매가 서로 다를 때 매수와 매도를 더해서 매수가 많다는 얘기는 일반인들이 매도했다는 얘기이므로 위로 방향을 정하고 반대로 그 합이 매도가 많을 때는 일반인들이 매수를 많이 했다는 얘기이므로 하단으로 전략을 가져가면 된다. 일반투자자의 경우 특히 매수나 매도할 때 핑크고래나 블루고래를 참고하면 좋은 이유는 이 패턴이 다른 패턴에 비해 찾아내기가 쉽기 때문이다. 그래프를 보면 당연히 장대양봉이 나오니까 눈에 띄기 쉬운 것이다. 바로 여기에 또 하나의 맥점이 자리하고 있다. 이러한 패턴이 나

주식격언

장기간 움직이지 않던 주식이 오르기 시작하면 크게 오른다

장기휴면 주식이 움직이기 시작하면 그만한 이유가 있어서 움직인다. 오랫동안 움직이지 않던 주식이 한번 오르기 시작하면 크게 오르는 것이 보통이므로 조금 올랐다고 좋은 기회라 생각하고 팔아버리는 것은 잘못된 방법이다.

올 때 눈에 띄기 쉽기 때문에 이러한 패턴 이후 속임수로 반작용이 나올 때가 많다. 예를 들어 핑크고래가 나온 다음 반대로 주가를 살짝 눌러주는 경우가 있다.

주가의 조정폭과 거래량을 보자

그럴 때 이것이 눌렀다가 다시 상승하는 패턴인가 아니면 눌러주는 것이 오히려 하락의 시작인가를 알아보기 좋은 기법이 있는데 그것은 주가의 조정폭과 거래량를 보면 된다. 주가가 조정을 받을 때 음봉의 캔들폭이 상승할 때 나타난 장대양봉의 1/3 이내에서 조정받는 이른바 아름다운 조정이면 흔든 다음 다시 상승할 가능성이 높은 것이다. 더구나 이럴 때 거래가 작으면 앞에서 가져간 물량이 나오지 않는다는 것이고 물량을 많이 가져간 다음 흔들어대는 과정일 가능성이 높은 것이다. 또한 베팅은 종가에 진입하는 방법이 있는데 아래로 눌러줄 때마다 분할 매수를 하면 된다.

양음양 매수법

그런데 매수를 다하기 전에 바로 다음날 상승하게 되면 그 때는 위로 양봉을 줄 때 추가 공략하면 된다. 그것을 양음양 매수법이라고 한다. 주가는 상승기조일 때 조정을 짧게 받고 상승은 길게 가므로 하루 조정을 받았으면 단기적으로도 주가는 최소한 2일 이상 상승하는 패턴을 그리게 된다. 주가가 하락하다가 핑크고래를 주는 것은 단순한 반등보다는 기조 자체를 돌리는 경우가 많기 때문에 주목해야 하고 그럴 때는 HTS상에서 그 회사에 대해 나와 있는 것들을 자세히 찾아보는 것이 필요하다. 갑자기 왜 장대양봉을 주었고 거

차트 8-3 현대차

래는 왜 그리 많이 되었는지 최소한 핑크고래가 나올 때는 알아봐야 하는 것이다. 그럴 때 만약 그 이유가 기업의 실적과 연관된 것이라면 그 종목은 더욱 주목해야 한다. 어떤 대형 계약을 체결했다든지 특허를 받았다든지 신제품을 출시했다든지 하는 것이 바로 이에 해당하기 때문이다.

주식 투자에서 수익은 절대 불로소득이 아니다. 노력한 만큼 공부한 만큼 되돌려 받는 것이다. 정말 한 땀 한 땀 노력해서 나만의 주식 매수 노하우와 매도의 기준을 세우는 투자자만이 성공이란 과실을 딸 수 있다는 점을 명심해야 할 것이다.

구좌관리는 월간단위로 하고 월 단위베팅은 상대강도로 한다

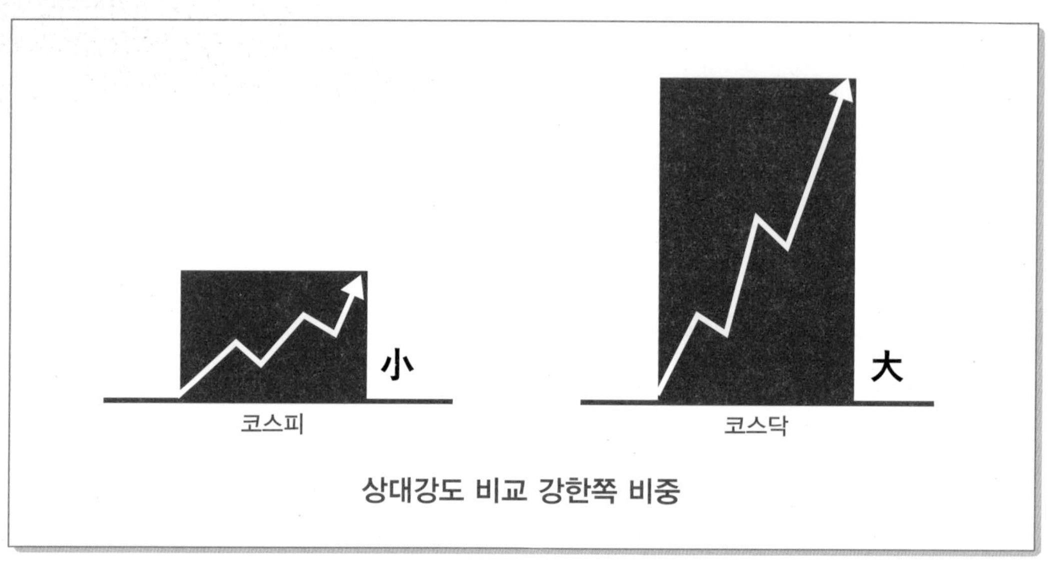

상대강도 비교 강한쪽 비중

자금관리의 중요성

주식투자에 성공한다는 것은 구좌관리를 잘한다는 것이고 구좌관리를 잘한다는 것은 결국 자금관리를 잘한다는 것이다. 월가의 전설 중 한 사람인 제시리버모어의 경우 3M이라 하여 자금관리의 중요성을 강조한 바 있다. 3M이란 매매기법과 마인드컨트롤 그리고 자금관리를 의미하는 것으로 성공투자의 3요소라 할 수 있을 것이다.

차트 9-1 KOSPI

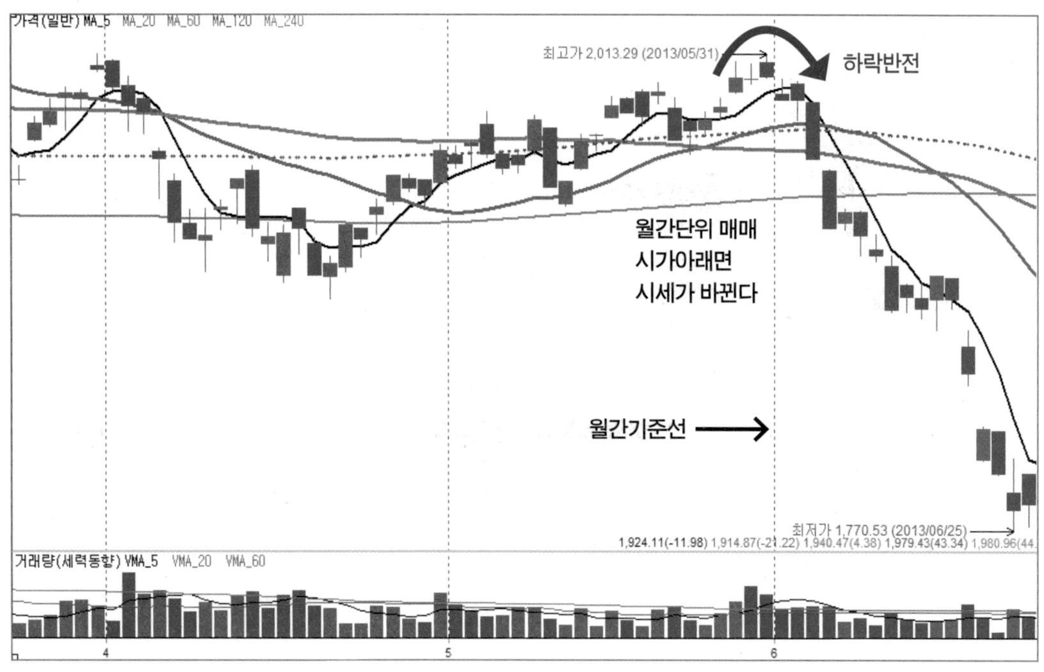

효율적인 자금관리

그렇다면 자금관리는 어떻게 해야 효율적인 것인가? 일단 투자해서 남은 금액까지 모두 다 투자하지 말고 이익금은 별도로 관리하는 것이 필요하다. 이익이 남은 금액과 처음 원금을 모두 베팅금액으로 사용할 경우 주가가 고점을 찍고 내려갈 때 순간적으로 투자손실이 발생할 수 있기 때문이다. 또한 돌발 악재 등의 비상사태가 생겼을 때도 크게 손해 보지 않고 다음을 기약할 수 있고 헤지의 자금으로도 사용이 가능하게 된다.

월간단위 매매법

여기에 하나를 더 해야 하는 것이 바로 월간단위 매매법이다. 매매

> **TIP 체크포인트**
>
> **123(이상 급등 원, 투, 쓰리)**
> 강하게 상승했던 종목들이 삼일간 견고하게 조정을 받는 것을 말합니다.

를 정신없이 하다보면 일 년 내내 시장의 좋고 나쁨과 상관없이 일반 투자자는 풀 베팅을 한 상태에서 연중 내내 주식을 보유하게 된다. 주식시장이 좋을 때는 상관없지만 경기가 사이클이 있는 만큼 당연히 시장도 강할 때가 있고 약할 때가 있듯이 하락기조에서는 손실이 크게 날 수 밖에 없을 것이다.

상대강도 비교법

그럼 월간단위로 매매하면 뭐가 달라지는 것일까? 일단 월간단위로 먼저 판단해야 할 것은 무조건 자금을 투입할 것이 아니라 그 이전에 지금의 시장이 주식을 살 만한 시기인가 아닌가를 먼저 확인하는 것이 필요하다. 이럴 때 사용하는 것이 상대강도 비교법이다.

상대강도란 수급이 우선시되는 코스피시장과 재료가 중심이 되는 코스닥시장을 상대 비교하여 어느 쪽에 무게중심이 쏠리는가를 확인하는 일이다. 만약 시장이 강하면 코스피 시장의 상대강도가 높고, 시장에너지가 약하여 틈새장세가 될 때는 코스피보다 코스닥 시장의 상대강도가 높게 된다. 즉, 내 구좌가 수익을 내기 위해서는 어느 시장이 중심에 있는가를 확인하는 것이 먼저인 것이다. 이럴 때 시장의 강함과 약함의 판단은 월초 시초가와 전월 종가를 기준으로 위로 많이 뻗어가는 시장이 강하다는 판정을 내리면 된다. 또한 시장의 강약 기준이 전달 종가와 당월 주가가 시작되는 시초가를 기준으로 하므로 매매는 당연히 월간 단위가 되는 것이다.

차트 9-2 KOSDAQ

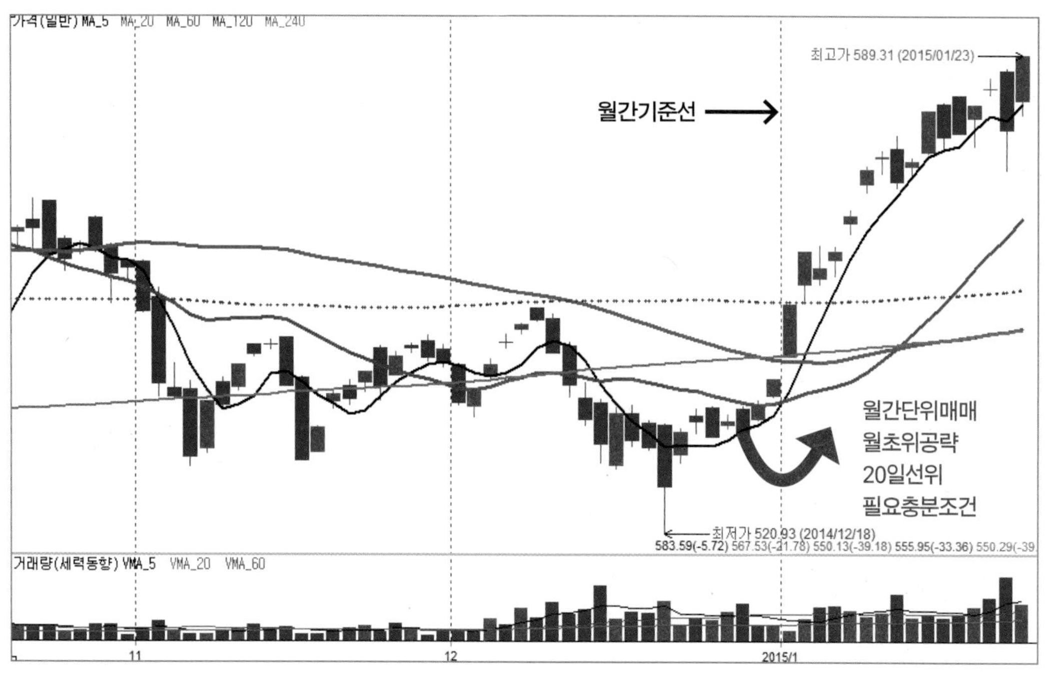

일반투자자는 월간단위 매매가 더 필요하다

주식 투자를 할 때 일반투자자의 경우 월간단위 매매가 필요한 더 중요한 이유가 있는데 그것은 시세의 변화를 놓치지 않을 수 있다는 점 때문이다. 만약 월간단위 매매가 아니면 전 달에 강하다가 이번 달 시세가 약할 때 그것을 구별하기가 어렵다. 전 달 시세가 강한 것에 습관이 되어서 이번 달 시세가 약해지고 있어도 전 달에 조정 이후 주가가 올라간 것을 많이 목격했기 때문에 시세의 바뀜을 눈치채기가 어렵게 되고 그래서 고점에서 물리게 되는 것이다. 그런데 이것을 월간단위로 끊어서 매매하게 되면 전 달 주가가 기준이 되니까 전 달 대비 약세일 때 함부로 매수하지 않게 되고 새로운 달 시가대비 약하면 역시 함부로 매매하지 않게 된다.

> **주식격언**
>
> **밀짚모자는 겨울에 사라**
>
> 종목선택에 있어서 가장 중요한 격언으로 좋은 주식이 투자자들의 관심밖에 있어서 저가에 방치되어 있을 때 미리 사놓고 기다리는 방법을 말한다.

앞 달은 잊어라

주가의 꼭지란 무엇인가? 전 달까지 강했다가 이번 달 꺾일 때가 꼭지가 아니던가? 그러니까 투자를 할 때 전 달과 이번 달을 구별해서 매매하는 것이 속임수 시세에 걸려들지 않는 방법이 되는 것이다. 그래서 나온 말이 "앞 달은 잊어라" 라는 것이다. 어차피 주가의 고점은 전 달까지 99번 상승하다가 이번 달 1번 꺾이는 그 자리가 바로 역사적 고점일 수 있는데 전 달과 연결시키다보면 주가의 꺾임현상을 초기에 알아채는 것이 아니라 한참 주가가 내려간 이후에 알게 되고 그렇게 되면 이미 매도해야 하는 것을 알아도 팔기 어렵게 된다. 그래서 구좌가 다치지 않게 하려면 월간단위로 매매하는 것이 가장 기본이다.

상대강도의 중요성

그럼 월 단위 베팅일 때 상대강도가 왜 중요한가? 시장은 에너지가 강할 때가 있고 약할 때가 있다. 기관과 외국인들의 수급이 좋을 때 시장은 얼마든지 사기 쉽고 팔기 쉬운 대형주 중심으로 움직일 수가 있다. 하지만 요즈음처럼 글로벌 증시의 요인들이 다양하고 급변하는 상황에서 시장의 에너지가 약할 때는 무거운 대형주보다는 가벼운 중소형주 중에서도 테마주 중심의 종목장세가 될 수 있다. 따라서 항시 월이 바뀌면 코스피 시장에 비중을 두어야 하는지 아니면 코스닥 시장에 무게를 두어야 하는지를 확인하는 작업이 필요한 것이다. 이럴 때 양쪽시장이 대등한 경우 양 시장의 비중이 5 : 5라면 상대강도가 강한 쪽은 최소한 6 : 4 내지는 7: 3 이상으로 가져가야 하는 것이다. 낚싯줄을 드리울 때 고기가 적은 쪽보다는 많은 쪽에서 하듯이, 수익을 내기 쉬운 쪽을 공략하는 것은 구좌를 살찌우

차트 9-3 컴투스

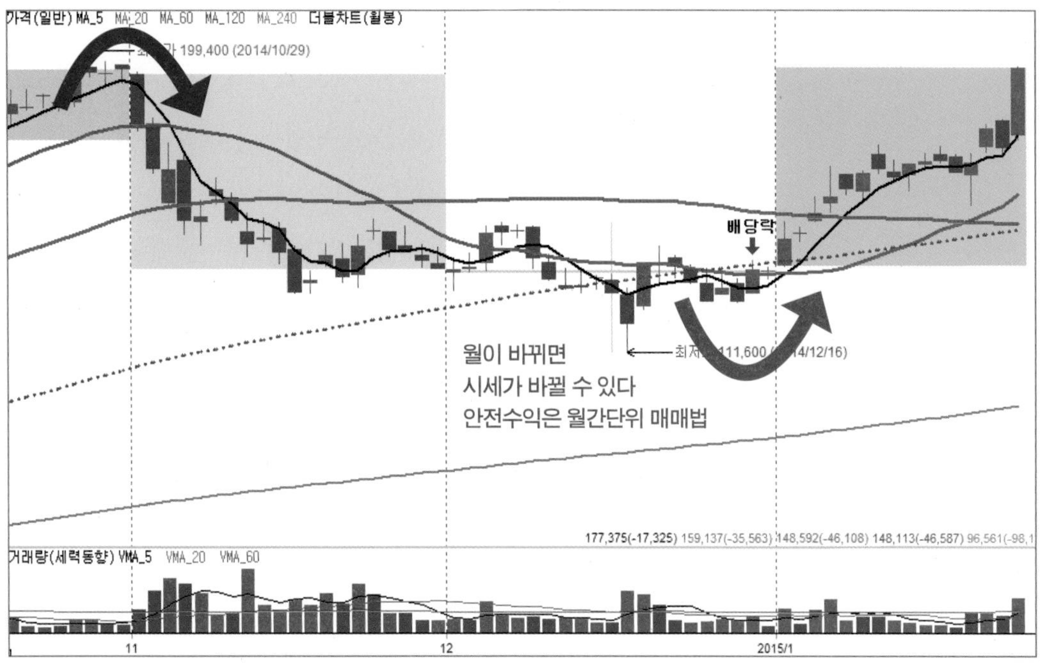

게 하기 위해서 당연한 선택인 것이다.

월초엔 뿌리고, 월말엔 거두자

구좌관리를 위해서 또 하나 알아야 할 것이 있는데 그것은 되도록 월초부터 월 중순까지는 씨를 뿌리고 월 하순에는 주로 거두어들여야 한다는 것이다. 월초 베팅법은 캔들이 장대양봉으로 솟는 종목이 시장의 주도주가 되기 때문에 캔들 공략법이 좋다. 반면 월 중순에는 5일선이 쌍바닥을 주는 종목군 중심으로 이동평균선법을 사용하는 것이 확률이 높다. 주로 이러한 종목군은 월초에 강했던 종목이 눌림목을 준 다음에 5일선이 월 단위 쌍바닥을 주면서 올라가는 경우가 많다. 이렇게 공략한 종목은 월 하순으로 넘어가게 되면 서서히 이익을 챙기는 전략으로 가는 것이 리스크를 줄이는 방법이다. 왜냐하면 월 하순에 주가가 하락으로 전환하여 제대로 매도를 못하게 되면 그 달만 문제가 되는 것이 아니라 다음 달도 주도주를 공략하지 못하게 된다. 왜냐하면 이미 진입한 종목에 물려있게 되므로 당연히 베팅할 자금이 없기 때문이다. 따라서 월 단위 일정한 수익을 올리기 위해서는 무엇보다도 월 하순 쪽으로 갈 때는 현금화를 중심으로 하는 것이 좋다.

이익을 극대화 하려면

중요한 것은 이렇게 주식을 매도하여 현금을 만들 때 최대한으로 이익을 극대화하기 위한 전략을 써야 한다는 것이다. 그것은 위로 상승하면서 음봉을 줄 때마다 챙기는 것이다. 예를 들어 주가가 월 하순 쪽으로 계속 상승하는데 그 이익을 즐기지 못하고 중간에 끊어내면 그처럼 안타까운 일이 없을 것이다. 따라서 그 이익을 최대화하기 위해서는 주가가 지속 상승하는 양봉일 때는 월말 쪽으로 계속 주식을 가져가는 것이다. 대신 위로 상승하다가 음봉일 때마다 챙겨주는 전략을 써야 한다. 음봉에서 챙기는 이유는 결국 주가의 고점 중 하나는 음봉 중에 나오기 때문에 이익이 나는 가격대에서 음봉일 때마다 분할하여 챙기면 되는 것이다. 즉, 이익은 즐기되 탐하지 말고 적정선에서 챙겨두어야 그 현금으로 다시 다음 달 새로운 주도주를 공략할 수 있는 것이다. 결론적으로 구좌관리를 위해서는 월간단위로 하고 진입은 상대강도법을 사용하며 챙기는 것은 주로 윈도우 드레싱이 있는 월 하순 쪽에 비중을 두는 매매법이 기본적인 매뉴얼이 되는 것이다.

이익금의 10%는 헤지하고 10%의 손실은 손절매한다

일반투자자속성

본전고수형

연중무휴형

뇌동매매형

10% 법칙필요

전체 구좌를 관리하자

주식투자자들이 가장 범하기 쉬운 실수 중 하나는 전체 구좌를 관리하는 것이 목표가 되어야 하는데, 대부분의 개인투자자들은 매수를 들어간 모든 종목을 하나도 손실없이 매도하는 것에 목표를 두고 있다는 것이다. 다시 말해 매수를 해 보유하고 있는 종목 모두를 플러스로 만드는 것을 목표로 삼아 매매하다 보니 손실을 짧게 가져갈 수 있는 종목의 손실을 키우는 바람에 구좌 자체가 망가지는 경우가 발생한다는 것이다.

전체 구좌 관리의 중요성에 대한 비유 1

주식은 총성 없는 전쟁과도 같다. 치열한 전투를 벌이다보면 어떤 전투에서는 이기기도 하고 또 어떤 전투에서는 지기도 한다. 중요한 것은 몇몇 전투에서 진다해도 목적은 전체 전쟁에서 이겨야 한다는 것이다. 중간에 작전상 후퇴라는 것을 고려해서 전투에 참가해야 하는데 그러지 못하고 모든 전투에서 이기려고 하다가 작은 패배로 막을 것을 큰 패배로 이어지게 해서 전쟁에서 패배하게 된다는 것이다.

전체 구좌 관리의 중요성에 대한 비유 2

바둑의 경우 예를 들어보자. 바둑에서 이긴다는 것은 무엇인가? 바둑판에 있는 모든 집을 다 차지하는 것인가? 당연히 아니다. 일부 집은 상대방에게 줘도 내가 한 집이라도 상대방보다 더 차지하면 이기는 것이다. 주식도 마찬가지다. 아무리 유능한 펀드매니저라 하더라도 들어간 주식을 다 수익내기란 어려운 것이다. 손해가 나는 주식도 있고 이익이 나는 주식도 있다. 대신 손해가 나는 것은 짧게 끊어내고 이익을 내는 주식은 크게 이익을 내서 구좌 전체가 플러스가 되게 하는 것이 진정한 주식투자에 성공하는 길인 것이다.

그러나 대다수의 일반투자자들은 매도의 기준을 본인이 매입한 본전가격에 둔다. 그러다 보니 조금 손실내고 끝낼 수 있는 주식도 하락초기에 처분하지 못하고 반 토막 이상 손해 보며 들고 있는 경우가 허다하다.

더욱 심각한 것은 물타기다. 처음 진입한 주식의 가격이 하락하다 보니 본전단가를 낮추기 위해 아래가격에서 추가매수 즉, 물타기를

차트 10-1 현대중공업

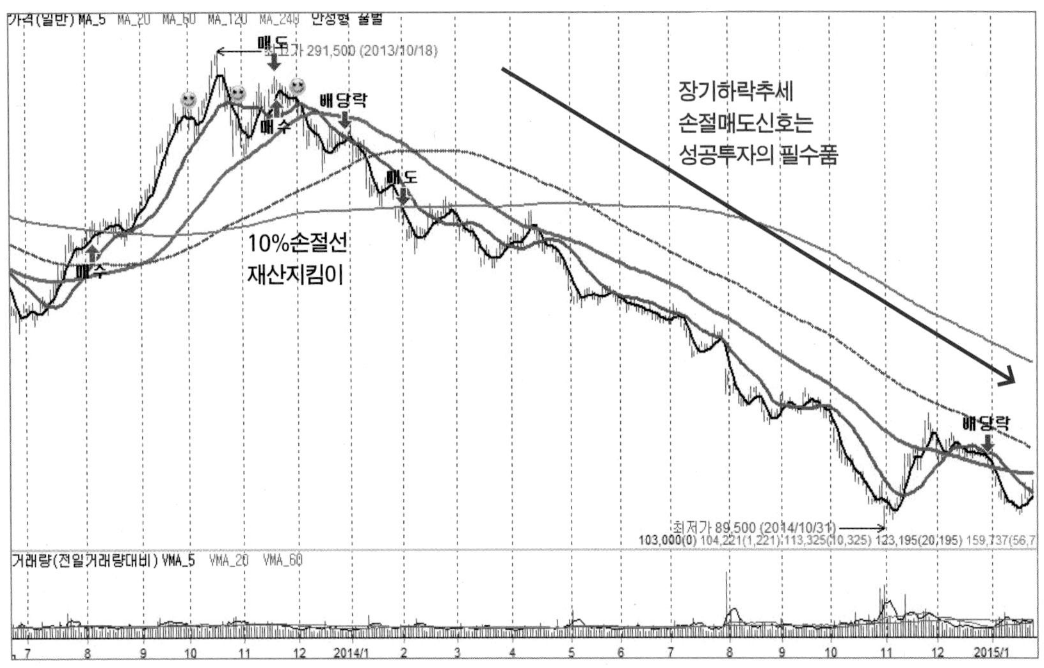

하게 된다. 그것을 자꾸 반복하다 보면 손실이 감당할 수 없을 정도로 커지게 되는 것이다.

헤지전략

그럼 어떻게 해야 이러한 실수를 막을 수 있을까? 가장 실행하기 쉬운 방법이 헤지전략과 손절매다. 일단 먼저 헤지란 우리말로는 울타리란 뜻으로 만약의 손실에 미리 대비하는 보험과 같은 것이다. 특히 헤지전략은 이익이 났을 때 자동으로 걸어두는 것이 필요하다. 헤지를 하는 방법은 이익금의 10%는 자동으로 헤지금액에 사용하는 것이다. 특히 지수와 상관도가 높은 종목은 이익금의 10%를 풋매수에 투자하면 좋다.

TIP 체크포인트

인서트패턴

20-60 사이에 들어갔다가 반등을 주는 종목을 말합니다.

풋매수

풋매수란 주가가 하락하면 이익을 보게 되는 상품이다. 그리하면 매일 이익금의 일정금액을 이익으로 확정시키는 효과가 있다. 만약 다음 날 지수가 크게 하락하여도 10%헤지를 걸어둔 풋이 레버리지가 크기 때문에 일정 분 하락으로 인한 이익금 반납을 메워주는 효과가 있다. 기관이나 외국인 등 매매규모가 큰 집단들은 반드시 만약의 경우에 대비한다. 이들은 베팅금액이 크다보니 선물과 옵션을 이용하여 여러 가지의 리스크 관리를 한다. 만약 헤지가 어렵다면 위로 상승할 때 일정 분은 분할로 챙기는 전략을 가미하면 좋다. 이때의 방법은 앞에서 설명한대로 월 하순 음봉을 이용하는 방법 외 특히 5일선 쌍봉이거나 20일선 아래로 캔들이 몸통데드로 내려갈 때 해두는 것이 필요하다. 이익을 볼 때는 그래도 매도하거나 헤지하는 것이 심리적으로 쉬울 것이다.

본전고수형의 문제점

문제는 손해난 주식을 손절매할 때다. 일반투자자들의 3대 속성 중 하나가 본전고수형이다. 이익이 발생할 때는 쉽게 매도에 손이 가지만 손해가 발생했을 때는 웬만해서 매도를 하기가 어렵다. 이것은 사람이라면 누구나 손해를 확정시키지 않고 싶기 때문이다. 이럴 때는 강제적인 로스컷(손절매)이 필요하다. 예를 들어 매수한 주식이 본전단가 대비 -8%이거나 -10%를 손절매 가격으로 정하고 그것을 본인이 거래하는 증권사의 시스템을 이용하여 강제로 매도주문이 나가도록 하는 것이다.

차트 10-2 대우증권

켈리의 법칙

게임의 베팅법 중 유명한 것이 켈리의 법칙이다. 켈리의 법칙이란 어떤 것에 대해 베팅을 할 때 가장 효율적인 베팅법으로 알려져 있다. 켈리의 법칙 공식은 " 이길 확률 – 질 확률/ 이익손실비율 "로 되어있다. 공식에서 보듯이 최대로 걸 수 있는 베팅금액은 그것이 성공할 확률을 벗어나지 않는다. 예를 들어 동전을 던져서 앞면이 나오면 이익이 생기고 반대로 뒷면이 나오면 베팅금액을 잃는 게임을 한다고 하자. 이럴 때 베팅금액은 앞면이 나올 확률인 1/2이상 걸지 않는다는 것이다. 문제는 이 켈리의 법칙에서는 이길 확률 범위에서 베팅을 하되 질 확률만큼은 빼는 것이다. 즉, 동전의 뒷면이 나올 확률도 1/2이므로 결국 베팅금액은 제로가 된다. 그런데 여기에 가장 중

주식격언

꿈이 있는 주식이 가장 크게 오른다.

투자자들이 주식을 사는 것은 미래에 대한 어떤 기대 때문이다. 따라서 미래에 대한 꿈이 크고 화려할수록 주가는 크게 오른다. 비록 현재의 재무상태나 수익성은 나빠도 장래에 좋아질 수 있다는 큰 꿈이 있으면 현재 좋은 상태에 있는 주식보다 더 크게 오를 수 있는 것이 주가이다.

요한 변수가 등장한다. 그것은 바로 이익손실 비율이라고 하는 것이다. 만약 성공했을 때 2만큼의 금액을 받고 질 때는 1의 금액만큼 손해난다면 이익손실비율은 2가 된다. 게임에서 질 확률을 바로 이익손실비율로 나누는 것이 켈리법칙의 주요한 공식이다. 즉, 동전을 던질 때 가지고 있는 금액의 얼마만큼 걸어야 가장 효과적인 베팅금액이 되겠는가를 켈리의 법칙으로 구하면 이길 확률 50%에다가 질 확률 50%를 이익손실비율로 나눈 25%를 빼면 되는데 결국 25%가 되는 것이다.

주식 투자에 켈리의 법칙을 적용한다면

그럼 이것을 주식투자에 적용하게 되면 어떻게 되는가? 어떤 종목을 베팅해서 성공할 확률이 반이고 실패할 확률이 반이라고 가정할 때 투자에서 성공을 하려면 이익손실비율이 1보다 커야 베팅을 할 수 있다. 즉, 이익은 크게 내고 손실은 작아야 이익손실비율이 1보다 큰 베팅금액이 존재하게 된다는 것이다. 만약 이익 낼 때는 1이고 손해가 날 때 2가 되면 공식은 50%-50%/0.5가 되므로 –50% 즉, 베팅을 하면 안 된다는 결론이 된다. 그러므로 켈리의 법칙은 주식투자 시 손실을 짧게 가져가야 하는 손절매의 중요성을 느끼게 하는 공식인 것이다. 따라서 주식투자 십계명에서 중요한 것 중 하나는 유사시를 대비해 항상 헤지를 습관화하고 투자 손실을 최소화 하는 데 있다는 점을 잊지 말아야 할 것이다. 어차피 주식투자는 위험자산에 투자하는 것이다. 그럼 당연히 리스크라는 것은 따라오기 마련이다. 이때 누가 이 리스크를 잘 관리하느냐가 성공투자의 열쇠가 되는 것이다.

차트 10-3 대우조선해양

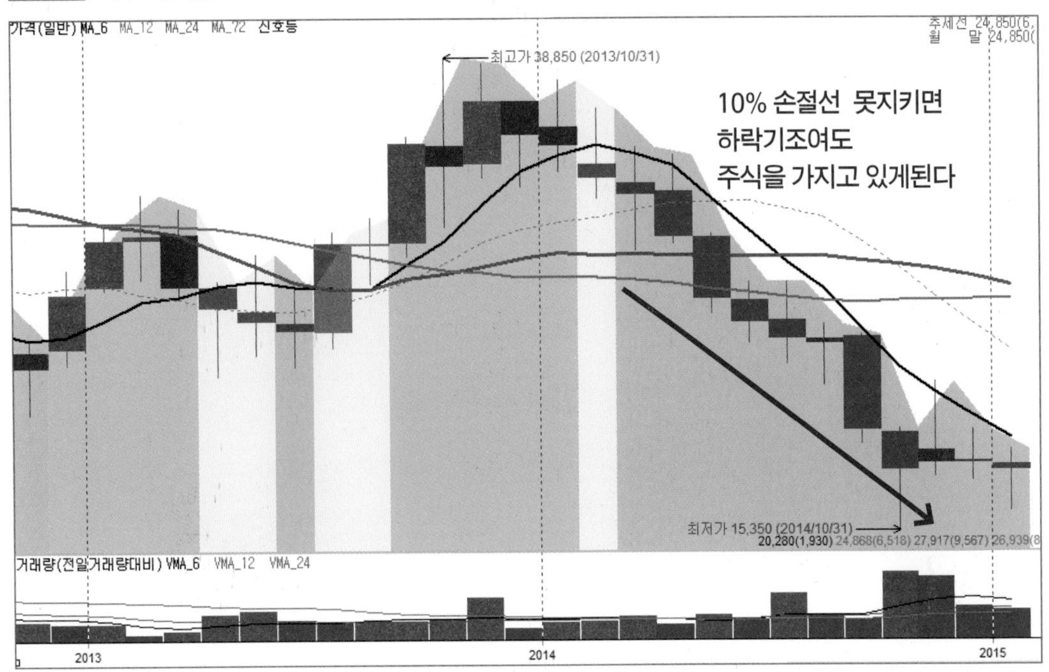

세상 모든 것에 공짜는 없다. No Pain No Gain. 고통 없이는 그 어느 것도 얻을 수 없다는 진리를 명심하고 스스로를 담금질하고 매일 매일 성공투자를 위한 노력을 해야 함을 잊지 말아야 할 것이다.

베스트 1 – 종가매매법
직장인 등 시세 보기가 어려운 투자자를 위한
최고의 베팅법으로 종가 전 "10분 투자법"이다

베스트 2 – 지수 & 패턴공략법
일명 I & P 공략법인 이 방법은
역사적 바닥과 상승초기형 공략법이다

베스트 3 – 레버리지와 인버스로 월급 만들기
레버리지는 주가가 오를 때 사고
인버스는 주가가 하락할 때 산다

4
PART

베스트 투자기법

종가매수법

직장인 등 시세 보기가 어려운 투자자를 위한 최고의 베팅법으로 종가 전 "10분 투자법"이다

주식투자에 성공하기 위해서

주식투자에 성공하기 위해 어떻게 해야 하는가를 30년 가까이 한 우물을 파며 연구하다 보니 한 가지 터득한 것이 있다. 그것은 아무 때나 주식을 사고파는 것이 아니라 가장 자신 있을 때만 승부를 걸어야 한다는 것이다. 성웅 이순신 장군의 23전 23전승의 신화도 결국은 아무 때나 전투를 벌인 것이 아니라 불리할 때는 싸우지 않고 모든 정보를 정확히 수집 분석하여 이길 수 있을 때 이길 수 있는 방법으로 싸웠기 때문이다. 승부가 걸린 모든 것이 이러한 원리에서 벗어날 수 없을 것이다. 주식투자도 마찬가지다. 살아있는 전설 워렌버핏의 말처럼 스트라이크존이 아니면 배트를 휘둘러선 안 되는 것이다. 보통 일반 투자자들은 장중에 매매하다 보면 눈앞에 오르내리는 시세에 현혹당하기 쉽다. 그래서 매수나 매도 시 분위기에 휩쓸려 뇌동매매를 하게 된다. 이럴 때 편하게 매매하는 방법 중 하나가 종가 매매법이다.

종가 매매법

종가 매매법은 말 그대로 종가 무렵, 장이 마감되기 전에 진입을 하는 것이다. 특히 이 방법은 아예 장중 시세를 지속적으로 보기 어려운 직장인들의 경우 선택의 여지가 없으므로 반드시 익혀둘 만한

차트 1-1 ▶ 산성앨엔에스

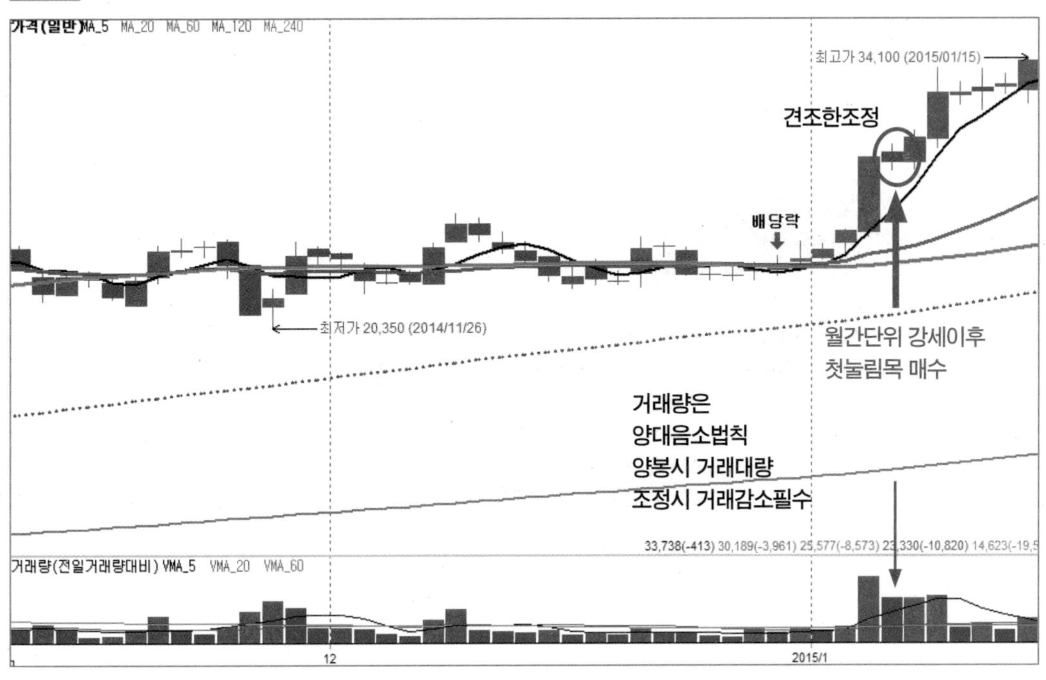

가치가 있다. 그럼 종가 매매법이란 무엇인가? 먼저 원리부터 알아보면 방향을 위로 정한 이른 바 관성 종목을 눌림목의 조정을 줄 때 아래에서 잡는 것이다. 주가는 한 번 방향을 잡기가 어렵지 일단 방향을 잡으면 지속적으로 그 쪽 방향으로 가려는 관성의 성질이 있다. 따라서 종가 공략법을 사용하기 위해서는 먼저 관성의 힘을 가지고 주가가 위를 향하고 있는 종목을 선정하는 것이 필요하다.

종가 매매법의 조건 1

그러한 종목은 월간 주도주여야 한다. 그래야 월간단위 원하는 수익을 올릴 수 있기 때문이다. 월간 주도주가 되려면 일단 전월 종가 대비 주가가 위로 올라간 종목이어야 한다. 또한 월초 시초가보다도

주식격언

손해보고 있는 종목부터 팔아라

경험없는 투자자들은 이익나는 종목은 얼른 팔고 손해난 종목만 장기간 가지고 있는데 돈을 벌려면 그 반대로 해야 한다.

위로 올라가 있어야 눌림목을 주었다가 다시 위로 올라가는 관성의 성질이 있다.

종가 매매법의 조건 2

특히 이러한 종목은 이동평균선이 상향이어야 하는데 단기 평균선으로는 의미가 없고 일단 월봉의 6개월선 기울기가 중요하다. 그래야 그 종목은 실적이 호전되는 종목으로 볼 수 있기 때문이다. 그리고 단기적으로 탄력도도 갖추고 있어야 하므로 생명선인 20일선 역시 상향이어야 한다.

종가 매매법의 조건 3

마지막 조건은 최소한 월간 기준으로 첫날부터 3일 정도는 위로 신고가를 보이고 올라가야 한다. 특히 이렇게 올라갈 때 하루 정도는 일반캔들이 아닌 장대양봉을 포함하고 있으면 그 종목은 조정시 매수할 때 성공할 확률이 더욱 높다. 3일 이상 주가가 상승을 하게 되면 주가는 이동평균선으로부터 이격이 벌어진다. 그것을 과다이격이라 하는데 그 이후 이격을 축소하기 위해 조정을 받은 것을 회귀성이라 한다. 이렇게 조정을 받은 종목은 이격이 축소되면 원래 가던 방향으로 다시 상승을 하게 되는데 이것을 관성이라고 한다. 바로 눌림목 매매란 이러한 회귀성과 관성을 이용한 매수인 것이다.

종가 매매법의 조건 4

이 때 종가에서 공략하는 것은 직장인이거나 기타 이유로 시세를 장중에 보지 못하는 이유 말고도 장중 뇌동매매의 실수를 줄이는 효

차트 1-2 메디아나

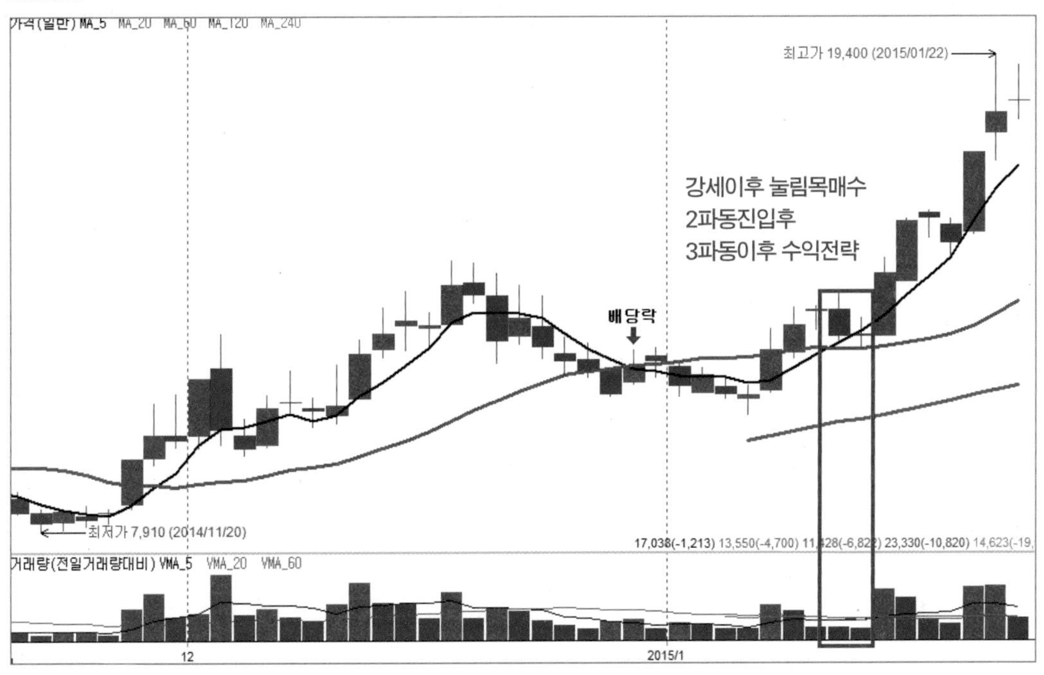

과도 있다. 이럴 때 중요한 TIP이 있는데 조정 시 첫 조정을 주는 종목이어야 좋다. 만약 이 앞에 조정을 주고 다시 올라갔다가 두 번째 조정이면 주가가 그대로 내려가는 경우도 자주 발생하기 때문이다. 그런데 첫 번째 조정이면 이것을 파동상 2파 조정이라고 하는데 만약 주가가 미완성 파동으로 마감하더라도 최소한 2파 조정 이후 3파 상승을 주고 하락하기 때문이다. 다르게 표현한다면 주가는 내릴 때 외봉이 아닌 쌍봉을 주거나 최소한 3파동을 주려는 성질이 있기 때문에 한번 조정을 받은 다음에는 일단 위로 들어주는 경우가 많다.

종가 매매법의 조건 5

또 하나 종가 매매법에서 중요한 것은 바로 베팅의 금액비율이다.

그 종목의 조정이 하루에 마감할지 아니면 2~3일 추가로 조정을 받을지 모르므로 최소 3일간은 나눠서 베팅한다는 마음으로 진입한다.

이럴 때 베팅의 비율은 첫날 1의 비율, 둘째 날 2 그리고 셋째 날은 4의 비율이다. 이것이 바로 더블업 베팅법인데 이렇게 하는 이유는 만약의 경우 그 주식이 예상과 달리 하락으로 전환될 때를 대비한 것이다. 상승세로 다시 간다면 얘기할 것이 없지만 만약 하락으로 전환된다 해도 대부분 주가는 하락폭의 1/3 내지 2/3 들어주었다가 내려가는 것이 피보나치 급수의 원리다. 만약 베팅을 할 때 같은 비율로 첫날과 둘째 날에 1씩 진입하면 주가가 반등을 줄 때 하락폭의 1/2 올라가야 본전이다. 대신 1, 2의 비율로 진입하면 하락폭의 1/3만 상승해도 본전이 되고 만약 1/2 상승한다면 이익인 것이다. 그런데 피보나치 원리를 보면 최소한 1/3은 들었다가 빠지므로 만약의 경우 본전 가격에서는 나올 수 있는 자리를 미리 마련한다고 보면 된다.

성공확률을 높이기 위한 TIP

그럼 여기서 성공확률을 높이기 위해 한 가지 더 알고 투자하기로 하자. 그것은 바로 종목 이전에 종합지수가 월봉 상 양봉 구간일 때 진입을 많이 하고 종합지수가 약할 때는 작게 진입한다는 것이다. 즉, 코스피나 코스닥의 경우 만약 종합지수가 하나라도 월양구간으로 올라가면 그쪽의 종목을 상대적으로 많이 공략하면 된다. 그럼 그런 달엔 실제로 수익을 올리는 경우가 많다. 반면 월음으로 둘 다 하락할 때는 둘 다 올라갈 때에 비해 베팅비중은 어느 정도 축소하는 것이 필요한 것이다.

차트 1-3 휴메딕스

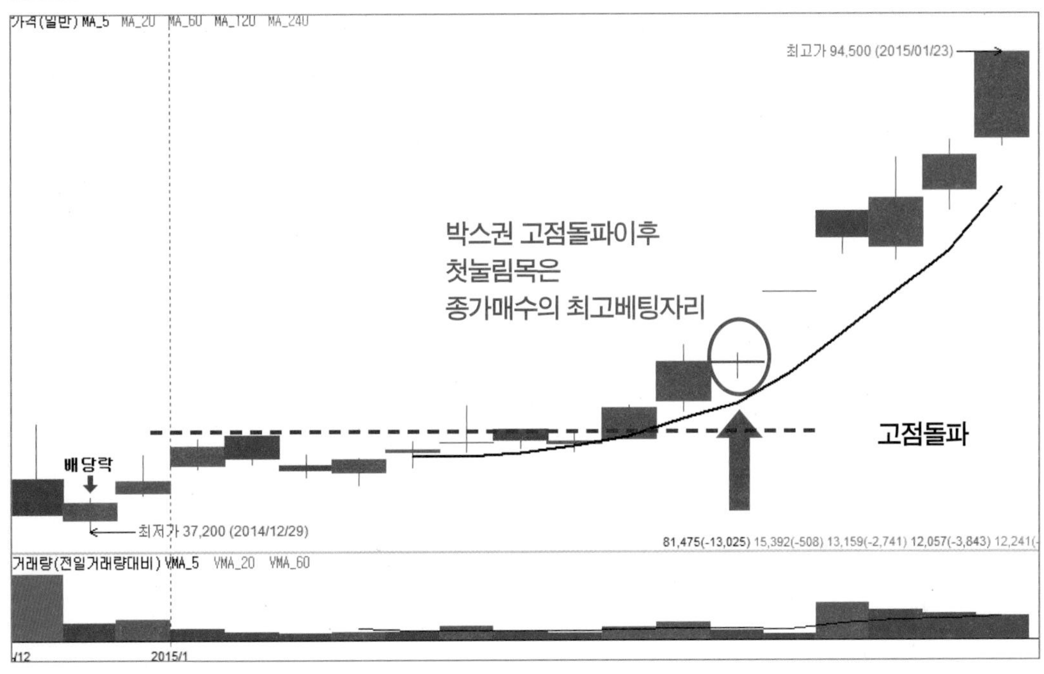

언제, 어떻게 매도할까?

그렇다면 이렇게 진입한 종목은 언제, 어떻게 매도하는 것이 좋을까? 일단 가장 초보적인 방법은 투자자 본인이 전혀 기법이 습득 되어 있지 않을 때는 위로 상승할 때 매도하는 것일 것이다. 이때 상승의 폭이 앞 고점을 돌파하면 일단 첫날은 가지고 있고 폭이 앞 고점을 돌파하지 못할 때 챙기는 것이 안전할 수 있다. 여기에 간단한 기법을 가미하면 통상 3일 상승하면 단기적으로 조정을 받는 경우가 많으므로 단기적 성향을 가진 투자자라면 3일째 상승을 줄 때 매도하는 방법을 택한다. 그리고 중장기베팅을 위한 매수였다면 20일선을 이탈하기 전까지 홀딩하는 전략을 택한다.

종가매수법

종가매수법은 단일가가 시작되는 2시 50분부터 3시까지의 10분을 활용한 베팅법이다. 물론 이 시간을 놓쳤을 때는 시간외 거래도 가능하다. 어쨌든 중요한 것은 지속적으로 장중에 나타나는 시세를 보기 어려울 때 충분히 활용 가능한 베팅법으로 직장인은 물론이고 전업투자자들도 활용해 볼만한 매매법이다.

반면 전업투자자라면 월초에 조정 주는 종목이 아니라 전달 횡보 현상을 보이다가 위로 솟는 첫 장대 양봉종목을 진입하는 방법이 좋다. 즉, 매월 첫날부터 3일간은 조정 주는 종목은 건들지 말고 위로 방향이 솟는 관성종목을 장 시작이후 30분 단위로 점검하여 진입하고 3일이 지난 이후에는 위로 3일간 올라간 종목을 중심으로 눌림목을 이용한 종가매수법을 활용하면 되는 것이다.

지수 & 패턴공략법

일명 I & P 공략법인 이 방법은 역사적 바닥과 상승초기형 공략법이다

매매 기준가의 필요성

주식을 사거나 팔 때 어떤 기준점이 없으면 매매하기가 어렵다. 어느 가격을 돌파하면 매수하고 어디를 이탈하면 매도하는 매매의 기준가가 필요한 것이다. 즉, 깨지지 말아야 할 지지선 가격을 이탈하면 매도하고, 의미가 있는 저항선을 돌파했을 때 매수하는 방법이 필요하다. 예를 들어 지금 어떤 주식의 가격이 15,000원이라고 할 때 저항선이 15,500원이면 이 주식은 아래로 조정을 받을 때 매수하는 것이 아니라 15,500원을 돌파할 때 매수하는 것이 정석이다. 실제로 이러한 저항선을 돌파한 주식은 한참 지나고 나면 주가가 상당 폭 올라가 있는 경우가 많다.

문제는 가끔 발생하는 속임수다. 저항선 가격을 돌파했다고 해서 매수했더니 다시 저항선 아래 가격으로 밀리면 투자자의 입장에서는 난감하다. 다시 되팔자니 손해이고 가지고 있자니 추세선 아래 가격이고 혼란스러운 상황이 된다. 그래서 아예 처음 진입할 때부터 이러한 속임수를 줄이는 방법을 고안해 낸 것이 바로 지수만 보지 않고 패턴까지 보는 I & P공략법이다.

I & P공략법

I란 인덱스(Index)의 약자이고 P는 패턴(Pattern)의 약자이다. 이 방법은 주가가 단순히 저항선의 가격을 돌파했다고 사는 것이 아니라 돌파한 이후 되밀리면서 나타나는 현상을 한 번 더 점검한 것이다. 즉, 돌파 이후 다음 과정으로 주가가 조정을 받을 때 돌파했던 저항선을 깨지 않고 그 위에서 다시 재상승하는 이른바 N자형으로 역할 전환되는 주가의 과정을 확인한 것이다. 저항선을 한 번 돌파하는 것이 아니라 밀렸다가 저항선 위에서 다시 상승한다는 것은 두 번 돌파하는 셈이 되는 것이다. 이렇게 되면 처음 저항선을 돌파할 때 사는 것보다는 조금 위의 가격일 수 있지만 지수만 돌파했다고 사는 것에 비해서는 훨씬 속임수가 적고 신뢰성이 큰 조건이 되는 것이다. 즉, 주식을 매입하기 위한 조건이 하나가 아닌 둘이며 필요충분조건을 갖추었을 때 진입하는 방법인 것이다.

월봉 투캔들일 때 I & P공략법

이 방법은 크게 두 가지가 사용된다. 하나는 월봉 투캔들이라는 것으로 월봉의 6개월선을 뚫고 캔들이 올라간 이후 첫 조정을 주고 다시 월봉상 양봉으로 N자를 그리면서 올라가는 패턴이다. 이 방법은 판단법도 간단하고 적중률도 높아서 주식 매수 시 아주 중요한 기법 중 하나이다. 더구나 이 패턴은 그 동안 그 주식이 경기 사이클상 하락 사이클에 있다가 상승 사이클로 돌기 시작하는 상승초기 국면이라는 점에서 아주 의미가 깊다. 즉, 역사적 바닥을 확인하고 상승초기에 진입하는 국면인 것이다.

차트 2-1 LG디스플레이

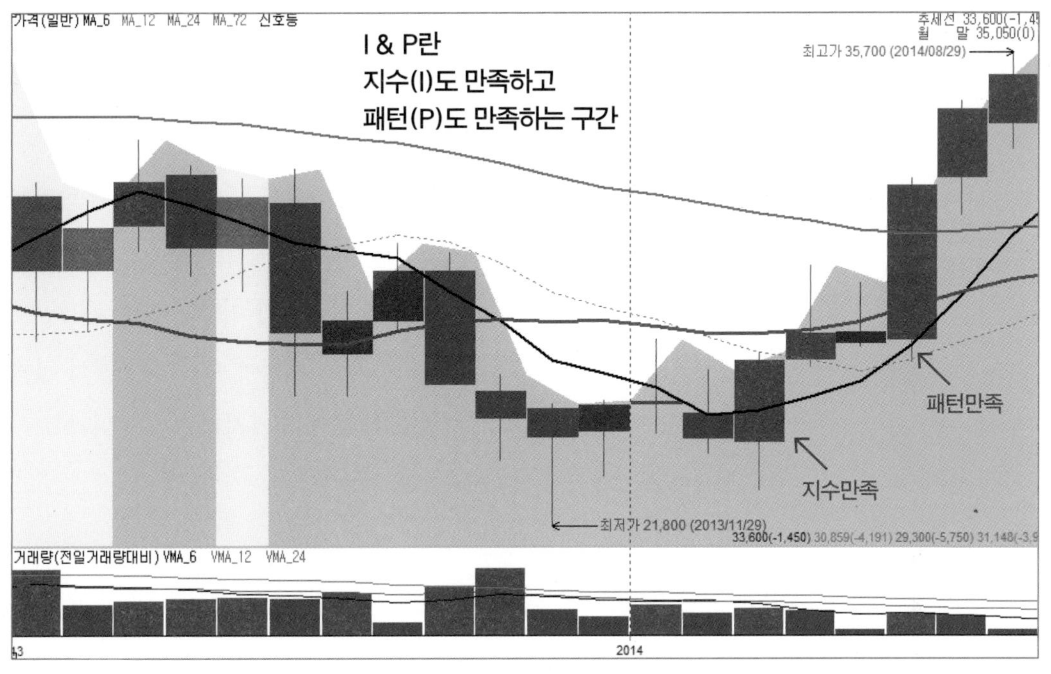

월봉 투캔들이 아닐 때 I & P공략법

또 다른 I & P 매매법은 월봉상에서 투캔들이 나오지 않을 때이다. 투캔들이란 양음양 캔들패턴으로 상승 이후 월간단위 조정을 주고 다시 월봉상 양봉이 나오는 패턴인데 어떤 때는 아예 월봉상 아래꼬리로 대신하고 계속 주가가 상승하면서 아래꼬리 달린 양봉을 지속적으로 달고 있을 때가 있다. 이럴 때는 일봉을 활용한다.

즉, 월봉상에서는 지수조건 즉, I를 만족했는가만 확인하고 6개월선이 상승 전환하였으면 다음에는 일봉상 패턴을 확인하는 것이다. 이럴 때 일봉상 20일선이 120일선 위에서 N자형으로 상방을 만들면 패턴이 만들어지고 있는 것으로 해석된다. 어떤 경우에는 아예

> **주식격언**
>
> **주식과 결혼하지 마라**
>
> 자기가 가진 주식에 지나친 애정을 가지고 장기간 보유하면 주식을 팔 기회를 잃어버린다. 또한 손해 본 주식을 장기간 버티기 작전을 하면 손실만 깊어질 따름이다.

20일선 없이 60일선이 N자형 상방을 만드는 경우도 간혹 발생한다.

그럼 이러한 과정을 통해서 확인되는 것은 무엇인가? 그것은 지수의 조건을 만족하면서 움직이고 있는 현재의 시세가 참일 가능성이 높다는 것을 시사하고 있는 것이다. 특히 시세가 상당기간 하락하고 내려갔던 종목은 기조가 바뀐 것을 판단하기 어렵고 설령 바뀌었다고 해도 그 동안 워낙 약세를 보여 왔기 때문에 어느 단계에서 시세가 전환되었다고 판단하고 진입해야 할지 투자자라면 누구나가 고민스러운 것이다.

I & P 매매법은 신뢰성이 높다

이때 바로 I & P 매매법은 신뢰성이 높은 시세 판단법인 것이다. 이것은 단지 현물에서만이 아니라 선물이나 파생 등 레버리지가 큰 상품에서도 그 활용도가 뛰어나다. 이때는 그 대상이 되는 기준만 조정하면 되는 것이다. 이럴 때는 주로 분봉을 활용하는데 원리는 큰 것은 지수를 확인하고 작은 것은 패턴을 확인하는 방법이다. 즉, 현물에서 지수를 월봉에서 확인하고 패턴은 작은 일봉에서 확인하듯이 같은 이치로 만약 30분봉에서 지수 I의 조건을 확인하면 작은 5분봉에서 5평균선의 상방패턴을 확인한다. 이것은 원리가 같기 때문에 어렵지 않으나 경험이 없는 투자자분들은 생소하게 들릴 수 있다.

따라서 일단 현물에서 월봉의 6개월선이 상승 전환한 종목 중 일봉 20일선의 N자형 패턴을 찾아서 공략해보고 그 종목의 적중성을

차트 2-2 위메이드

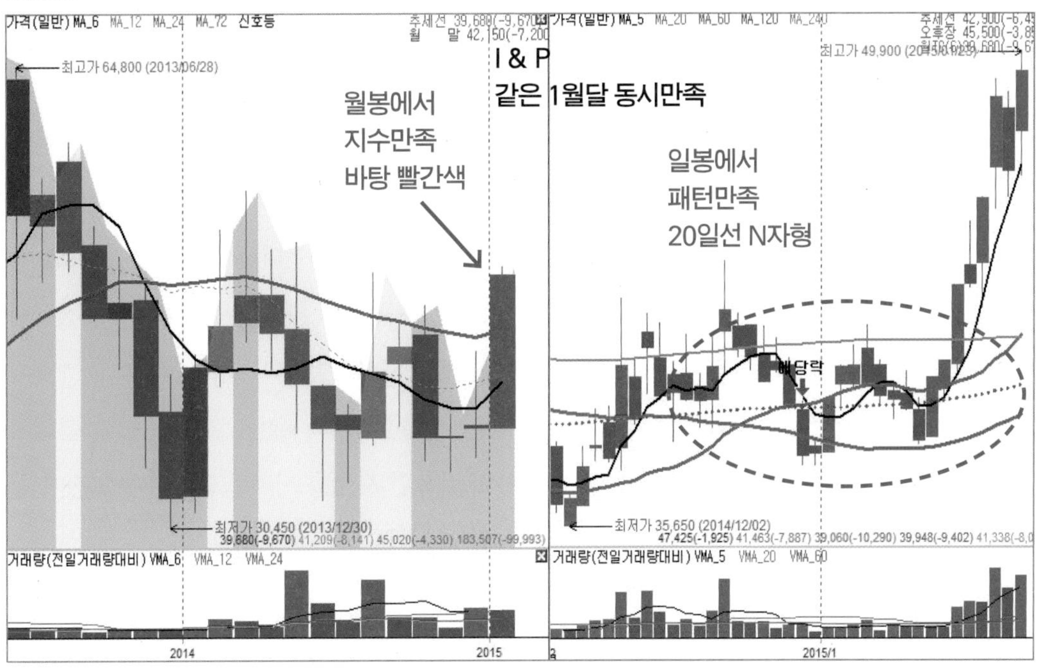

확인하고 나면 스스로 재미가 있어서 파생을 하게 될 때 이 방법을 꼭 사용할 것이다.

속임수 구간 – 휩소

주식투자에서 성공하기 위해서는 일단 먼저 매수를 잘해야 한다. 소위 첫 단추인 것이다. 이럴 때 주식매수를 먼저 들어가려고 하지 말고 정확한 자리가 올 때 베팅하려고 하는 것이 중요하다. 그러기 위해서는 등락이 거듭될 수 있는 지수만 확인하지 말고 패턴을 같이 확인하는 작업이 선행되어야 한다. 속임수가 발생하면서 지수가 왔다 갔다 하는 것을 휩소라고 한다. 속임수 구간이라는 뜻이다.

휩소는 당연히 시세가 반전할 때 생기기 쉬운 것인데 그 이유는 한쪽에서는 바닥을 찍었으니 시세를 돌리려고 하고 다른 한쪽의 힘은 그 동안 아래로 내려갔기 때문에 위로 들어줄 때마다 대기물량이 나오면서 내려가게 하려 하므로 당연히 시세는 일정한 기준선을 돌파했다가 이탈했다를 반복하게 되는 것이다. 이럴 때 좋은 방법 중 하나는 고점돌파와 저점이탈을 같이 사용하는 것이다. 즉, 진입한 다음 자꾸 매수와 매도를 반복하다 보면 자신감도 떨어지고 매매에 혼돈이 온다. 따라서 일단 진입한 다음 저점을 지켜주는 한 홀딩하고 만약 진입이 자유롭지 않으면 시세를 지켜보고 있다가 고점이 돌파되는 것을 보고 진입할 수 있다.

I&P 매매법에서 중요한 것

I&P 매매법에서 중요한 것은 속도보다는 정확성이며 진입의 인내심을 활용한 것이다. 캔들을 만들어낸 혼마는 바닥이어도 3일을 기다리라 했고 워렌버핏은 스트라이크존이 아니면 배트를 휘두르지 말라고 했다. 필자는 이것을 진입의 인내심이라 강의한다. 매수는 매도와는 달리 진입하지 않으면 본전인 것이다. 다시 말해 서두를 이유가 없다. 정말 광고에서 나오는 말대로 깐깐하게 따져보고 결정해야 하는데 일반 투자자들은 너무 매수를 쉽게 하는 경향이 있다. 단지 주가가 올라갈 것이라는 한쪽만 바라보기 때문이다.

유도를 배울 때도 처음에 가르치는 것은 상대방을 넘기는 기술이 아니라 다치지 않기 위해 낙법을 먼저 배우고 소방수들도 불을 끄기 위해 건물에 진입할 때는 나갈 때 어디로 나갈지 출구전략을 세우고

차트 2-3 LG디스플레이

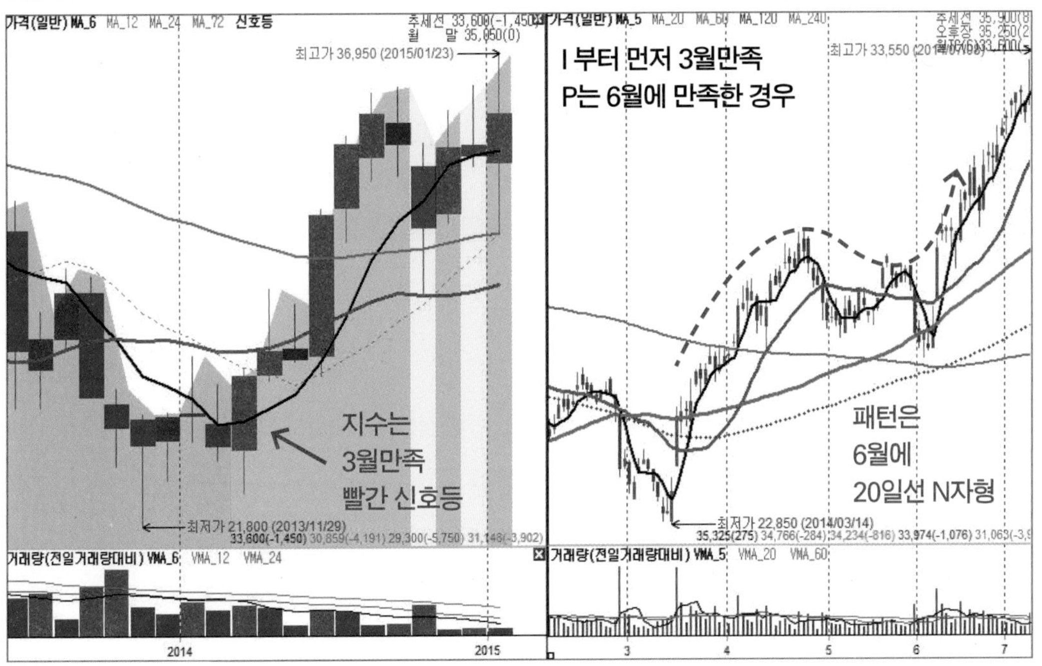

들어가는 것처럼 지수와 패턴을 활용한 진입법은 확률을 높이고 내 재산을 지키기 위한 최선의 방법 중 하나이므로 필히 내 것으로 체화시켜야 할 것이다.

레버리지와 인버스로 월급만들기

레버리지는 주가가 오를 때 사고 인버스는 주가가 하락할 때 산다

상장지수펀드

KOSPI 레버리지와 인버스는 우리나라를 대표하는 종목 200개의 시가총액을 지수화한 KOSPI200의 상승과 하락을 추종하도록 만든 상품이다. 레버리지와 인버스는 ETF로 상장지수펀드라는 뜻이다. 상장지수펀드란 쉽게 얘기하면 펀드를 마치 하나의 주식처럼 원할 때 쉽게 사고 팔 수 있도록 한 것이다. 복잡하게 생각할 것 없이 삼성전자나 현대차처럼 레버리지와 인버스라는 주식이 상장되어 있다고 보면 된다.

레버리지와 인버스

그럼 레버리지와 인버스는 어떤 성격을 지니고 있는가? 먼저 레버리지는 코스피200지수가 상승할 때 약 2배수정도 상승을 하도록 되어있고 인버스는 코스피200이 반대로 하락할 때 1의 비율로 수익을 주는 특성을 가지고 있다. 즉, 주가가 상승한다고 판단되면 레버리지에 투자하고 하락한다고 판단되면 인버스를 사면 되는 것이다. 종목에 비해서 레버리지와 인버스는 수익률은 적지만 일단 안정성이 있다. 개별주의 경우 워낙 변동성이 심해서 매매하기 어려울 수 있고 종목에 대한 리스크가 있지만 레버리지나 인버스는 종합지수

차트 3-1 KOSPI(왼쪽), KODEX 레버리지(오른쪽)

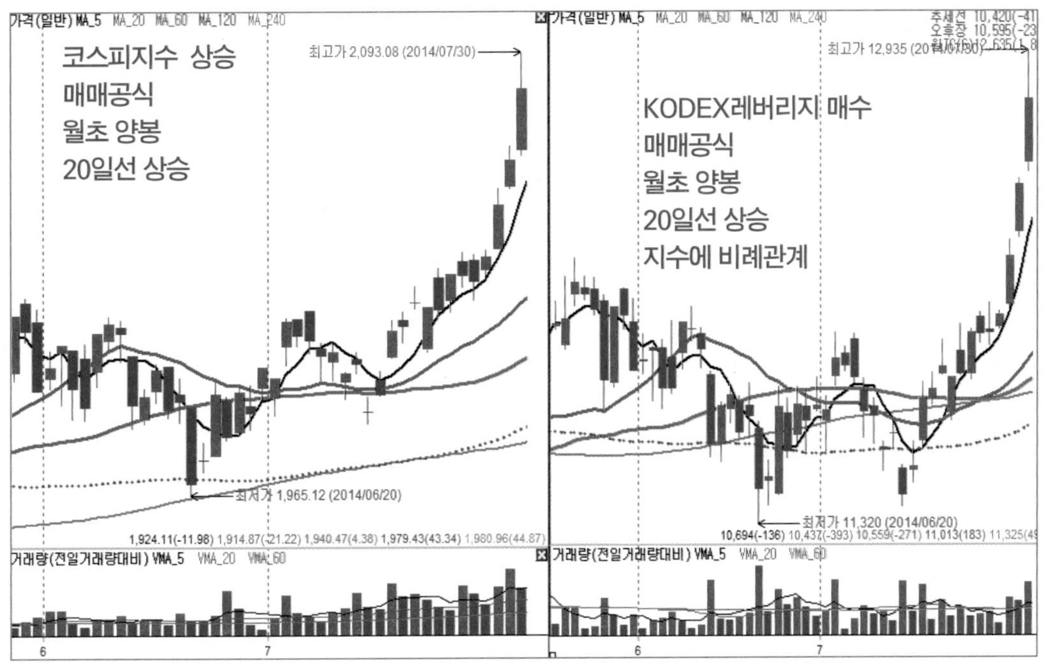

와 같은 성격이라 종목리스크에서 자유로울 수 있다.

레버리지와 인버스를 매수하는 공식

그럼 지금부터는 레버리지와 인버스를 매수하는 공식을 알아보자. 이에는 주로 2가지 방법을 사용할 수 있는데 하나는 일봉이고 하나는 분봉이다. 초보투자자 이거나 직장을 다녀서 장중에 일일이 대응하는 것이 어렵다면 일봉을 사용하길 권한다. 종합지수나 KOSPI200지수의 일봉을 보고 5일선과 20일선의 기울기가 같은 동방향일 때만 매매하는 것이다. 즉, 5일과 20일선이 둘 다 상승이면 매수를 하고 반대로 둘 다 하향이면 매도를 하는 것이다. 둘 중 하나의 기울기가 반대방향일 때는 진입한 것을 매도하고 쉬는 것이 좋다. 결국 5일선과 20일선이 상승을 해서 매수하였는데 5일선이 하향으로 전환하면 매도하고 현금을 가지고 있다가 다시 5일선이 상승해서 20일선과 같은 방향일 때 재매수하는 것이다. 매도의 경우도 마찬가지로 둘 다 하락기울기여서 매도했다면 5일선이 상승 전환할 때 챙기고 대기하는 것이다.

> 주식격언
>
> **주가는 재료보다 선행한다**
>
> 투자자들이 주식을 사는 것은 미래에 대한 기대를 가지고 산다. 투자의 기준은 미래에 있으며 미래의 예상되는 재료에 따라서 현재의 주가가 결정되므로 주가는 언제나 재료보다 선행한다. 경기가 회복 기미만 보여도 주가는 이미 상승세로 바뀌고 재료가 실현되기 전에 주가는 이미 다 올라버린다.

적중률이 높은 패턴

이때 특히 적중률이 높은 패턴이 있다. 그것은 5일선이 20일선 위에서 N자로 같이 상승하거나 반대로 20일선 아래에서 5일선이 역N자로 하락할 때이다. 이때는 각각 레버리지와 인버스를 매수하면 된다.

30분봉의 공식 1

한편 전업투자자의 경우는 선택의 폭을 좀 더 늘릴 수 있다. 장중 시세 보기가 가능하다면 여기에 30분봉을 이용하는 방법이 좋다. 30분봉의 공식은 3가지를 활용한다. 일단 먼저 30분봉의 60이동평균선이 쌍바닥이면 매수신호이므로 레버리지를 사고 반대로 쌍봉이면 매도신호이므로 인버스를 산다. 이것은 마치 일봉상에서 5일선이 쌍바닥과 쌍봉을 주는 패턴과 비슷한 것이다.

30분봉의 공식 2

2번째 공식은 30분봉의 240평균선을 이용한 매매법인데 지수가 30분봉의 240평균선 위에서 상승 전환하면 레버리지를 매수하고 반대로 240평균선 아래에서 30분봉의 20평균선이 하향 전환하

차트 3-2 KOSPI(왼쪽), KODEX 인버스(오른쪽)

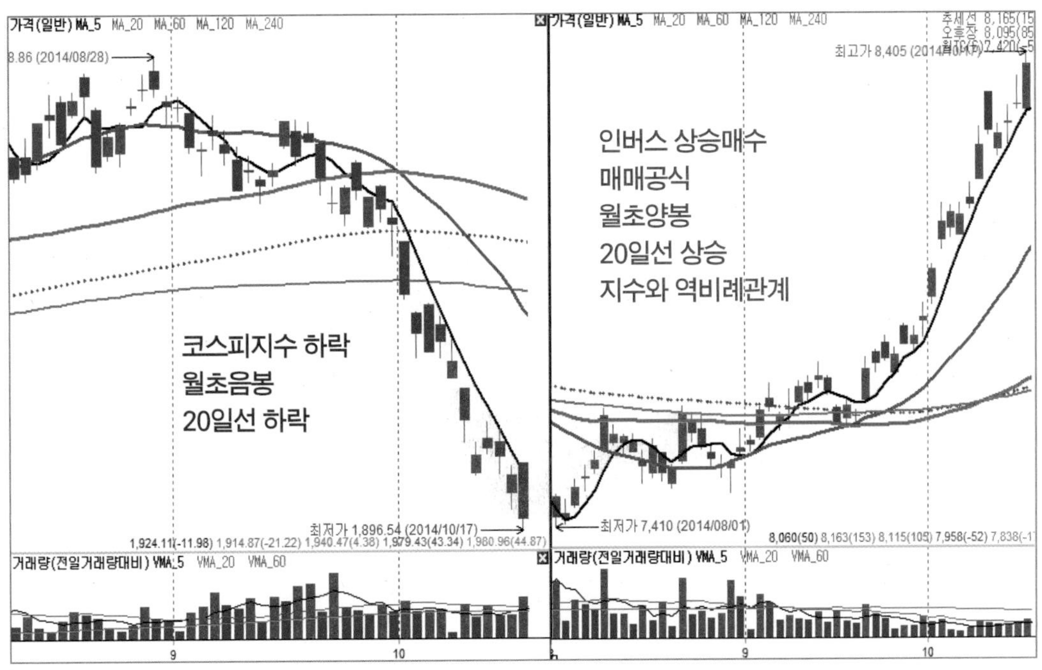

면 인버스를 매수한다. 30분봉에서 240평균선은 일봉의 20일선과 마찬가지 개념이다. 즉, 20일선 위에서는 매수중심으로 가고 20일선 아래에서는 매도중심의 원리이다.

30분봉의 공식 3

마지막 3번째 공식은 가장 빠른 30분봉의 5평균선을 이용한 방법이다. 이것은 N자와 역N자를 이용하는 것으로 30분봉의 20평균선 위에서 5평균선이 N자형이면 매수신호이고 반대로 역N자면 매도신호가 된다. 이 3가지 방법을 초보투자자의 경우 글로 보니까 조금 어렵다고 느낄 수 있을지 모르지만 그림으로 보면 아주 쉽다. 얼마 전 한국경제TV프로의 "김종철의 명품투자기법"에서 자세히 설명해 놓았기 때문에 참조하면 좋을 것이다.

레버리지와 인버스를 매매할 때는 한쪽으로 진입할 수도 있지만 동시에 매수하고 그 비중을 조절하면서 수익을 낼 수도 있다. 가령 위로 지수 상승이 예상될 때 레버리지와 인버스를 1 : 1로 매수하면 주가가 위로 5% 상승했을 때 레버리지는 지수의 2배수이므로 10% 수익이 된다.

반면 인버스는 지수의 반대방향이므로 –5%가 되어서 합은 +5%의 수익이 된다. 이것은 레버리지만 매수했을 때에 비해 수익은 상대적으로 적지만 반대로 주가가 하락하였을 때 –10%가 아니라 –5%로 손실을 줄여주므로 헤지의 역할을 해준다.

레버리지를 반만 사는 것과 인버스를 섞는 것의 차이점

그럼 레버리지를 반만 사는 것과 인버스를 섞는 것은 어떻게 다른가? 그것은 실제로 행동하기가 쉽다는 점이다. 예를 들어 레버리지를 매수하고 있다가 주가가 조정이 예상되어 매도하고 나면 다시 주가가 상승할 때 더 높은 가격으로 레버리지를 쫓아가면서 재매수하기는 어렵다. 이럴 때 레버리지는 그대로 두고 인버스를 매수하여 헤지를 한 다음 다시 주가가 상승할 때는 인버스만 처분하면 되기 때문에 실전에서 헤지를 활용하는 것이 유리할 때가 많다. 특히 5일선이 꺾여서 챙기기는 하였지만 20일선이 강하게 상승하고 있어서 단기조정 이후 주가가 재상승이 예상된다면 이러한 방법은 효과적이 될 수 있다. 그렇다고 5일선이 꺾였는데도 아무 조치도 안하고 있다 보면 어느 순간에는 20일선도 같이 꺾이기 때문에 손실로 이어질 수

차트 3-3 KODEX 레버리지(왼쪽), KODEX 인버스(오른쪽)

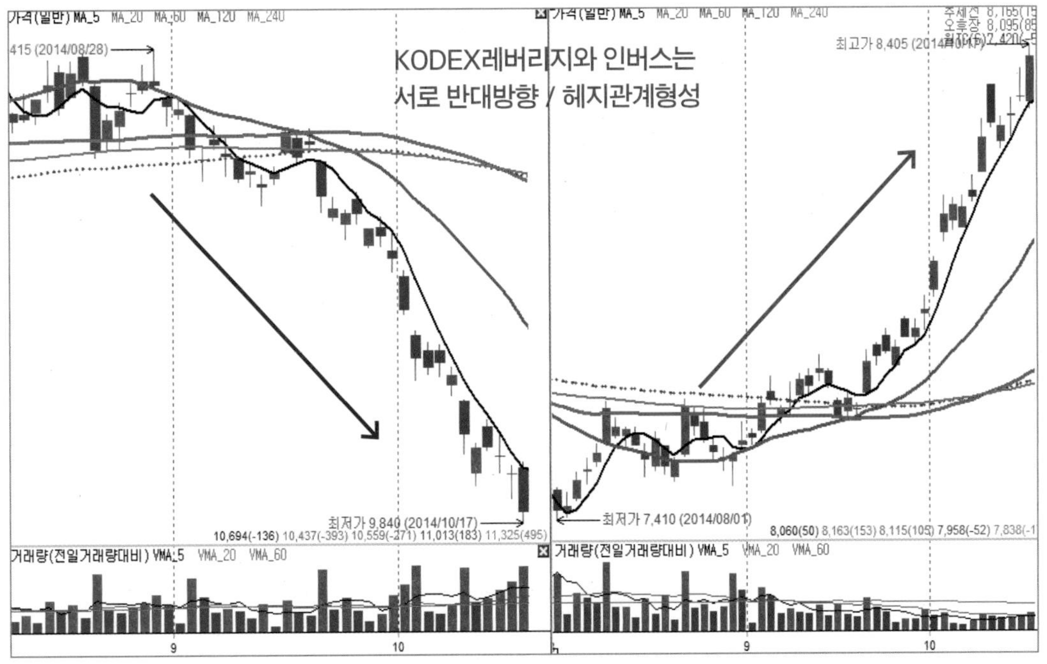

있다. 따라서 항시 매매의 기준을 정하고 일단 기준을 정한 다음에는 그대로 순응하는 자세가 필요하다.

본인의 스타일에 맞춘 투자법

또 하나의 매매 TIP은 투자자 본인의 스타일에 맞춘 투자법이다. 투자자 본인의 능력이 상승하는 방향에 자신이 있으면 레버리지만 샀다 팔았다를 반복하고 반대로 하락 쪽에 자신이 있으면 인버스를 사고파는 한쪽 베팅법도 고려할 만하다.

KODEX레버리지와 TIGER레버리지의 뜻

레버리지와 인버스는 이를 운용하는 자산운용사에 따라 앞에 붙는 이름이 다르다. 삼성자산운용이면 KODEX레버리지라 하고 미래에셋에서 운용하면 TIGER레버리지라 한다.

레버리지와 인버스는 사고 팔 때 비용이 적게 든다는 점에서 중장기투자 외에 단기로 운용하는 투자자들도 많다. 따라서 최근에는 레버리지와 인버스를 투자하는 일반인들도 급증하는 추세다. 레버리지의 경우 종합지수대비 2배의 변동성 때문에 주목받고 인버스는 선물이나 옵션보다는 작지만 지수가 하락할 때 헤지전략을 적용할 수 있다는 점에서 주목받고 있다.

월급 만들기에 좋은 투자 상품

레버리지와 인버스에 성공적인 투자를 하려면 나에게 맞는 스타일을 가지고 넘어가는 오버나잇인지 아니면 당일매매가 좋은지 확인하고 실전에 들어가 레버리지나 인버스를 매수할 때와 매도할 때 기준은 충분히 체화되었는가를 확인한 다음 매매하는 것이 필요하다. 레버리지와 인버스는 제대로 공부하고 매매한다면 월간단위로 월급 만들기에 좋은 투자 상품이 될 것이다.

홈페이지 접속 방법 1

❶ 네이버에서 "김종철프로증권"을 검색한다.

❷ 아래 빨간박스안의 "김종철프로증권" 클릭

홈페이지 접속 방법 2

❶ 검색창에 http://www.kjcstock.co.kr을 써서 검색

http://www.kjcstock.co.kr

홈페이지 상품안내

1. 종가공략주

직장인, 자영업자, 투자할 시간이 없으신 분들을 위한 김종철프로증권의 새로운 패러다임

종가공략주

- 하루 종일 매매할 필요 없이 하루 투자시간 단 10분
- 투자종목은 시간대별 녹화로 언제, 어디서나 스마트폰으로 볼 수 있다.

➔ 종가공략주 시간별 이용방법

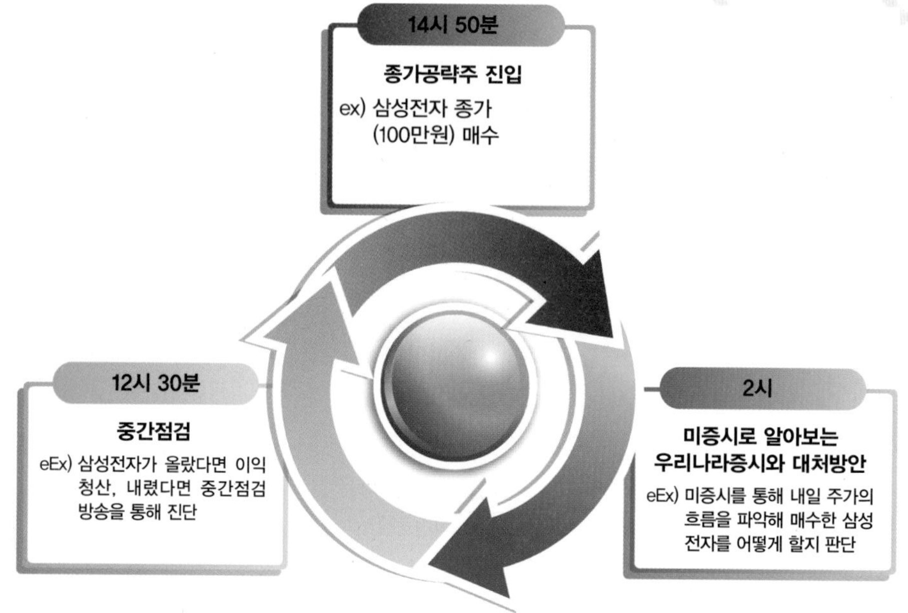
14시 50분
종가공략주 진입
ex) 삼성전자 종가
(100만원) 매수
2시
미증시로 알아보는
우리나라증시와 대처방안
eEx) 미증시를 통해 내일 주가의
흐름을 파악해 매수한 삼성
전자를 어떻게 할지 판단
12시 30분
중간점검
eEx) 삼성전자가 올랐다면 이익
청산, 내렸다면 중간점검
방송을 통해 진단

➔ 종가공략주 시간별 이용방법

❶ 아래 빨간박스 안의 방송보기를 클릭

❷ 방송시청

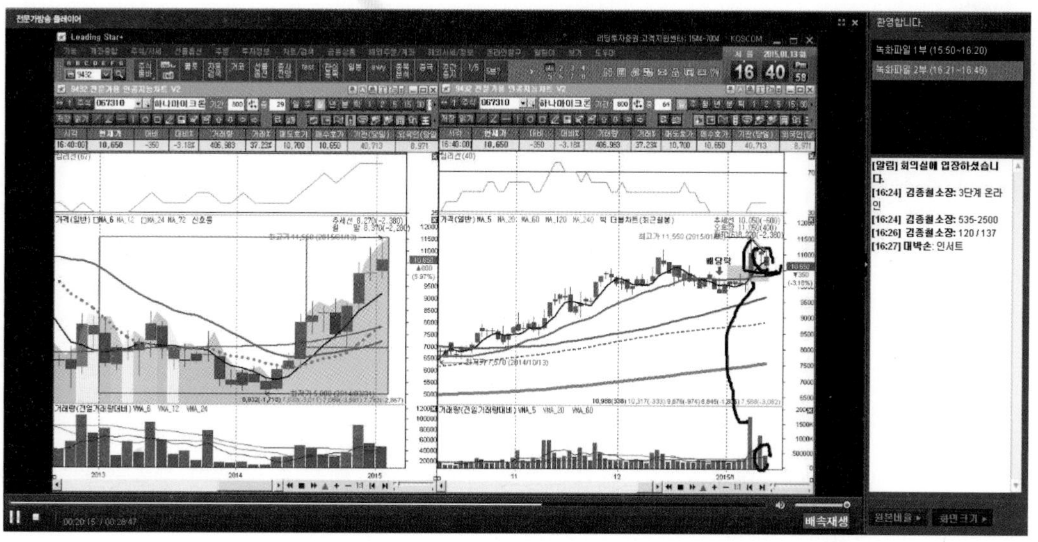

3. 증시전망대

전업투자자, 퇴직 후 일정한 수입을 원하시는 분들을 위한 김종철프로증권의 새로운 패러다임

전략적 매매

- 주가지도에 의해 주가의 길을 예측해 일정수익이 나도록 하는 매매
- 일정한 수익으로 월급의 개념

방향성 매매

- 주가지도에 의해 주가의 움직임을 읽어 방향성으로 하는 매매
- 아는 만큼 보이고 실행하여 얻는 수익으로 알바의 개념

두 가지 매매를 한번에 리딩하는 선물종일방송이 전업투자자, 퇴직 후 일정한 수입을 원하시는 분들의 고민을 싹 해결해 드립니다~!!!

➔ 선물종일방송 들어가는 방법

❶ 아래 빨간박스 안의 방송보기를 클릭

❷ 방송시청

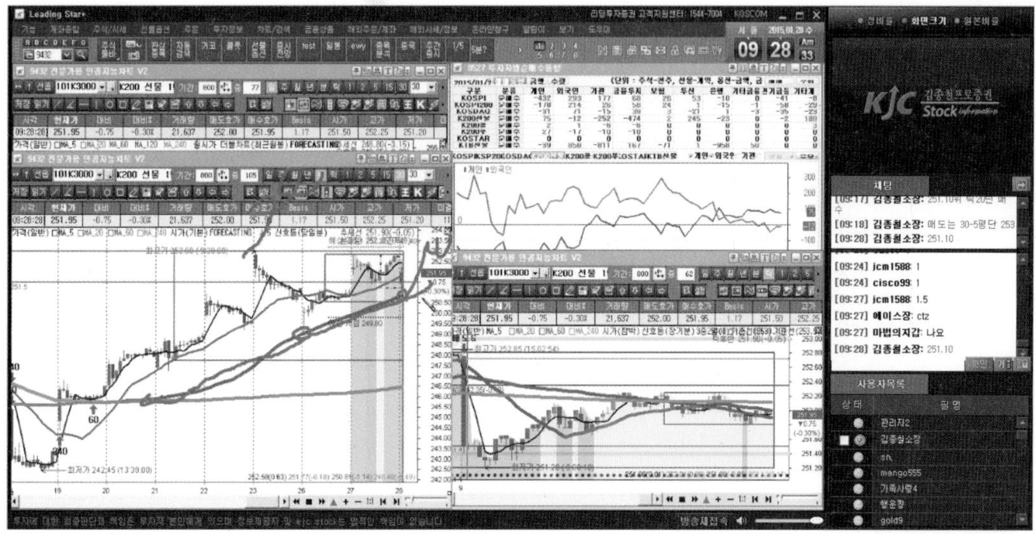

2. 선물종일방송

주식투자를 처음 하시는 분, 재테크를 위해 펀드가입시기가 궁금하신 분, 종합주가지수가 궁금하신 분, 주식 종목이 궁금하신 분들을 위한 김종철프로증권의 새로운 패러다임

증시전망대

- 하루 코스피, 코스닥시장을 총 정리하는 방송
- 내일의 주가 혹은 앞으로의 주가를 분석해 주는 방송
- 코스피, 코스닥 종목을 분석해 주는 방송

주식투자에 꼭 필요한 동반자 증시전망대 주식의 궁금증을 싹 해소해 드립니다~!!!

➔ 증시전망대 들어가는 방법

❶ 아래 빨간박스 안의 방송보기를 클릭

❷ 방송시청

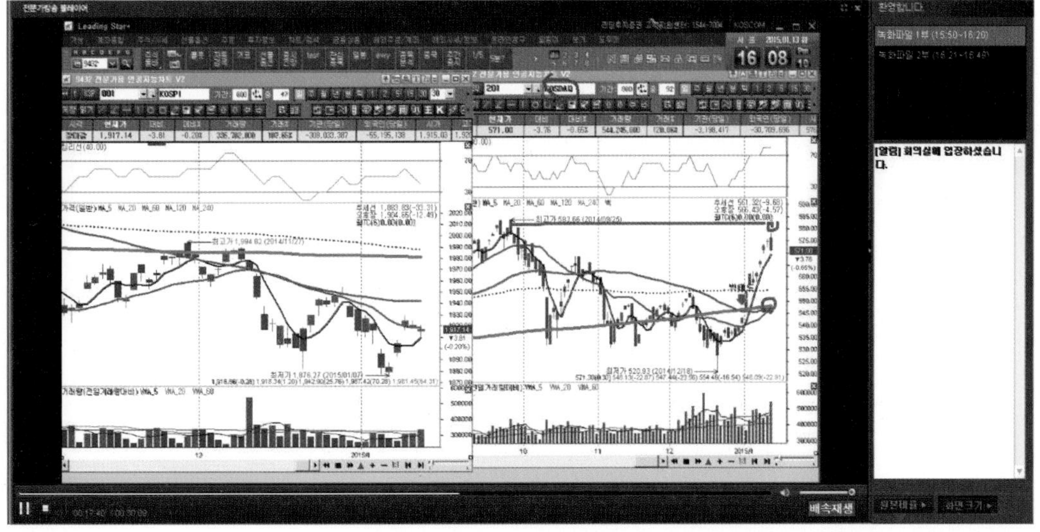